KB111115

신주 사마천 사기 18

노주공세가

연소공세가

관채세가

진기세가

위강숙세가

이 책은 롯데장학재단의 지원을 받아 번역, 출간되었습니다.

신주 사마천 사기 18 / 노주공세가·연소공세가·관채세가·진기세가·위강숙세가

초판 1쇄 인쇄 2022년 6월 15일
초판 1쇄 발행 2022년 6월 30일

지은이 (본문) 사마천
(삼가주석) 배인·사마정·장수절
번역 및 신주 한가람역사문화연구소 사기연구실

펴낸이 이덕일
펴낸곳 한가람역사문화연구소

등록번호 제2019-000147호
주소 서울특별시 종로구 김상옥로17 대호빌딩 신관 305호
전화 02) 711-1379
팩스 02) 704-1390
이메일 hgr4012@naver.com

ISBN 979-11-90777-28-5 94910

값은 뒤표지에 있습니다.

세계 최초
삼가주석
완역

신주
사마천
사기

⑱

노주공세가 | 연소공세가
관채세가 | 진기세가
위강숙세가

지은이
본문_ **사마천**
삼가주석_ **배인·사마정·장수절**

번역 및 신주
한가람역사문화연구소 사기연구실

한가람역사문화연구소

차례

사기 제33권 史記卷三十三
노주공세가 魯周公世家

사기 제34권 史記卷三十四
연소공세가 燕召公世家

사기 제35권 史記卷三十五
관채세가 管蔡世家

사기 제36권 史記卷三十六
진기세가 陳杞世家

사기 제37권 史記卷三十七
위강숙세가 衛康叔世家

新註史記

신주사기17	사기 31권	오태백세가	편
	사기 32권	제태공세가	편
신주사기18			◀
			◀
			◀
			◀
			◀
신주사기19	사기 38권	송미자세가	편
	사기 39권	진세가	편
신주사기20	사기 40권	초세가	편
	사기 41권	월왕구천세가	편
신주사기21	사기 42권	정세가	편
	사기 43권	조세가	편
신주사기22	사기 44권	위세가	편
	사기 45권	한세가	편
	사기 46권	전경중완세가	편
신주사기23	사기 47권	공자세가	편
	사기 48권	진섭세가	편
신주사기24	사기 49권	외척세가	편
	사기 50권	초원왕세가	편
	사기 51권	형연세가	편
	사기 52권	제도혜왕세가	편
	사기 53권	소상국세가	편
	사기 54권	조상국세가	편
	사기 55권	유후세가	편
신주사기25	사기 56권	진승상세가	편
	사기 57권	강후주발세가	편
	사기 58권	양효왕세가	편
	사기 59권	오종세가	편
	사기 60권	삼왕세가	편

원 사료는 중화서국中華書局 발행의 《사기》와 영인본 《백납본사기百衲本史記》를 기본으로 삼고, 인터넷 사료로는 대만 중앙연구원 역사어언연구소歷史語言研究所에서 제공하는 한적전자문헌자료고漢籍電子文獻資料庫의 《사기》를 참조했다.

일러두기

❶ 네모 상자 안의 글은 사기 본문 및 삼가주석 서문의 글이다.
❷ 한글 번역문 바로 아래 한문 원문을 실어 쉽게 대조할 수 있게 했다.
❸ 삼가주석 아래 신주를 실어 우리 연구진의 새로운 해석을 달았다.
❹ 사기 분문뿐만 아니라 삼가주석도 필요할 경우 신주를 달았다.
❺ 직역을 원칙으로 삼고 의역은 최대한 피했다.
❻ 한문 원문의 ( )는 빠져야 할 글자를, [ ]는 추가해야 할 글자를 나타낸다.

《사기》〈세가〉에 관하여

1. 〈세가〉의 여섯 유형

《사기》〈본기本紀〉가 제왕들의 사적이라면 〈세가世家〉는 제후들의 사적이다. 〈본기〉가 모두 12편으로 1년의 열두 달을 상징한다면 〈세가〉는 모두 30편으로 한 달을 상징한다. 훗날 북송北宋의 구양수歐陽修(1007~1072)가 《신오대사新五代史》를 편찬하면서 〈열국세가列國世家〉 10편을 저술했지만 반고班固는 《한서漢書》를 편찬할 때 〈열전〉만 저술하고 〈세가〉는 두지 않았다. 반고는 천하의 군주는 황제 1인이라고 다른 왕들의 존재를 인정하지 않았지만, 사마천은 〈세가〉를 설정해 각 지역의 제후도 독자적 영역을 가진 군주로 인정했다. 따라서 〈세가〉는 사마천이 역사를 바라보는 독특한 시각이 담긴 체제이다. 물론 《사기》의 중심은 〈본기〉로 제왕들이 중심이자 축이지만 그 중심이자 축은 혼자서는 기능하지 못하고 다른 기구들의 보좌가 있어야 제 역할을 할 수 있는데, 그중에서 제후로서 보좌한 인물들의 사적이 〈세가〉이다.

사마천이 〈세가〉를 편찬할 수 있었던 제도의 뿌리는 주나라의 봉건제라고 할 수 있다. 주나라는 제후들을 분봉할 때 공작, 후작, 백작, 자작, 남작의 다섯 작위를 주었는데 이들이 기본적으로 〈세가〉에 분류될 수 있는 제후들이다. 그러나 사마천은 주나라 이래의 수많은 제후 중에서 일부를 추려 30편의 〈세가〉를 저술했다. 〈세가〉는 대략 여섯 유형으로 나눌 수 있다.

〈세가〉의 유형별 분류

유형	목록	편수	내용
1	오태백吳太伯, 제태공齊太公, 노주공魯周公, 연소공燕召公, 관채管蔡, 진기陳杞, 위강숙衛康叔, 송미자宋微子, 진晉, 초楚, 월왕구천越王句踐, 정鄭	12	주나라 초기 분봉 제후
2	조趙, 위魏, 한韓, 전경중완田敬仲完	4	춘추전국 시기 제후가 된 인물들
3	공자孔子	1	유학의 종주
4	진섭陳涉	1	진秦 멸망 봉기의 단초
5	외척外戚, 초원왕楚元王, 형연荊燕, 제도혜왕齊悼惠王, 양효왕梁孝王, 오종五宗, 삼왕三王	7	한나라 외척 및 종친
6	소상국蕭相國, 조상국曹相國, 유후留侯, 진승상陳丞相, 강후주발絳侯周勃	5	한나라 초 개국공신

2. 〈세가〉의 대부분은 동이족 혈통

여섯 유형 중 가장 중요한 것은 제1유형으로 모두 열두 편이다. 주로 주나라 초기에 분봉된 제후들의 사적인데, 제1유형을 특징하는 가장 중요한 요소는 혈통이다. 사마천은 열두 편의 〈세가〉를 모두 오제의 후손으로 설정했다. 사마천이 《사기》를 지은 가장 중요한 목적은 황제黃帝를 시작으로 삼는 한족漢族의 천하사를 서술하려는 것이었는데, 이 목적을 더욱 세밀하게 이루려는 이유로 〈세가〉를 서술한 것이다. 사마천은 《사기》에서 동이족의 역사를 한족의 역사로 대체하고자 했는데, 〈세가〉도 이 목적 내에서 벗어나서는 안 되었다.

이런 의도에서 사마천은 〈세가〉의 대부분을 주나라 왕실의 후예로 설정했다. 상商(은)나라는 동이족 국가임이 명확했기에 상나라를 꺾고 중원을 차지한 주나라를 한족의 역사를 만든 최초의 나라로 간주하고 대부분의 〈세가〉를 주나라 왕실의 후예로 설정한 것이다. 이것은 비단 사마천의 의도뿐만 아니라 주나라 자체에도 이런 성격이 있었다. 주나라는 상나라를 꺾고 중원을 차지한 후 자국의 수도를 천하의 중심이라고 인식하기 시작했다. 여기에서 하락河洛이란 개념이 나온다. 낙양 북쪽으로 흐르는 황하黃河에서 하河 자를 따고 수도 낙양洛陽에서 낙洛 자를 딴 것이 '하락河洛'인데, 이곳이 주나라의 중심부였고 이 지역을 주족周族들이 중국中國이라고 부른 것이 중국의 탄생이었다.

그러나 〈세가〉의 시조 대부분을 주나라 왕실의 후예로 만들어 한족漢族의 역사를 서술하려는 사마천의 의도가 성공을 거두기는 쉽지 않았다. 해석이 사실을 너무 뛰어넘었기 때문이다. 역사의 사실을 바꾸는 것은 쉽지 않은 일이어서 사마천이 서술한 〈세가〉의 이면을 연구하면 각 나라의 시조들이 사실은 한족이 아니라 동이족임을 간파할 수 있다.

특히 주나라의 시조 후직后稷도 한족이 아닌 동이족이라는 점에서 사마천의 의도가 성공을 거두기는 쉽지 않은 일이었다. 후직에 대해 《사기》 〈주본기〉에서는 후직의 어머니 강원姜原이 제곡帝嚳의 원비元妃라고 말하고 있는데, 오제의 세 번째 제왕인 제곡은 동이족 소호少昊 김천씨의 손자로 동이족임이 명확하다. 그러므로 그 후예인 주나라 왕실은 동이족의 후예인 것이다. 그러니 사마천이 〈세가〉의 대부분을 주 왕실의 후예로 설정해 한족의 역사를 만들려고 했던 의도는 처음부터 빗나갈 수밖에 없었다. 사마천의 이런 의도를 간파하는 역사학자가 나타난다면 말이다.

주나라 시조 후직이 동이족이라면 사마천이 주왕실의 후예로 설정한 〈세가〉의 주요 인물들인 오태백, 노주공, 연소공, 관채(관숙 선, 채숙 도) 위강숙, 진강숙, 정환공 등도 모두 동이족의 후예일 수밖에 없다.

이는 실제의 혈통을 바꾸는 것이 얼마나 어려운 것인가를 말해주는 것이다. 〈세가〉의 두 번째 주인공인 제태공 여상이 동이족이라는 점이 이를 말해준다. 여상이 살았다는 '동해 위쪽[東海上]'에 대해서 배인裵駰이 《집해》에서 "《여씨춘추呂氏春秋》에는 '동이東夷의 땅이다.'라고 했다."고 쓴 것처럼 제태공은 명백한 동이족이자 상나라의 후예였다. 또한 진기(진陳나라와 기杞나라)는 맹자가 동이족이라고 말했던 순임금의 후예이고, 송미자는 동이족 국가였던 은나라 왕족이니 동이족일 수밖에 없다. 사마천은 초나라의 시조를 전욱 고양의 후손으로 설정했다. 전욱은 황제黃帝의 손자이자 창의昌意의 아들인데, 창의는 어머니와 아버지가 같은 형 소호의 동생이므로 역시 동이족이다. 월왕 구천은 우禹임금의 후예로 설정했는데, 남조南朝 유송劉宋의 유의경劉義慶이 5세기에 편찬한 《세설신어世說新語》에서 "우禹는 동이족이고 주나라 문왕은 서강西羌족이다."라는 구절이 있는 것처럼 하夏, 상商, 주周는 모두 이족夷族의 국가였다. 이는 중국의 삼대, 즉 하, 상, 주의 역사가 동이족의 역사임을 말해준다.

〈세가〉의 가장 중요한 제1유형에 속하는 열두 편의 주인공들은 모두 동이족의 후예였다. 사마천은 주나라부터는 한족이 역사의 주인공인 것처럼 서술했지만 서주西周가 멸망하는 서기전 771년의 사건에 대해 〈정세가〉에서 "견융犬戎이 유왕幽王을 여산驪山 아래에서 살해하고 아울러 정환공도 살해했다."라고 말하는 것처럼 이족夷族들은 제후국뿐만 아니라 주나라 왕실의 운명을 좌우할 정도로 주나라 왕실 깊숙이 뒤섞여 살았다. 동이족의 역사를 배제하면 〈세가〉를 이해할 수 없고, 〈세가〉가 존재할 수도 없다.

3. 유학적 관점의 〈세가〉 배열과 〈공자세가〉

사마천은 제후가 아니었던 공자를 세가 반열에 포함시킬 정도로 유학을 높였다. 비록 〈화식貨殖열전〉 등을 《사기》에 편찬해 의義보다 이利를 앞세웠다는 비판도 받았지만 사마천과 아버지 사마담司馬談은 기본적으로 유학자였다. 이런 사마천의 의도는 〈세가〉를 오태백부터 시작한 것에서도 드러난다. 유학에서 최고의 가치로 여겼던 선양禪讓을 높이기 위해서 주周나라 고공단보의 장남이지만 후사를 동생 계력에게 양보한 오태백을 〈세가〉의 첫 번째로 설정한 것이다.

그러나 〈세가〉는 각국의 시조를 모두 오제나 주나라 왕실의 후예로 설정한 모순이 드러난다. 태백과 동생 중옹이 도주한 형만은 지금의 강소성江蘇省 소주蘇州로 비정하는데, 태백과 중옹이 주나라 강역이 아니었던 남방 오나라의 군주가 되었다는 서술은 많은 검증이 필요하다. 마찬가지로 월나라에 대해 "월왕 구천은 그 선조가 우禹임금의 먼 자손으로 하후夏后 제소강帝少康의 서자庶子이다."라고 말하고 있는데 하나라 강역이 아니었던 월나라의 시조를 하나라 시조의 후손으로 설정한 것도 많은 검증이 필요하다.

4. 흥망성쇠의 역사

〈세가〉는 사실 《사기》의 어느 부분보다 역동적이다. 사마천은 비록 제왕은 아니었지만 한 나라를 세우거나 다스렸던 군주들의 흥망성쇠를 현장감 있게 전해주었다. 한 제후국이 어떻게 흥하고 망하는지는 지금도 많은 교훈과 생각거리를 준다. 진晉나라가 일개 호족들이었던 위魏, 한韓, 조趙씨의 삼진三晉에 의해 멸망하는 것이나, 제나라를 세운 태공망 여씨呂氏의 후손들이 전씨田氏들에 의해 멸망하고 선조들의 제사마저 폐해지는 장면 등은 내부를 장악하지 못한 왕실의 비극적 종말을 보여준다.

또한 같은 동이족이자 영성嬴姓이었던 진秦과 조趙의 양측 100만여 군사가 전사하는 장평지전長平之戰은 때로는 같은 혈통이 다른 혈통보다 더 적대적임을 말해주는 사례이다. 이 장평지전으로 진나라와 1대 1로 맞서는 국가가 사라졌고, 결국 진秦나라가 중원을 통일했다. 만약 장평지전이 없었다면 중원은 현재의 유럽처럼 여러 나라가 공존하는 대륙으로 남을 수 있지 않았을까라는 의문이 든다.

이렇게 중원을 통일한 진나라가 일개 농민이었던 진섭陳涉의 봉기로 무너지는 것은 한 필부匹夫의 한이 역사를 바꾼 사례라는 점에서 동서고금의 위정자들이 새겨야 할 교훈이 아닐 수 없다.

〈세가〉는 한나라 왕실 사람들도 그리 행복한 인생은 아니었다는 사실을 잘 말해주고 있다. 황후들의 운명 또한 그리 행복하지 않았다는 사실을

〈외척세가〉는 잘 보여주고 있다. 특히 한문제가 훗날 소제의 생모 구익 부인을 죽이는 장면은 미래의 황제를 낳은 것이 행복의 시작이 아니라 개인적 불행의 정점이라는 점에서 역사의 냉혹함을 느끼게 한다.

효경제孝景帝의 다섯 명의 비妃에게서 난 열세 명의 아들에 대해 서술한 〈오종세가五宗世家〉 역시 황제의 아들이라는 신분이 때로는 축복이 아니라 저주일 수도 있다는 사실을 잘 말해준다. 무제의 세 아들 유굉劉閎, 유단劉旦, 유서劉胥에 대해 서술한 〈삼왕세가三王世家〉도 마찬가지이다. 〈삼왕세가〉는 청나라 양옥승梁玉繩이 《사기지의》에서 저소손褚少孫이 끼워 넣은 것이라고 비판했지만, 이와는 별도로 세 아들은 모두 풍요로운 땅에 봉해졌지만 나라가 없어지거나 자살해야 했으니 이 또한 고귀한 혈통일수록 겸손하고 자제해야 한다는 역사의 교훈을 말해주고 있다.

〈세가〉에서 서술한 각국, 각 제후 명칭과 연도는 그간 숱한 논쟁의 대상이 되어 왔다. 학자들에 따라서 1~2년 정도씩 차이가 나는 경우가 적지 않았다. 우리 해역진은 현재 중국 학계에서 인정하는 연표를 기본으로 서술했다. 그러나 이런 연표들이 다른 사료와 비교 검증했을 때 실제 연도와 다른 경우도 적지 않았다. 이 경우 〈수정 연표〉를 따로 제시했다. 〈수정 연표〉 작성은 이 분야를 오래 연구한 이시율 해역자가 주로 작성했고, 다른 해역자들의 검증도 거쳤음을 밝힌다.

사기 제33권 史記卷三十三

노주공세가 魯周公世家

사기 제33권 노주공세가 제3
史記卷三十三 魯周公世家第三

신주 노주공은 성은 희姬, 이름은 단旦이다. 주나라 문왕의 아들이자 무왕의 동생으로서 노魯나라에 봉해졌다. 증조부인 태왕 고공단보가 채읍采邑으로 받은 주나라에 책봉되었으므로 주공周公이라고 불렸다. 무왕이 죽고 어린 조카 성왕이 즉위하자 섭정해 다스렸다. 상나라 주왕紂王의 아들 무경武庚과 주공의 동생 관숙管叔, 채숙蔡叔 등이 동이와 결탁해 배반하자 연나라에 봉해진 소공召公 희석姬奭과 손잡고 진압했다.

주공은 상족商族을 회유하기 위해서 상나라 옛 땅인 상구商丘에 주왕紂王의 형 미자계微子啓를 봉했다. 주나라 왕실의 일족과 공신들을 중원 요지에 봉하는 봉건제를 실시해서 주나라 왕실의 외곽을 튼튼하게 했다. 또한 예악과 법도를 제정해서 주나라의 제도문물을 공고하게 했는데, 이런 일들로 인해 공자로부터 성인聖人으로 존숭되었다.

노나라는 25세를 전하며 34명의 군주가 795년간 재위했다. 노나라 경공頃公 24년서기전 255에 초나라 고열왕考烈王에게 멸망했다. 경공은 하읍下邑으로 옮겼다가 서기전 249년 지금의 산동성 동아東阿인 가柯 땅에서 죽어 노나라의 제사가 끊겼다.

노 군주 세계

군주 칭호	이름(성은 희姬)	재위 기간 (모두 서기전)	재위 연수
노문공魯文公 (노공 백금魯公伯禽)	희금姬禽	1045～998	48
노고공魯考公	유酉	997～994	4
노양공魯煬公	희熙	993～988	6
노유공魯幽公	재宰	987～974	14
노위공魯魏公	희晞	973～924	50
노여공魯厲公	탁擢	923～887	37
노헌공魯獻公	구具	886～855	32
노진공魯眞公	비濞	854～825	30
노무공魯武公	오敖	824～816	9
노의공魯懿公	희戱	815～807	9
노폐공魯廢公	어漁	806～796	11
노효공魯孝公	칭稱	795～769	27
노혜공魯惠公	불황弗湟	768～723	46
노은공魯隱公	식고息姑	722～712	11
노환공魯桓公	윤允	711～694	18
노장공魯莊公	동同	693～662	32
노군자반魯君子班	자반子班	662	2개월

군주 칭호	이름(성은 희姬)	재위 기간 (모두 서기전)	재위 연수
노민공魯閔公	계啓	661	2
노희공魯釐公희공僖公	신申	659～627	33
노문공魯文公	흥興	626～609	18
노선공魯宣公	퇴俀	608～591	18
노성공魯成公	흑굉黑肱	590～573	18
노양공魯襄公	오午	572～542	31
노군야魯君野	야野	542	3개월
노소공魯昭公	조稠	541～510	32
노정공魯定公	송宋	509～495	15
노애공魯哀公	장將	494～468	27
노도공魯悼公	영寧	467～437	31
노원공魯元公	가嘉	436～416	21
노목공魯穆公	현顯	415～383	33
노공공魯共公	분奮	382～353	30
노강공魯康公	둔屯	352～344	9
노경공魯景公	언匽	343～323	21
노평공魯平公	숙叔	322～303	20
노민공魯緡公	가賈	302～280	23
노경공魯頃公	구仇	279～249	31

제一장

주공 단의 정치

주공 단旦[1]은 주나라 무왕의 아우다. 문왕이 생존해 있을 때부터 주공 단은 아들로서 효도[2]하고 인仁에 독실함이 여러 아들과는 달랐다. 무왕이 즉위한 이후부터 단은 항상 무왕을 보좌하고 돌보는 정사가 많았다.

무왕 9년, 동쪽을 정벌해 맹진孟津까지 갔는데 주공은 무왕을 보좌했다.

周公旦[1]者 周武王弟也 自文王在時 旦爲子孝[2] 篤仁 異於群子 及武王即位 旦常輔翼武王 用事居多 武王九年 東伐至盟津 周公輔行

① 周公旦주공단

집해 초주가 말했다. "태왕(고공단보)이 거처하던 주나라 땅을 그의 채읍采邑으로 삼았으므로 주공이라고 일렀다."

譙周曰 以太王所居周地爲其采邑 故謂周公

색은 주周는 지명이다. 기산 남쪽에 있는데 본래 태왕이 거처하던 곳이다. 뒤에 주공의 채읍이 되었으므로 주공이라고 했다. 곧 지금의 부풍군 옹雍 땅 동북쪽 옛 주성周城이 이곳이다. 시호는 주문공周文公인데 《국어》에 보인다.

周 地名 在岐山之陽 本太王所居 後以爲周公之菜邑 故曰周公 即今之扶風雍東北故周城是也 諡曰周文公 見國語

② 孝효

색은 추탄생본에는 '효孝'가 '경敬'으로 되어 있다.
鄒誕本孝作敬也

11년, 주紂를 정벌하여 목야牧野[①]에 이르렀을 때도 주공은 무왕을 보좌하고 〈목서牧誓〉[②]를 지었다.
은나라를 쳐부수고 상나라 궁宮에 들어가 주를 죽였다. 주공은 큰 도끼를 쥐고 소공은 작은 도끼를 쥐고 무왕을 좌우에서 도와 토지신에게 희생물의 피로 제사를 지내고 주의 죄를 하늘과 은나라 백성에게 고했다. 유폐되어 있던 기자箕子를 석방했다.
주의 아들 무경녹보를 패邶 땅에 봉하고, 관숙管叔과 채숙蔡叔에게 보좌케 하여 은나라 제사를 잇도록 했다. 두루 공신과 동성과 외척 들을 봉했다. 주공 단은 소호少昊의 옛터[③] 곡부[④]에 봉했는데, 이이가 노주공魯周公이다. 주공은 봉국에 나아가지 않고 경사京師에 머물며 무왕을 보좌했다.
十一年 伐紂 至牧野[①] 周公佐武王 作牧誓[②] 破殷 入商宮 已殺紂 周公把大鉞 召公把小鉞 以夾武王 釁社 告紂之罪于天 及殷民 釋箕子之囚 封紂子武庚祿父 使管叔蔡叔傅之 以續殷祀 徧封功臣同姓戚者 封周公旦於少昊之虛[③]曲阜[④] 是爲魯公 周公不就封 留佐武王

① 牧野목야

정의 위주가 곧 목야의 땅이다. 동북쪽으로 조가는 73리 거리다.

衛州即牧野之地 東北去朝歌七十三里

신주 은나라 중심부의 땅에 위강숙衛康叔을 봉했으므로, 당나라 때 그곳 이름을 '위주'라고 했다.

② 牧誓목서

신주 《상서》의 편명이다.

③ 少昊之虛소호지허

신주 《사기》〈오제본기〉에 따르면 현효玄囂, 즉 소호는 황제와 누조 사이의 맏아들이다. 소호는 동이족인데 맏아들 소호가 동이족이면 그 친동생 창의도 동이족이니 황제의 뒤를 이어 제위에 오른 창의의 아들 제전욱도 동이족이다. 또한 제전욱의 뒤를 이어 제위에 오른 소호의 손자 제곡도 동이족이고, 제곡과 진봉씨 사이에서 태어난 아들 제요도 동이족이며, 제전욱의 손자인 하우夏禹도 동이족이다. 사마천이 설정한 《사기》〈오제본기〉의 계보는 오제가 모두 동이족임을 보여준다. 산동성 동이족 유적의 두 중심지는 산동성 중심지인 곡부와 남부의 임기臨沂인데, 곡부에는 소호의 무덤이 남아 있다. 소호의 옛터라는 말은 동이족 소호의 제국이 있던 근거지라는 뜻일 것이다.

④ 曲阜곡부

정의 《괄지지》에서 말한다. "연주 곡부현 외성外城은 곧 노공 백금伯禽이 쌓은 것이다."

括地志云 兗州曲阜縣外城即魯公伯禽所築也

무왕이 은나라에 승리한 지 2년이 지났지만, 천하는 아직 안정되지 않았다. 무왕은 병이 들어 즐겁지 않았다. 그래서 신하들은 우려했다. 태공太公과 소공召公은 삼가① 병을 고칠 수 있는지 없는지 조심스럽게 점을 치기로 했다. 주공이 말했다.

"우리 선왕先王께 걱정을 끼치지② 않아야 하오."

주공은 이에 곧 자신을 볼모(자신의 몸을 희생물로 삼는다는 뜻)로 삼고 3개의 제단을 설치했다. 주공은 북면하고 서서 벽옥을 이고 홀을 들고③ 태왕과 왕계와 문왕의 혼령에게 고했다.④

武王克殷二年 天下未集 武王有疾 不豫 群臣懼 太公召公乃繆①卜 周公曰 未可以戚②我先王 周公於是乃自以爲質 設三壇 周公北面立 戴璧秉圭③ 告于太王王季文王④

① 繆목

집해 서광이 말했다. "고서에는 '목穆(사당차례)' 자를 '목繆(사당차례)' 자로 많이 썼다."

徐廣曰 古書穆字多作繆

② 戚척

집해 공안국이 말했다. "척戚은 가까이하는 것이다. 죽는다고 해도 선왕을 가까이하지 않으면 안된다." 정현이 말했다. "태공과 소공이 문왕의 사당에서 점을 친 것인데, 척戚은 '걱정하다'이다. 우리 선왕을 근심하고 두렵게 하지 말라는 뜻이다."

孔安國曰 戚 近也 未可以死近先王也 鄭玄曰 二公欲就文王廟卜 戚 憂也 未可憂怖我先王也

③ 戴璧秉圭대벽병규

집해 공안국이 말했다. "벽璧은 신에게 예를 하는 것이고 규圭는 폐백으로 삼는 것이다."

孔安國曰 璧以禮神 圭以爲贄

④ 告于太王王季文王고우태왕왕계문왕

집해 공안국이 말했다. "축사를 일러 알린 것이다."

孔安國曰 告謂祝辭

신주 왕계王季는〈오태백세가〉에 나오는 주왕 계력季歷이다. 시호는 없고 이름은 력歷이다. 문왕 창昌의 아버지다.

주공이 책문을 읽으면서 빌었다.[1]

"오, 당신들의 원손元孫 무왕 발發은 일로 인해 병이 들었습니다.[2] 만약 당신들 세 선왕께 자식을 보호할 책임이 있다면, 단旦으로 하여금 왕 발의 몸을 대신하게 하십시오.[3] 단은 계교計巧에 능하고 다재다능하여 귀신을 섬길 수 있습니다.[4] 그러나 왕 발은 저보다는 재주와 결실 맺는 것을 못 하니 귀신을 잘 섬기지 못합니다. 그런데 (왕 발은 천자의) 명을 천제의 조정에서 받아 왕이 되었고, 사방에 덕정을 펼쳐서⑤ 사방의 백성을 도왔고 당신들의 자손을 천하의 땅에서 안정시켰으니, 사방의 백성이 공경하지 않는 사람이 없습니다.⑥

史策祝①曰 惟爾元孫王發 勤勞阻②疾 若爾三王是有負子之責於天 以旦代王發之身③ 旦巧能 多材多藝 能事鬼神④ 乃王發不如旦多材多藝 不能事鬼神 乃命于帝庭 敷佑四方⑤ 用能定汝子孫于下地 四方之民罔不敬畏⑥

① 史策祝사책축

집해 공안국이 말했다. "사관이 축사祝詞를 기록한 책문이다." 정현이 말했다. "책은 주공이 지은 것으로 간서簡書를 이른다. 축자가 이 간서를 읽어 삼왕三王에게 고한 것이다."

孔安國曰 史爲策書祝(祠)[詞]也 鄭玄曰 策 周公所作 謂簡書也 祝者讀此簡書以告三王

② 阻조

집해 서광이 말했다. "조阻는 다른 판본에는 엄淹으로 되어 있다."

徐廣曰 阻 一作淹

③ 代王發之身대왕발지신

집해 공안국이 말했다. "대자大子에 빚을 지면 병을 구제하는 것이 불가한데, 하늘에서 구제하는 것이 불가하다면 마땅히 주공 단이 대신하겠다는 것을 이른다. 죽고 사는 것은 명命에 달려 있으니 대신하는 것을 청하는 것은 불가하지만, 성인聖人께서 신하와 자식의 마음에 은혜를 펼쳐서 세상의 가르침으로 드리워 달라는 것이다."

孔安國曰 大子之責 謂疾不可救也 不可救于天 則當以旦代之 死生有命 不可請代 聖人敍臣子之心以垂世教

색은 《상서》에는 '부負(지다)' 자가 '비丕(크다)' 자로 되어 있다. 지금 이곳의 '부負' 자는 삼왕三王(태왕, 왕계, 문왕)이 상천上天의 책임을 지고 있기 때문에 내가 마땅히 대신하게 해 달라고 이른 것이다. 정현은 또한 '비丕'는 '부負'로 읽어야 한다고 했다.

尙書負爲丕 今此爲負者 謂三王負於上天之責 故我當代之 鄭玄亦曰丕 讀曰負

④ 能事鬼神능사귀신

집해 공안국이 말했다. "무왕의 뜻을 대신할 수 있다고 말한 것이다."

孔安國曰 言可以代武王之意

⑤ 敷佑四方부우사방

집해 마융이 말했다. "무왕이 천제天帝의 조정에서 명을 받고 그의 도를 펴서 사방을 돕는 것이다."

馬融曰 武王受命於天帝之庭 布其道以佑助四方

⑥ 四方之民罔不敬畏사방지민망불경외

집해 공안국이 말했다. "무왕이 천제의 조정에서 받은 명을 사용하기 때문에 선인先人의 자손을 천하에서 안정시킬 수 있으니, 사방의 백성이 경외하지 않는 자가 없다는 말이다."

孔安國曰 言武王用受命帝庭之故 能定先人子孫於天下 四方之民無不敬畏也

하늘이 내리신 보배로운 명을 추락시키지 않아야만 우리 선왕들 또한 영원토록 귀의해 종묘의 주인이 될 것입니다.① 지금 나는 삼왕의 뜻을 원귀元龜②에게 받아 점칠 것이니, 당신들께서 나를 허락한다면 나는 벽옥과 홀을 가지고 귀의하여 당신의 명을 기다릴 것입니다.③ 당신들께서 나를 허락하지 않는다면 나는 벽옥과 홀을 감춰버릴 것입니다.④"

無墜天之降葆命 我先王亦永有所依歸① 今我其即命於元龜② 爾之許我 我以其璧與圭歸 以俟爾命③ 爾不許我 我乃屏璧與圭④

① 我先王亦永有所依歸아선왕역영유소의귀

집해 공안국이 말했다. "구제해 주지 못한다면 하늘의 보배로운 명을 떨어뜨렸다는 것이고, 구제해 준다면 선왕도 길이 기대고 돌아올 곳이 있게 된다는 말이다." 정현이 말했다. "강降은 내린다는 뜻이다. 보寶는 신神이다. 기대고 돌아올 곳이 있으니 종묘의 주인이 된 것이다."

孔安國曰 言不救 則墜天寶命也 救之 則先王長有所依歸矣 鄭玄曰 降 下也 寶猶神也 有所依歸 爲宗廟之主也

정의 墜의 발음은 '쥬[直類反]'다.

墜 直類反

② 其即命於元龜기즉명어원귀

집해 공안국이 말했다. "나아가 삼왕의 명을 원귀元龜에게 받아 점이 길하고 흉한가를 알겠다는 것이다." 마융이 말했다. "원귀는 큰 거북이다."

孔安國曰 就受三王之命於元龜 卜知吉凶者也 馬融曰 元龜 大龜也

③ 以俟爾命이사이명

집해 공안국이 말했다. "허許는 병이 나은 것을 이른다. 대명待命은 마땅히 신을 섬기는 것이다." 마융이 말했다. "당신의 명을 기다린다는 것은 무왕의 병이 낫는 것이 당연하고 나는 죽는 것이 마땅하다는 것이다."

孔安國曰 許謂疾瘳 待命 當以事神也 馬融曰 待汝命 武王當愈 我當死也

④ 爾不許我 我乃屛璧與圭이불허아 아내병벽여규

집해 공안국이 말했다. "불허不許는 낫지 않는 것이다. 병屛은 감춘다는 뜻이다. 신을 섬기지 않겠다는 말이다."

孔安國曰 不許 不愈也 屛 藏 言不得事神

주공은 이윽고 사관에게 태왕과 왕계와 문왕에게 고하는 책문을 읽게 하고, 무왕 발의 몸을 대신하고자 했다. 이에 즉시 세 왕의 사당에 나아가 점을 치게 했다. 점을 친 사람들이 모두 '길하다'라고 말하고, 글을 펴서 점친 기록[①]을 보여주며 점괘가 길하다는 것을 믿게 했다. 주공은 기뻐하고 점괘를 간직하는 약籥을 열어[②] 곧 점서占書를 보자 길하다는 것을 알았다. 주공은 (궁에) 들어가 무왕에게 하례하고 말했다.

"왕께는 그 해로움이 없을 것입니다. 제가 새로이 세 선왕에게 명을 받았으니 오직 길이 이를 도모하셔서 마치십시오.[3] 이 도리는 한 사람에게 주어진 것임을 염두에 두십시오.[4]"
주공은 그 축책을 금등金縢의 궤 속에 감추어 두고[5] 그것을 지키는 자에게 경계시켜 감히 말하지 못하게 했다. 다음날 무왕은 병이 낫게 되었다.
周公已令史策告太王王季文王 欲代武王發 於是乃即三王而卜 卜人皆曰吉 發書視之 信吉[1] 周公喜 開籥[2] 乃見書遇吉 周公入賀武王曰 王其無害 旦新受命三王 維長終是圖[3] 茲道能念予一人[4] 周公藏其策金縢匱中[5] 誡守者勿敢言 明日 武王有瘳

① 信吉신길

집해 공안국이 말했다. "점쳐 나타난 징조의 기록이다."

孔安國曰 占兆書也

② 開籥개약

집해 왕숙이 말했다. "약籥은 점쳐 나타난 징조의 기록을 넣어둔 관管이다."

王肅曰 籥 藏占兆書管也

③ 維長終是圖유장종시도

집해 공안국이 말했다. "내가 새롭게 세 선왕의 명을 받았으니, 무왕은 오직 길이 이 주나라의 도를 계획하여 마치라는 것이다."

孔安國曰 我新受三王命 武王維長終是謀周之道

④ 茲道能念予一人자도능념여일인

집해 마융이 말했다. "한 사람은 천자다." 정현이 말했다. "자茲는 차此다."

馬融曰 一人 天子也 鄭玄曰 茲 此也

⑤ 藏其策金縢匱中기책금등궤중

집해 공안국이 말했다. "궤 속에 감추어 금金으로 봉해서 사람들이 열지 못하게 한 것이다."

孔安國曰 藏之於匱 緘之以金 不欲人開也

그 뒤 무왕이 붕어했는데 성왕成王은 어려서 강보强葆 안에 있었다.① 주공은 천하에서 무왕이 붕어했다는 소식을 듣고 배반할까봐 걱정했다. 주공은 이에 천자의 지위에 오른 성왕을 대신해 섭정하고 국정을 맡아 정치를 실행했다. 관숙과 그의 아우들은 나라에 유언비어를 퍼뜨려 말했다.

"주공은 장차 성왕成王에게 이롭지 못할 것이다."②

其後武王既崩 成王少 在強葆之中① 周公恐天下聞武王崩而畔 周公乃踐阼代成王攝行政當國 管叔及其群弟流言於國曰 周公將不利於成王②

① 強葆강보

색은 강보는 곧 포대기[襁褓]다. 옛날에는 글자가 적어서 빌려서 쓴 것이다.

強葆即襁褓 古字少 假借用之

정의 강强은 너비가 8치, 길이가 8자이며 어린아이를 등에 업고 다닐 때 묶어서 사용한다. 보葆는 어린아이의 이불이다.

強闊八寸 長八尺 用約小兒於背而負行 葆 小兒被也

신주 주공의 아들 백금이 봉국을 다스리고 군대까지 동원하여 지휘하는데, 무왕이 아무리 늦게 자식을 봤더라도 그렇게까지 어리지는 않았을 것이다. 양옥승은 《사기지의》에서 이를 매우 길게 비판하고, 정현이나 왕숙 등도 많은 전적에 주석을 달아 사마천을 비판했다. 주공을 높이기 위한 과장일 것이다.

② 周公將不利於成王주공장불리어성왕

집해 공안국이 말했다. "국가에 말을 퍼뜨려 주공을 모함하고 성왕을 미혹되게 하려는 것이다."

孔安國曰 放言於國 以誣周公 以惑成王也

> 주공이 이에 태공망(강태공)과 소공석召公奭에게 알려 말했다.
> "내가 피하지 않고[①] 섭정해 정사를 대행하는 까닭은 천하에서 주나라를 배반하여 우리 선왕인 태왕과 왕계와 문왕에게 고하는 일이 없을까 봐 두려워서입니다. 세 선왕께서 천하를 근심하여 수

고한 지 오래되었는데 지금 이후에야 성취될 것입니다. 무왕께서 일찍 세상을 떠나서 성왕께서 어리시지만,[②] 장차 주나라를 일으켜야 하니 내가 이렇게 (섭정을) 하는 것입니다."
周公乃告太公望召公奭曰 我之所以弗辟[①]而攝行政者 恐天下畔周 無以告我先王太王王季文王 三王之憂勞天下久矣 於今而后成 武王蚤終成王少[②] 將以成周 我所以爲之若此

① 辟피

정의 '피避'로 발음한다.

音避

② 成王少성왕소

신주 성成은 시호이므로 주공의 말에서 나올 수가 없다. 이 뒤로도 계속 주공의 대화에 '성왕'이라고 나오는 것은 모두 잘못이다. 대부분 중국 고전들이 그렇듯이 후대에 덧붙여졌기 때문이다.

이에 (주공은) 마침내 성왕을 도우며 (주나라에 머물고), 그의 아들 백금에게 대신 노나라 봉지로 나아가게 했다. 주공은 백금에게 경계하여 말했다.
"나는 문왕의 아들이고 무왕의 동생이며 성왕의 숙부이니, 나는 천하에서 신분이 비천하지 않다. 그러나 나는 한 번 머리를 감는 동안 세 번이나 머리채를 움켜쥐고, 한 번 식사를 하는 동안 세 번이나 입안의 밥을 뱉어내며,① 일어나서 사인을 대접하면서도 오히려 천하의 현인들을 잃을까 걱정했다. 너는 노나라에 가거든 삼가 국군國君으로서 남에게 교만하지 않도록 하라."
於是卒相成王 而使其子伯禽代就封於魯 周公戒伯禽曰 我文王之子 武王之弟 成王之叔父 我於天下亦不賤矣 然我一沐三捉髮 一飯三吐哺① 起以待士 猶恐失天下之賢人 子之魯 愼無以國驕人

① 一沐三捉髮 一飯三吐哺일목삼착발 일반삼토포

신주 고사성어 '토포착발吐哺捉髮'(먹던 음식을 뱉고 감던 머리를 거머쥐고 손님을 맞이함)의 어원이다. 인재 얻기에 최선의 노력을 한다는 사자성어다.

관숙과 채숙과 무경 등이 마침내 회이淮夷를 거느리고 모반했다.① 주공은 이에 성왕成王의 명을 받들어 군사를 일으키고 동쪽으로 정벌하면서 〈대고大誥〉②를 지었다. (그렇게 함으로써 반란자를 주살할 의의를 천하에 고했다.)
마침내 관숙을 처단하고,③ 무경을 살해하고, 채숙을 추방했다. 은나라의 남은 백성을 거두어 강숙康叔을 위衛나라에 봉하고 미자微子를 송나라에 봉해 은나라의 제사를 받들게 했다.④ 이리하여 회이淮夷와 동쪽 땅이 편안해지고 2년 만에 모두 안정되었다. 제후들은 모두 복종해 주나라를 종실로 앙모했다.

管蔡武庚等果率淮夷而反[①] 周公乃奉成王命 興師東伐 作大誥[②] 遂誅管叔[③] 殺武庚 放蔡叔 収殷餘民 以封康叔於衛 封微子於宋 以奉殷祀[④] 寧淮夷東土 二年而畢定 諸侯咸服宗周

① 管蔡武庚等果率淮夷而反관채무경등과솔회이이반

신주 삼감三監의 봉기를 이른 것이다. 주나라는 상나라를 무너뜨린 후 주왕의 아들인 무경에게 옛 은나라의 제사를 계승하게 하고, 주공의 동생들인 관숙, 채숙 등에게 감시하게 했는데 이들이 삼감이다. 그런데 주공의 전횡에 불만을 품은 삼감이 무경과 손잡고 상왕조 부흥전쟁에 가담했던 것이다. 회이는 강회江淮 등지에 살던 동이족인데, 《죽서기년竹書紀年》에는 하조夏朝의 5대 임금 사상姒相이 회이를 공격한 기록이 있다. 무경의 봉기가 실패한 후에도 회이는 서융徐戎 등과 연합해서 여러 차례 주周를 공격했다.

② 大誥대고

신주 《상서》의 편명이다.

③ 誅管叔주관숙

신주 《사기지의》에 따르면 관숙은 죽이지 않았다고 한다. 자세한 것은 〈관채세가〉에 있다.

④ 収殷餘民~以奉殷祀수은여민~이봉은사

신주 《사기지의》에 따르면 위나라와 송나라는 무왕 때 봉해졌으며 이

때 처음 봉해진 것이 아니다. 자세한 것은 〈관채세가〉에 있다.

하늘에서 복록을 내려 당숙唐叔은 벼를 얻었는데, 줄기는 달라도 이삭은 같이 영글었다.① 성왕成王에게 바치니 성왕은 당숙唐叔에게 동쪽 땅에 있는 주공에게 보내게 명하고 〈궤화餽禾〉를 지었다. 주공은 이윽고 명으로 벼를 받고 나서 천자의 명을 아름답게 여겨 〈가화嘉禾〉를 지었다.②
동쪽 땅은 이미 안정되었으므로 주공은 돌아와 성왕에게 보고하고 이에 시를 지어 왕에게 바쳤는데 이를 〈치효鴟鴞〉라고 명명했다.③ 성왕도 (주공의 의심을 풀고) 구태여 주공을 나무라지 않았다.④
天降祉福 唐叔得禾 異母同穎① 獻之成王 成王命唐叔以餽周公於東土 作餽禾 周公既受命禾 嘉天子命 作嘉禾② 東土以集 周公歸報成王 乃爲詩貽王 命之曰鴟鴞③ 王亦未敢訓周公④

① 穎영

집해 서광이 말했다. "다른 판본에는 '수穗'로 되어 있다. 영穎은 곧 수穗다."

徐廣曰 一作穗 穎即穗也

색은 《상서》에는 이묘異畝라고 했다. 이것은 모母의 뜻과 서로 통한다. 추탄생 본과 동일하다.

尙書曰 異畝 此母義竝通 鄒誕本同

신주 영穎은 곧 우리말의 '영글다'이다. 꽃이 지고 열매가 맺어 익는 것을 '영글다'라고 한다. 수穗는 '이삭'이다. 영근 열매들이 그 무게로 고개를 숙여 드리운 것을 말한다.

② 嘉가

집해 서광이 말했다. "가嘉는 다른 판본에는 '노魯'로 되어 있다." 지금의 《상서》의 서문에는 '여旅'로 되어 있다.

徐廣曰 嘉 一作魯 今書序作旅也

색은 서광은 다른 판본에는 '노魯'로 되어 있다고 했는데 '노魯' 자는 잘못이다. 지금 《상서》에는 '여旅'로 되어 있다. 《사기》는 가천자명嘉天子命이라는 문장에서 또한 뜻을 얻었는데, 어찌 모름지기 '가려嘉旅'라고 해야 하는가.

徐廣云一作魯 魯字誤也 今書序作旅 史記嘉天子命 於文亦得 何須作嘉旅

신주 〈궤화〉와 〈가화〉는 《상서》의 편명이다. 이미 산실되었다.

③ 鴟鴞치효

집해 《모시서》에서 말한다. "성왕이 주공의 뜻을 알지 못하자, 주공은 시를 지어서 왕에게 보냈는데 〈치효〉라고 명명했다." 《모전》에서 말한다. "치효는 올빼미다."

毛詩序曰 成王未知周公之志 公乃爲詩以遺王 名之曰鴟鴞 毛傳曰 鴟鴞 鸋鴂也

신주 《시경》 〈국풍-빈풍〉에 있다.

④ 訓훈

집해 서광이 말했다. "훈訓은 다른 판본에는 '초誚'로 되어 있다."
徐廣曰 訓 一作誚

색은 살펴보니 《상서》에는 '초誚'로 되어 있다. 초誚는 꾸짖다는 뜻이다. 여기에서 '훈訓' 자로 한 것은 잘못일 뿐이다. 뜻이 통하지 않는데, 서광은 그 본을 합해서 정하고 왜 모름지기 다른 판본에는 '초誚'로 되어 있다고 했는가?
按 尙書作誚 誚 讓也 此作訓字誤耳 義無所通 徐氏合定其本 何須云一作誚也

성왕 7년 2월 을미일, 성왕은 사당에 조알하려고 주나라에서 풍豐 땅에 이르러,① 태보太保 소공召公을 시켜 먼저 낙雒 땅을 시찰하게 했다.②
그해 3월, 주공이 성주成周③ 낙읍雒邑으로 가서 자리를 잡고 도읍지를 점치게 했는데 점괘에 길하다고 했다. 그래서 마침내 나라의 도읍으로 삼았다.
成王七年二月乙未 王朝步自周 至豐① 使太保召公先之雒相土② 其三月 周公往營成周③雒邑 卜居焉 曰吉 遂國之

① 步自周 至豐보자주 지풍

집해 마융이 말했다. "주周는 호경鎬京이다. 풍豐은 문왕묘가 있는 곳이다. 조朝는 일을 거행하려고 위에 조알하는 것이다. 장차 국토 안에서 도읍을 바꾸는 것은 큰일이다. 그러므로 문왕과 무왕의 사당에 고한 것이다." 정현이 말했다. "보步는 가는 것이다. 당堂 아래에서 걷는 것을 이른다. 풍과 호鎬는 다른 읍이다. 보라고 말한 것은 무왕묘에 고하고 곧 걸어서 묘廟에서 나가 묘로 들어간 것이며, 멀다고 여기지 않은 것은 아버지를 공경하기 위함이다."

馬融曰 周 鎬京也 豐 文王廟所在 朝者 擧事上朝 將即土中易都 大事 故告文王武王廟 鄭玄曰 步 行也 堂下謂之步 豐鎬異邑 而言步者 告武王廟即行 出廟入廟 不以爲遠 爲父恭也

색은 풍은 문왕이 만든 읍이다. 뒤에 무왕은 호에 도읍하고 풍에 문왕묘를 세웠다. 살펴보니 풍은 호현鄠縣 동쪽에 있고 풍수豐水에 닿았으며 동쪽으로 호와의 거리가 25리다.

豐 文王所作邑 後武王都鎬 於豐立文王廟 按 豐在鄠縣東 臨豐水 東去鎬二十五里也

② 相상

집해 정현이 말했다. "상은 살피는 것이다."

鄭玄曰 相 視也

③ 成周성주

집해 《공양전》에서 말한다. "성주成周는 어떤 곳인가? 동주東周다." 하휴가 말했다. "이름을 성주라고 한 것은 주나라의 도道가 비로소 이루어졌고 왕이 도읍한 곳이기 때문이다."

公羊傳曰 成周者何 東周也 何休曰 名爲成周者 周道始成 王所都也

> 성왕이 장성하자 정사를 듣고 판단할 줄 알았다. 이에 주공은 (섭정을 그만두고) 성왕에게 정치를 돌려주었다. 성왕은 조회에 임했다. 주공이 성왕을 대신해 다스릴 때는 남면하여 부의斧扆를 등지고 제후들을 조회했다.① 7년 뒤에는 정치를 성왕에게 돌려주고 북면해 신하의 위치로 나아갔으며, 몸을 굽혀 황송해하는 모습으로 공경했다.②
>
> 成王長 能聽政 於是周公乃還政於成王 成王臨朝 周公之代成王治 南面倍依以朝諸侯① 及七年後 還政成王 北面就臣位 匔匔如畏然②

① 南面倍依以朝諸侯남면배의이조제후

집해 《예기》에서 말한다. "주공은 제후를 명당에 자리하게 하여 조회했는데, 천자는 부의斧依를 등지고 남쪽을 향해 섰다." 정현이 말했다. "주공이 섭왕攝王의 지위였으니 명당의 예의로써 제후를 조회한 것이다. 종묘에서 하지 아니한 것은 왕을 피한 것이다. 천자는 주공周公이다. 부負는 등지는 것을 말한다. 부의는 도끼 무늬를 그린 병풍을 방문 사이에 만들어 두고 주공이 앞에 선 것이다."

禮記曰 周公朝諸侯于明堂之位 天子負斧依 南向而立 鄭玄曰 周公攝王位 以明堂之禮儀朝諸侯也 不於宗廟 避王也 天子 周公也 負之言倍也 斧依 爲斧文屏風於戶牖之閒 周公於前立也

신주 배인이 천자가 주공이라고 한 것은 문제가 있다. 북송의 소식蘇軾이 〈주공론周公論〉에서 "주공은 천자의 자리에 올라 왕으로 칭하지 않았다. 주공이 왕으로 칭했다면 성왕은 무엇이라 칭했겠는가? …… 왕으로 칭했으면 이는 왕이 둘 있는 것이니 주공이 편안했겠는가."라고 비판한 것처럼 주공은 천자가 아니라 천자를 섭정한 것이다. 의依는 부의斧扆로 도끼 모양의 수를 놓은 병풍을 의미한다.

② 躬躬如畏然궁궁여외연

집해 서광이 말했다. "궁궁躬躬은 삼가고 공경하는 모양이다. 《삼창》에서 보이는데, 발음은 '궁궁窮窮'이다. 다른 판본에는 '기기夔夔'로 되어 있다."

徐廣曰 躬躬 謹敬貌也 見三蒼 音窮窮 一本作夔夔也

신주 '躬躬如畏然궁궁여외연'은 굽히고 굽혀 공경하는 것과 같다.

당초 성왕이 어렸을 때 병이 났다. 주공은 자기 손톱을 잘라 하수河水에 빠뜨리고 신에게 빌며 말했다.

"왕은 어려서 아직 아무것도 모릅니다. 만일 신의 명을 어기는 자가 있다면 그것은 나 단旦입니다."

또한 그의 축책祝策① 을 창고에 감추자 성왕의 병이 나았다. 성왕이 정사를 보기 시작하자 어떤 사람이 주공을 참소하는 일이 있었으므로 주공은 초나라로 달아났다.② 성왕이 창고를 열어 주공의 기도책을 발견하고, 이에 (감격하여) 울면서 주공을 돌아오게 했다.

初 成王少時 病 周公乃自揃其蚤沈之河 以祝於神曰 王少未有識 奸神命者乃旦也 亦藏其策①於府 成王病有瘳 及成王用事 人或譖周公 周公奔楚② 成王發府 見周公禱書 乃泣 反周公

① 策책

신주 축책祝策을 말한다. 축책은 교사郊祀나 제향 때 쓰인다.

② 周公奔楚주공분초

색은 경전에는 없는 문장이니, 그 일은 혹시 따로 나온 곳이 있을 것이다. 초주가 말했다. "진秦나라에서 이미 책을 불태워버려서 당시 사람들이 금등의 일을 말하고자 했으나 그 본말本末을 잃어버렸다. 이에 이르기를 '성왕이 어려서 병이 들자 주공이 하수에서 왕의 죽음을 대신하기를 기도하고 축책祝策을 부府 창고에 감추었다. 성왕이 정사를 보자 어떤 사람이 주공을 참소해서 주공은 초나라로 달아났다. 성왕이 창고를 열어 축책을 발견하고 이에 주공을 맞이했다.'라고 한다." 또 이는 〈몽염전〉과 같으니 일이 혹 그럴 것이다.

經典無文 其事或別有所出 而譙周云秦旣燔書 時人欲言金縢之事 失其本末 乃云 成王少時病 周公禱河欲代王死 藏祝策于府 成王用事 人讒周公 周公奔楚 成王發府見策 乃迎周公 又與蒙恬傳同 事或然也

주공이 돌아왔다. 어쩌면 성왕이 장성해서 다스림에 방탕함이 있을까 봐 〈다사多士〉를 짓고 〈무일毋逸〉을 지었다.① 〈무일〉에 일컬어 말했다.

"사람의 부모인 자는 가업을 영위하기 위해서는 장구한 계획을 세우지만, 자손들은 교만하고 사치해서 그것을 잊고 그 가문을 망쳐버립니다. 그러니 사람의 자식 된 자들은 삼가지 않을 수 있겠습니까. 그런 까닭에 옛날 은나라 왕 중종中宗[②] 께서 계실 때는 엄숙하고 공손하면서 하늘의 명을 경외하며 스스로 법도를 지키고[③] 백성을 다스리면서 떨고 두려워하는데 감히 황폐하거나 안일하지 않았습니다.[④] 그러므로 중종은 75년 동안 나라를 형통하게 했습니다.

周公歸 恐成王壯 治有所淫佚 乃作多士 作毋逸[①] 毋逸稱 爲人父母 爲業至長久 子孫驕奢忘之 以亡其家 爲人子可不愼乎 故昔在殷王中宗[②] 嚴恭敬畏天命 自度[③]治民 震懼不敢荒寧[④] 故中宗饗國七十五年

① 作多士 作毋逸작다사 작무일

신주 〈다사〉와 〈무일〉은 《상서》의 편명이다.

② 殷王中宗은왕중종

신주 《고본죽서기년집증》의 고증에 따르면 종래에는 《사기》를 따라 중종을 9대왕 태무太戊라고 했으나 《죽서기년》에는 중종을 13대왕 '조을祖乙'이라고 했다. 청나라 말기에 발견된 갑골문 중에 '중종조을中宗祖乙'이라고 일컬은 것이 있어서 《죽서기년》이 정확하다는 것을 증명했다.

③ 自度자도

집해 공안국이 말했다. "법도를 써서 다스렸다는 것이다."

孔安國曰 用法度也

④ 震懼不敢荒寧진구부감황녕

집해 마융이 말했다. "백성의 노고를 알고 감히 황폐하거나 스스로 편안하지 못했다는 것이다."

馬融曰 知民之勞苦 不敢荒廢自安也

고종께서 계실 때는① 오랫동안 밖에서 수고하시고 신분이 낮은 사람들과 함께했습니다.② 그가 즉위하고 나서 곧 상을 당해 3년 동안 말을 하지 않았습니다.③ 말을 하자 신하들은 기뻐했으며④ 감히 황폐하거나 안일함에 빠지지 않고 은나라를 편안하게⑤ 다스려 낮은 사람부터 높은 사람까지 원망이 없었습니다.⑥ 그러므로 고종은 55년⑦ 동안 재위했습니다.

其在高宗① 久勞于外 爲與小人② 作其即位 乃有亮闇 三年不言③ 言乃讙④ 不敢荒寧 密⑤靖殷國 至于小大無怨⑥ 故高宗饗國五十五年⑦

① 高宗고종

정의 무정武丁이다.

武丁也

② 爲與小人위여소인

집해 공안국이 말했다. "아버지 소을小乙이 무정에게 오래도록 민간에 살면서 수고로이 농사짓게 하고, 소인小人들과 출입하면서 일을 함께하게 했다." 마융이 말했다. "무정이 태자가 되었을 때 그의 아버지 소을이 일을 시켜 밖에서 노역하였고 소인들과 더불어 종사해서 소인들의 고단함과

괴로움을 알았다." 정현이 말했다. "아버지 소을을 위해 군사를 거느리고 밖에서 노역한 것이다."

孔安國曰 父小乙使之久居人閒 勞是稼穡 與小人出入同事也 馬融曰 武丁爲太子時 其父小乙使行役 有所勞役於外 與小人從事 知小人艱難勞苦也 鄭玄曰 爲父小乙將師役於外也

③ 三年不言삼년불언

집해 공안국이 말했다. "무정이 일어나 왕위에 오르자 소을이 죽었는데 이에 신실하고 침묵하면서 3년간 말하지 않은 것은 효행을 나타내는 말이다." 정현이 말했다. "미楣는 대들보이고 암闇은 초가집이다."

孔安國曰 武丁起其即王位 則小乙死 乃有信嘿 三年不言 言孝行著也 鄭玄曰 楣謂之梁 闇謂廬也

신주 양암亮闇은 또 양암諒闇이라고 하며, 삼년상을 치르면서 초막에 거처하며 말을 삼가는 것이다. 고종이 부왕父王의 삼년상을 치르는 동안 정사를 논하지 않고 근심한 것을 뜻한다.

④ 讙환

집해 정현이 말했다. "환讙은 희열이다. 이에 기뻐한 것은 신하나 백성이 고종의 말을 바란 지가 오래였기 때문이라는 말이다."

鄭玄曰 讙 喜悅也 言乃喜悅 則臣民望其言久矣

⑤ 密밀

집해 마융이 말했다. "밀密은 편안한 것이다."

馬融曰 密 安也

⑥ 至于小大無怨지우소대무원

집해 공안국이 말했다. "크고 작은 정치에 백성의 원망이 없었으니 잘못이 없다는 말이다."

孔安國曰 小大之政 民無怨者 言無非也

⑦ 五十五年오십오년

집해 《상서》에는 59년이라고 했다.

尙書云五十九年

> 조갑祖甲[①]께서 계실 때는 오직 왕이 되는 것을 옳지 않게 여겨 오래도록 밖에서 신분이 낮은 백성이 되었다.[②] 그러므로 신분이 낮은 백성들이 의지하는 것을 알게 되어 미천한 백성을 보호하고 은혜를 베풀 수 있었으며, 홀아비와 과부도 업신여기지 않았습니다.[③] 그러므로 조갑[④]은 33년 동안 나라를 향유했습니다."
>
> 其在祖甲[①] 不義惟王 久爲小人[②]于外 知小人之依 能保施小民 不侮鰥寡[③] 故祖甲饗國三十三年[④]

① 祖甲조갑

집해 공안국과 왕숙이 말했다. "조갑은 탕임금의 손자 태갑太甲이다." 마융과 정현이 말했다. "조갑은 무정武丁의 아들 제갑帝甲이다."

孔安國王肅曰 祖甲 湯孫太甲也 馬融鄭玄曰 祖甲 武丁子帝甲也

색은 공안국은 탕의 손자 태갑이라고 여겼고, 마융과 정현은 무정의 아들 제갑帝甲이라고 여겼다. 살펴보니 《죽서기년》에 태갑太甲은 오직 12년을 재위했다. 여기서는 조갑이 나라를 향유한 것이 33년이라고 했으니, 조갑은 곧 제갑帝甲임이 명백하다는 것을 알 수 있다.

孔安國以爲湯孫太甲 馬融鄭玄以爲武丁子帝甲 按 紀年太甲唯得十二年 此云祖甲享國三十三年 知祖甲是帝甲明矣

② 小人소인

집해 공안국이 말했다. "왕이 되어 불의하고 오래도록 소인의 행동을 하자 이윤伊尹이 동궁桐宮으로 추방했다." 마융이 말했다. "조갑에게는 형 조경祖庚이 있었는데 조갑이 현명해서 무정이 세우고자 했다. 조갑은 왕이 장자를 폐하고 작은아들을 세우는 것을 옳지 못하다고 여기고 민간으로 도망쳤다. 그러므로 "불의한 왕은 오래도록 신분이 낮은 백성이 되었다."라고 했다. 무정이 죽자 조경이 계승했고 경이 죽자 조갑이 계승했다.

孔安國曰 爲王不義 久爲小人之行 伊尹放之桐宮 馬融曰 祖甲有兄祖庚 而祖甲賢 武丁欲立之 祖甲以王廢長立少不義 逃亡民間 故曰 不義惟王 久爲小人也 武丁死 祖庚立 祖庚死 祖甲立

③ 不侮鰥寡불모환과

집해 공안국이 말했다. "신분이 낮은 백성이 의지하는 바는 인정仁政이다. 그러므로 모든 백성을 편안하게 따르게 할 수 있고 감히 독신자들을 모멸하거나 거만하게 하지 않았다."

孔安國曰 小人之所依 依仁政也 故能安順於衆民 不敢侮慢惸獨也

④ 三十三年삼십삼년

집해 왕숙이 말했다. "중종中宗을 앞세우고 조갑祖甲을 뒤로 했는데, 앞세운 사람은 덕이 성대했고 뒤 사람은 과실이 있었다는 것이다."

王肅曰 先中宗後祖甲 先盛德後有過也

신주 왕숙의 주석은 약간 어긋났다. 한편 사마천은 〈은본기〉에서 조을이 음란하여 은나라가 쇠퇴했다고 하는데, 여기서는 그 반대로 기술했다. 각각 전해진 사료의 내용이 다른 것인지 알 수가 없다.

또 〈다사多士〉에 일컬어 말했다.

"탕임금부터 제을帝乙에 이르기까지 제사를 이끌고 덕을 밝히지 않은 제왕이 없었고 하늘과 짝하지 않은 제왕이 없었습니다.① 지금 왕 주紂가 후사가 되어서는 편안한 것만을 지나치게 즐겨서 하늘과 백성이 따르는 것을 돌아보지 않았습니다.② 그래서 그의 백성은 모두 처벌받아야 한다고 여겼습니다. 문왕께서는 정오가 지나 해가 서쪽으로 기울도록 식사를 하실 겨를이 없으셨으니 50년 동안 재위했던 것입니다."

이와 같은 글을 지어서 성왕을 경계시켰다.

多士稱曰 自湯至于帝乙 無不率祀明德帝 無不配天者① 在今後嗣王紂誕淫厥佚 不顧天及民之從也② 其民皆可誅 (周多士)文王日中昃不暇食 饗國五十年 作此以誡成王

① 帝無不配天者제무불배천자

집해 공안국이 말했다. "감히 천도天道를 잃은 것이 없었다. 그러므로 하늘과 짝하지 않음이 없었다."

孔安國曰 無敢失天道者 故無不配天也

② 民之민지

집해 서광이 말했다. "다른 판본에는 '경지敬之'로 되어 있다." 살펴보니 마융이 말했다. "주紂가 크게 음란하고 그 편안한 것만 즐겨서 능히 하늘이 염원하는 것을 돌아보거나, 백성에세 도道를 드러내 베푸는 바가 없었다."

徐廣曰 一作敬之也 駰案 馬融曰紂大淫樂其逸 無所能顧念於天施顯道於民而敬之也

성왕이 풍豐에 있을 때 천하는 이미 안정되었으나, 주나라의 관제와 정치는 질서를 갖추지 못했다. 이에 주공이 〈주관周官〉을 지어서 그 마땅함에 따라 관직을 구별했다. 〈입정立政〉① 을 지어서 백성을 편리하게 하자 백성이 기뻐했다.

成王在豐 天下已安 周之官政未次序 於是周公作周官 官別其宜 作立政① 以便百姓 百姓說

① 作立政작입정

집해 공안국이 말했다. "주공은 정치를 성왕에게 돌리고 난 뒤 성왕이 게을러 소홀히 할까 봐 두려워서 군주와 신하로써 〈입정〉을 지어 경계로 삼았다."

孔安國曰 周公旣致政成王 恐其怠忽 故以君臣立政爲戒也

신주 〈주관〉과 〈입정〉은 《상서》의 편명이다. 한편 〈주본기〉에는 성왕이 〈주관〉을 지었다고 한다. 성왕의 명을 받아 주공이 지었다는 뜻인지 모른다.

> 주공이 풍 땅에 있을 때 병이 들어 임종에 가까워지자 말했다.
> "반드시 나를 성주成周①에서 장례를 치러 내가 감히 성왕成王을 떠나지 않았다는 것을 밝히라."
> 주공이 세상을 떠나자 성왕은 또한 겸양한 마음으로 주공을 필畢 땅에 묻고② 문왕文王을 따르게 함으로써 여소자予小子(성왕)가 감히 주공을 신하로 여기지 않았음을 밝혔다.
> 周公在豐 病 將沒曰必葬我成周① 以明吾不敢離成王 周公旣卒 成王亦讓 葬周公於畢② 從文王 以明予小子不敢臣周公也

① 成周성주

집해 서광이 말했다. "〈위강숙세가〉에는 관숙이 성주成周를 습격하고자 한다고 했다. 그런즉 혹자는 《상서》를 설명하면서 성주를 낙양洛陽이라고 하지 않았겠는가? 〈십이제후연표〉 서문에서 '제齊, 진晉, 초楚, 진秦나라가 성주 때는 세력이 매우 미약했다.'라고 했다."

徐廣曰 衛世家云管叔欲襲成周 然則或說尚書者不以成周爲洛陽乎 諸侯年表敍曰 齊晉楚秦 其在成周 微之甚也

② 葬周公於畢장주공어필

정의 《괄지지》에서 말한다. "주공의 무덤은 옹주 함양 북쪽 13리 필원畢原 위에 있다."

括地志云 周公墓在雍州咸陽北十三里畢原上

주공이 세상을 떠난 뒤 가을에 수확을 하지 못했는데 폭풍과 우레가 쳐 벼들이 모두 쓰러졌으며 큰 나무는 모두 뽑혔다. 주나라에서 크게 두려워했다.

성왕은 대부들과 더불어 조복을 입고 금등서金縢書를 열어보았다.① 성왕은 곧 주공이 무왕을 대신하여 자신이 헌공獻功하겠다고 한 이야기를 알게 되었다.② 이공二公과 성왕은 이에 사관史官과 여러 관리에게 물었다.③ 사관史官과 여러 관리가 말했다.

"진실로 그런 일이 있었습니다. 그러나 옛날 주공께서 저에게 절대로 말하지 말라고 명했습니다."

周公卒後 秋未穫 暴風雷(雨) 禾盡偃 大木盡拔 周國大恐 成王與大夫朝服以開金縢書① 王乃得周公所自以爲功代武王之說② 二公及王乃問史百執事③ 史百執事曰 信有 昔周公命我勿敢言

① 成王與大夫朝服以開金縢書성왕여대부조복이개금등서

색은 《상서》에 의거해 보면 무왕이 붕어한 뒤 이러한 우레와 바람의 이변이 있었다고 했다. 지금 이곳에 주공이 세상을 떠난 뒤에도 다시 폭풍의 이변이 있어서 처음으로 〈금등〉의 글을 열어보았다는데, 마땅히 그러지 않았다는 말이다. 아마 사마천이 《고문상서》를 보지 못했기 때문에 설명이 어그러져 잘못되었을 것이다.

據尙書 武王崩後有此雷風之異 今此言周公卒後更有暴風之變 始開金縢之書 當不然也 蓋由史遷不見古文尙書 故說乖誤

② 王乃得周公所自以爲功代武王之說왕내득주공소자이위공대무왕지설

집해 서광이 말했다. "다른 판본에는 '간簡'으로 되어 있다." 내가 살펴보니 공안국이 말했다. "소장한 책서본을 (열라는) 명을 청한 것이다."

徐廣曰 一作簡 駰案 孔安國曰所藏請命策書本也

③ 二公及王乃問史百執事이공급왕내문사백집사

집해 공안국이 말했다. "이공二公은 왕王을 인도하여 깨우치게 하려고 먼저 글을 본 것이다. 사백집사史百執事는 모두 주공이 청한 명을 따르는 자들이다. 정현이 말했다. "문問은 그러한지 아닌지를 물어 살피는 것이다."

孔安國曰 二公倡王啓之 故先見書也 史百執事皆從周公請命者 鄭玄曰 問者 問審然否也

> 성왕이 금등서를 잡고 울면서 말했다.①
> "지금부터 그처럼 경건한 복문卜文은 없을 것이오!② 옛날 주공이 왕가를 위해 수고했는데, 오직 나는 나이가 어려서 알지 못했소. 지금 하늘이 위엄을 일으켜 주공의 덕을 밝히려고 하는데 오직

짐 소자小子가 그 뜻을 맞이해 우리나라의 예로써 하는 것이 또한 마땅할 것이오.③"

成王執書以泣①曰 自今後其無繆卜乎② 昔周公勤勞王家 惟予幼人弗及知 今天動威以彰周公之德 惟朕小子其迎 我國家禮亦宜之③

① 成王執書以泣성왕집서이읍

집해 정현이 말했다. "읍泣은 주공의 충성과 효도가 이와 같은데 알지 못했다는 것을 슬퍼한 것이다."

鄭玄曰 泣者 傷周公忠孝如是而無知之者

② 自今後其無繆卜乎자금후기무무복호

집해 공안국이 말했다. "본래 길하고 흉한 것을 경건하게 점치고자 했는데, 지금 하늘의 뜻을 가히 알았다. 그러므로 중지한 것이다."

孔安國曰 本欲敬卜吉凶 今天意可知 故止

③ 我國家禮亦宜之아국가예역의지

집해 왕숙이 말했다. "또한 마땅히 덕이 있는 이를 기리는 것이다."

王肅曰 亦宜褒有德也

정의 공안국이 말했다. "주공은 성왕이 깨닫지 못했다고 여겼다. 그러므로 동쪽에 머물러 돌아오지 않았다. 성왕이 허물을 고치고 스스로 새롭게 해 사신을 파견해 (주공을) 맞이하게 했으니, 또한 국가의 예이며 덕이 있는 자에게는 마땅한 것이다." 왕숙과 공안국의 설명이 그르다. 살펴보니 성왕은 〈금등서〉를 열고서 하늘이 바람과 우레로써 주공의 덕을 밝히려 했다는 것을 알았다. 그러므로 성왕은 또한 교천郊天의 예를 마련해 맞이하고 우리 국가에서 선조를 배식配食하는 예로써 하는 것이 또한 마땅하다고 한 것이다. 그러므로 성왕이 교외에 나가자 하늘이 이에 비를 내리고 바람을 반대로 불게 한 것이다.

孔安國云 周公以成王未寤 故留東未還 成王改過自新 遣使者逆之 亦國家禮有德之宜也 王孔二說非也 按 言成王以開金縢之書 知天風雷以彰周公之德 故成王亦設郊天之禮以迎 我國家先祖配食之禮亦當宜之 故成王出郊 天乃雨反風也

성왕이 교외에 나가자 하늘이 비를 내리고 바람을 반대로 불게 해[①] 쓰러진 벼가 모두 일어섰다. 이공二公은 나라 사람들에게 명해 쓰러진 거대한 나무를 모두 일으켜 세우도록 했다.[②] 그해에는 풍년이 들었다.

이에 성왕이 노나라에 명령해 교제郊祭에서[③] 문왕文王을 제사 지내도록 했다.[④] 노나라가 천자의 예악을 가지게 된 것은 주공의 덕이었다.

王出郊 天乃雨 反風[①] 禾盡起 二公命國人 凡大木所偃 盡起而築之[②] 歲則大孰 於是成王乃命魯得郊[③]祭文王[④] 魯有天子禮樂者 以褒周公之德也

① 郊~反風교~반풍

집해 공안국이 말했다. "교郊는 옥폐玉幣로써 하늘에 감사하는 것이다.

하늘이 곧 반대로 바람을 불게 해서 벼를 일으켜 세운 것은 교제의 옳은 것을 밝힌 것이다." 마융이 말했다. "반풍反風은 바람이 도리어 반대로 부는 것이다."

孔安國曰 郊 以玉幣謝天也 天即反風起禾 明郊之是也 馬融曰 反風 風還反也

② 築축

집해 서광이 말했다. "축築은 수습하는 것이다." 살펴보니 마융이 말했다. "화禾(쓰러진 벼)는 나무를 쓰러뜨린 바람에 기인하니, 그 나무를 일으키고 그 아래에 벼를 수습하면 망실한 것이 없다."

徐廣曰 築 拾也 駰案 馬融曰 禾爲木所偃者 起其木 拾其下禾 乃無所失亡也

③ 郊교

집해 《예기》에서 말한다. "노나라는 군주가 교郊에서 천제에게 제사하고 후직后稷을 배필로 삼는데, 천자에 대한 예이다."

禮記曰 魯君祀帝于郊 配以后稷 天子之禮

④ 祭文王제문왕

집해 《예기》에서 말한다. "제후는 천자의 사당을 세울 수 없다." 정현이 말했다. "노나라는 주공 덕분에 문왕의 사당을 세웠다."

禮記曰 諸侯不得祖天子 鄭玄曰 魯以周公之故 立文王之廟也

노나라 초기

주공이 세상을 떠났다. 아들 백금伯禽은 훨씬 이전에 이미 봉작을 받았으니 이이가 노공魯公이다.[①] 노공 백금은 처음 노나라에 봉함을 받고 3년이 지난 뒤 정사를 주공에게 보고했다. 주공이 말했다.

"왜 이렇게 늦었는가?"

백금이 말했다.

"백성의 풍속을 바꾸고 그 예를 고쳐 삼년상을 치르게 한 연후에 상복을 벗게 했습니다. 이런 일로 늦어졌습니다."

태공(강상)을 또한 제나라에 봉했는데 5개월 만에 정사를 주공에게 보고했다. 주공이 말했다.

"어떻게 이렇게 빠른가?"

周公卒 子伯禽固已前受封 是爲魯公[①] 魯公伯禽之初受封之魯 三年而後報政周公 周公曰 何遲也 伯禽曰 變其俗 革其禮 喪三年然後除之 故遲 太公亦封於齊 五月而報政周公 周公曰 何疾也

① 是爲魯公시위노공

색은 주공의 원자는 노나라에 봉해져 나아가고 다음 아들은 머물러 왕실을 돕고 주공을 대신했다. 그 나머지 아들들은 작은 나라를 식읍으로 했는데 총 6명으로서 범凡, 장蔣, 형邢, 모茅, 조胙, 제祭이다.
周公元子就封於魯 次子留相王室 代爲周公 其餘食小國者六人 凡蔣邢茅胙祭也

태공이 말했다.
"나는 그 군주와 신하의 예를 간략하게 하고 제나라의 풍속에 따라 다스렸습니다."
(태공은) 뒤에 백금이 정사를 늦게 보고했던 것을 감탄하며 말했다.
"오호라! 노나라는 후세에 북면하고 제나라를 섬길 것이다. 대저 정치란 간소하고 평이하지 않으면 백성이 가까이하지 못한다. 평이하면 백성이 가까워지고 백성은 반드시 돌아온다.①"
曰 吾簡其君臣禮 從其俗爲也 及後聞伯禽報政遲 乃歎曰 嗚呼 魯後世其北面事齊矣 夫政不簡不易 民不有近 平易近民 民必歸之①

① 夫政不簡不易～民必歸之 부정불간불역～민필귀지

집해 서광이 말했다. "다른 판본에는 '정치가 간소하지 않으면 행해지지 않고, 행해지지 않으면 즐겁지 않으며, 즐겁지 않으면 평이하지 않다. 평이하면 백성이 가까워지고 백성은 반드시 돌아온다.'라고 되어 있다. 또 다른 판본에는 '백성은 간소하지 않고 평이하지 않다. 간소하고 평이한 것에 가까이하면 백성은 반드시 돌아온다.'라고 되어 있다."

徐廣曰 一本云政不簡不行 不行不樂 不樂則不平易 平易近民 民必歸之 又一本云夫民不簡不易 有近乎簡易 民必歸之

색은 정치를 하는데 간단하고 쉽게 하면 백성은 반드시 따르고 가까이 한다는 말이다. 근近은 친근함을 이른 것이다.

言爲政簡易者 民必附近之 近謂親近也

신주 이는 제태공이 한 말이다. 훗날 제나라가 노나라보다 우위에 서게 될 것을 예견하고 기뻐한 말이다.

백금이 즉위한 뒤 관숙과 채숙 등의 모반이 있었고 회이淮夷와 서융徐戎①이 또한 아울러 반란을 일으켰다. 이에 백금이 군사를 인솔하고 힐肸 땅에서 그들을 정벌하고 〈힐서肸誓〉②를 만들었다. 그 글에서 말한다.

"그대들은 갑옷과 투구를 갖춰두되 감히 불선함이 없도록 하라. 감히 마구간을 훼손함이 없도록 하라.③ 말이나 소가 달아나고 잡역의 남녀가 도망가도④ 감히 대열에서 벗어나 (말과 소를) 쫓지 말고 (남녀를) 신중히⑤ 돌아오게 하라.⑥ 감히 도적질하거나⑦ 담을 넘는 일이 없도록 하라.

伯禽即位之後 有管蔡等反也 淮夷徐戎①亦竝興反 於是伯禽率師伐之於肸 作肸誓②曰 陳爾甲冑 無敢不善 無敢傷牿③ 馬牛其風 臣妾逋逃④ 勿敢越逐 敬⑤復之⑥ 無敢寇攘⑦ 踰牆垣

① 淮夷徐戎회이서융

집해 공안국이 말했다. "회포淮蒲의 이夷이고 서주徐州의 융戎이다. 함께 일어나 노략질했다."

孔安國曰 淮浦之夷 徐州之戎 竝起爲寇

신주 백금이 즉위한 이후에도 회이와 서융 등이 상나라 부흥을 위한 군사를 일으켰음을 말한다.

② 肸힐

집해 서광이 말했다. "힐肸은 다른 판본에는 '선鮮'으로 되어 있고, 다른 판본에는 '선獮'으로 되어 있다." 살펴보니 《상서》에는 '비粊'로 되어 있다. 공안국이 말했다. "노나라 동쪽 교외의 지명이다."

徐廣曰 肸 一作鮮 一作獮 駰案 尙書作粊 孔安國曰魯東郊之地名也

색은 《상서》에는 '비서費誓'로 되어 있다. 서광은 다른 판본에는 '선鮮'이라고 했고, 다른 판본에는 '선獮'으로 되어 있다고 했다. 살펴보니 《상서대전》에는 '선서鮮誓'로 되어 있다. 〈선서〉는 곧 〈힐서〉인데 옛날과 지금의 글자가 달랐고 뜻도 변했다. 선鮮은 선獮(가을 사냥)이다. 힐 땅에서 무리들에게 맹약하고 가을 사냥의 예를 따라 신선한 짐승을 잡아서 제사한다. 그러므로 글자를 어떤 곳은 '선鮮'이라고 하고, 어떤 곳은 '선獮'이라고 했다. 공안국이 말했다. "비費는 노나라 동쪽 교외의 지명이다." 곧 노나라 경卿 계씨의 비읍費邑 땅이다.

尙書作費誓 徐廣云一作鮮 一作獮 按 尙書大傳見作鮮誓 鮮誓即肸誓 古今字異 義亦變也 鮮 獮也 言於肸地誓衆 因行獮田之禮 以取鮮獸而祭 故字或作鮮或作獮 孔安國云費 魯東郊地名 即魯卿季氏之費邑地也

③ 牿곡

정의 발음은 '곡[古毒反]'이다. 곡牿은 소나 말의 우리다. 아랫사람에게 그 우리를 손상하지 말라고 한 것은 소나 말이 달아날까 봐 걱정한 것이다.

古毒反 牿 牛馬牢也 令臣無傷其牢 恐牛馬逸

④ 馬牛其風 臣妾逋逃마우기풍 신첩포도

집해 정현이 말했다. "풍風은 달아나는 모양이고, 신첩臣妾은 남에게 시중드는 무리다."

鄭玄曰 風 走逸 臣妾 厮役之屬也

신주 바람처럼 휩쓸리는 모양을 풍風이라고 한다. 짐승은 한 마리가 놀라면 그에 휩쓸려 덩달아 날뛰고 날아오르는 것이 마치 바람처럼 휩쓸리기 때문이다. 그래서 인간사의 모든 유행과 조류도 역시 '풍'이라고 한다.

⑤ 敬경

집해 서광이 말했다. "다른 판본에는 '진振'으로 되어 있다."

徐廣曰 一作振

⑥ 勿敢越逐 敬復之물감월축 경복지

집해 공안국이 말했다. "감히 진지와 대오에서 벗어나 좇는 것을 구하지 말라. 많은 사람이 말과 소를 잃었고 신첩(남녀)이 도망쳤는데, 모두 신중히 해서 돌아오게 하라는 것이다."

孔安國曰 勿敢棄越壘伍而求逐也 衆人有得佚馬牛 逃臣妾 皆敬還

⑦ 寇攘구양

집해 정현이 말했다. "구寇는 겁을 주어 빼앗는 것이다. 그 잃어서 없어진 것을 '양攘'이라고 한다."

鄭玄曰 寇 劫取也 因其失亡曰攘

노나라 사람으로, 성城 밖 서쪽·남쪽·북쪽의 세 교郊①와 교외 밖의 세 대隊 사람들은 그대들 각자의 예초, 건초, 햅쌀, 군량, 기둥(楨), 판재(榦)②를 비축하라. 태만해서 감히 공급하지 못하는 일이 없도록 하라. 나는 갑술일에 진영을 구축하여 서융을 정벌할 것이다.③ 감히 따르지 않는 자가 없어야 하며, 따르지 않는 자가 있으면 사형④에 처할 것이다."

이 〈힐서〉를 지어 마침내 서융徐戎을 평정하고 노나라를 안정시켰다.

魯人三郊①三隧 峙爾芻茭糗糧楨榦② 無敢不逮 我甲戌築而征徐戎③ 無敢不及 有大刑④ 作此肸誓 遂平徐戎 定魯

① 三郊삼교

집해 왕숙이 말했다. "도읍 밖을 '교郊'라고 한다. 교 밖을 '수隧'라고 한다. 네 지역이라고 말하지 않은 것은 동쪽 교에 머물러 지켰기 때문에 세 지역을 말했다."

王肅曰 邑外曰郊 郊外曰隧 不言四者 東郊留守 故言三也

② 峙爾芻茭糗糧楨榦치이추교구량정간

집해 공안국이 말했다. "그대들 모두 양식을 비축해서 먹거리를 풍족하게 하는 것이 마땅하다. 많은 건초를 쌓아서 군대의 소와 말에게 제공하라." 마융이 말했다. "정楨과 간榦은 모두 담을 쌓는 기물이다. 정楨은 앞에 있는 기둥이고, 간榦은 양쪽 곁에 있는 지주支柱이다."

孔安國曰 皆當儲峙汝糧 使足食 多積芻茭 供軍牛馬 馬融曰 楨榦皆築具 楨在前 榦在兩旁

정의 糗의 발음은 '구[去九反]'이고, 楨의 발음은 '정貞'이다.

糗 去九反 楨音貞

신주 정간楨榦은 담을 칠 때 두 끝에 세우는 기둥[楨]과 그 양쪽에 보조하는 지주[榦]다. 이 모두가 담을 치는 데 중요한 것이다. 전해서 근본이나 기초의 뜻으로 쓰인다. 정간楨幹이라고도 한다.

③ 我甲戌築而征徐戎아갑술축이정서융

집해 공안국이 말했다. "갑술일에 마땅히 진영을 쌓아서 적의 보루와 항거하는 무리들을 공격한다는 것이다."

孔安國曰 甲戌日當築攻敵壘距堙之屬

④ 大刑대형

집해 마융이 말했다. "대형은 사형이다."

馬融曰 大刑 死刑

> 노공 백금이 죽고[①] 아들 고공考公 추酋[②]가 계승했다.
> 고공이 4년에 죽고 아우 희熙[③]가 계승했는데, 이이가 양공煬公이다.

양공은 모궐문茅闕門을 쌓았다.④

6년, 양공이 죽고 아들 유공幽公 재宰⑤가 계승했다.

魯公伯禽卒① 子考公酋②立 考公四年卒 立弟熙③ 是謂煬公 煬公築茅闕門④ 六年卒 子幽公宰⑤立

① 伯禽卒백금졸

집해 서광이 말했다. "황보밀이 이르기를, 백금은 성왕 원년에 봉해졌는데 46년인 강왕康王 16년에 죽었다고 한다."

徐廣曰 皇甫謐云伯禽以成王元年封 四十六年 康王十六年卒

신주 황보밀의 말은 그의 저서 《제왕세기》의 내용이다. 《사기지의》에 따르면 황보밀은 《한서》 〈율력지〉에 의거했다고 한다.

② 酋추

색은 《세본》에는 '취就'로 되어 있다. 추탄생본에는 '추酋'로 되어 있다.

系本作就 鄒誕本作遒

③ 熙희

색은 다른 판본에는 '이怡'로 되어 있다. 고공의 아우다.

一作怡 考公弟

④ 煬公築茅闕門양공축모궐문

집해 서광이 말했다. "모茅는 다른 판본에는 '제第'로 되어 있고, '이夷'로도 되어 있다. 《세본》에서 '양공은 노나라 땅으로 옮겼다.'라고 하는데, 송충은 '지금의 노국魯國이다.'라고 했다."

徐廣曰 一作第 又作夷 世本曰 煬公徙魯 宋忠曰 今魯國

신주 《사기지의》에 따르면 양공이 노나라로 옮겼다는 것은 잘못이고 '엄奄'일 것이라고 한다. 상식적으로 '노'에 봉해졌는데 '노'로 옮겼다는 것은 어색하다. 《죽서기년》에 따르면 은나라 17대왕 반경盤庚이 은殷으로 옮기기 전에 잠시 엄奄으로 옮겼다고 한다. 《사기》 〈은본기〉에 따르면 박亳으로 옮겼다고 하니, '엄'은 또 다른 '박'일 수도 있다. 역시 《사기지의》에 따르면 노(곡부) 근처라고 한다.

⑤ 宰재

색은 《세본》에는 이름이 '어圉'라고 했다.

系本名圉

유공 14년, 유공의 아우 비沸가 유공을 살해하고 스스로 즉위했는데, 이이가 위공魏公이다.①

위공이 50년에 죽고 아들 여공厲公 탁擢②이 계승했다.

여공이 37년에 죽었으므로 노나라 사람들은 그의 아우 구具를 군주로 세웠는데, 이이가 헌공獻公이다.

헌공이 32년에 죽고③ 아들 신공眞公 비濞④가 계승했다.

幽公十四年 幽公弟沸殺幽公而自立 是爲魏公① 魏公五十年卒 子厲公擢②立 厲公三十七年卒 魯人立其弟具 是爲獻公 獻公三十二年卒③ 子眞公濞立④

① 魏公위공

집해 서광이 말했다. "《세본》에는 '미공微公'이라고 했다."

徐廣曰 世本作微公

색은 《세본》에는 '비濞'를 '불弗'이라고 했는데, 발음은 '비沸'다. '위魏'는 '미微'로 되어 있다. 또 고서에는 대부분 '위魏' 자를 사용해 '미微' 자로 썼으니, 태사공의 뜻과도 다르지 않다.

系本沸 作弗 音沸 魏 作微 且古書多用魏字作微 則太史公意亦不殊也

② 擢탁

색은 《세본》에는 '적翟'으로 되어 있다. 발음은 '적[持角反]'이다.

系本作翟 音持角反

③ 獻公三十二年卒헌공삼십이년졸

집해 서광이 말했다. "유흠은 50년이라고 했다. 황보밀은 36년이라고 했다."

徐廣曰 劉歆云五十年 皇甫謐云三十六年

④ 眞진

색은 眞의 발음은 '신愼'이다. 본래 '신공愼公'으로 많이 썼다. 살펴보니 위衛나라도 진후眞侯가 있으니 통할 수 있다. 비濞는 《세본》에는 '지摯'로 되어 있고, 어떤 본에는 '비鼻'로 되어 있다. 추탄생본에는 '신공비愼公嚊'로 되어 있다.

眞音愼 本亦多作愼公 按 衛亦有眞侯 可通也 濞 系本作摯 或作鼻 音匹位反 鄒誕本作愼公嚊

신주 眞(진)과 愼(신)은 고대에 음이 통했으며, 같이 '신'으로 읽어도 무리가 없다. 이에 따라 '신공'이라고 번역한다.

신공 14년, 주나라 여왕厲王은 무도했다. 여왕이 체彘 땅으로 달아나자 공화共和에서 정사를 행했다.
29년, 주나라 선왕宣王이 즉위했다.
30년, 신공이 죽고 아우 오敖가 계승했는데, 이이가 무공武公이다.
眞公十四年 周厲王無道 出奔彘 共和行政 二十九年 周宣王即位 三十年 眞公卒 弟敖立 是爲武公

무공 9년 봄, 무공은 맏아들 괄括, 작은아들 희戲①와 함께 서쪽으로 가서 주나라 선왕宣王에게 조회했다. 선왕이 희를 아껴 희를 세워서 노나라 태자로 삼으려고 했다. 주나라 번樊의 중산보仲山父가 선왕에게 간언하여 말했다.
"맏아들을 폐하고 작은아들을 세우는 것은 순리가 아니며, 순리가 아니면 반드시 왕명을 범할 것입니다. 왕명을 범하면 반드시 죽여야 합니다. 그러므로 명령을 내릴 때는 순리에 따르지 않으면 안 됩니다. 명령이 시행되지 않으면 정치는 확립되지 않습니다.② 정치를 행하는데 순리가 아니면 백성은 장차 군주를 버릴 것입니다.③ 아랫사람이 윗사람을 섬기고 어린이가 어른을 섬기는 것이 순리이기 때문입니다.

武公九年春 武公與長子括 少子戲[1] 西朝周宣王 宣王愛戲 欲立戲爲魯太子 周之樊仲山父諫宣王曰 廢長立少 不順 不順 必犯王命 犯王命 必誅之 故出令不可不順也 令之不行 政之不立[2] 行而不順 民將棄上[3] 夫下事上 少事長 所以爲順

① 戲희

정의 戲의 발음은 '희[許義反]'이고, 또 발음은 '희[許宜反]'인데, 이후에도 같다.

許義反 又音許宜反 後同

② 令之不行 政之不立영지불행 정지불립

집해 위소가 말했다. "명령이 시행되지 않으면 정치가 서지 않는다."

韋昭曰 令不行則政不立

③ 民將棄上민장기상

집해 위소가 말했다. "어른에게 어린이를 섬기게 한 것이다. 그러므로 백성이 장차 윗사람을 버릴 것이다."

韋昭曰 使長事少 故民將棄上

지금 천자께서 제후를 세우는데 그 작은아들을 세우면 이는 백성에게 거역하는 것을 가르치게 됩니다.[1] 만약 노나라가 왕의 의향에 따르게 되면 제후들도 본받게 되어 왕의 명령이 장차 막혀② 버리게 됩니다. 만약 따르지 않는다고 죽인다면 이것은 스스로 왕명을 죽이는 것입니다.③ 죽여도 잃게 되고 죽이지 않아도 잃게 되니④ 왕께서는 그것을 헤아리십시오."

선왕은 듣지 않았다. 마침내 주나라에서 희를 세워서 노나라의 태자로 삼았다.

여름, 무공은 노나라로 돌아와서 죽고⑤ 희가 계승했는데, 이이가 의공懿公이다.

今天子建諸侯 立其少 是教民逆也① 若魯從之 諸侯效之 王命將有所壅② 若弗從而誅之 是自誅王命也③ 誅之亦失 不誅亦失④ 王其圖之 宣王弗聽 卒立戲爲魯太子 夏 武公歸而卒⑤ 戲立 是爲懿公

① 是教民逆也시교민역야

집해 당고가 말했다. "순리를 가르치지 않고 거역하는 것을 가르친다는 말이다."

唐固曰 言不教之順而教之逆.

② 王命將有所壅왕명장유소옹

집해 위소가 말했다. "선왕이 맏아들을 세우라고 한 명령이 장차 막혀 시행되지 않을 것이라는 말이다."

韋昭曰 言先王立長之命將壅塞不行也

③ 是自誅王命也시자주왕명야

집해 위소가 말했다. "선왕은 장자를 세우라고 명했고 지금 노나라에서는 또한 장자를 세웠는데 만약 죽인다면 이는 스스로 왕명을 죽이는 것이다."

韋昭曰 先王之命立長 今魯亦立長 若誅之 是自誅王命

④ 誅之亦失 不誅亦失주지역실 불주역실

집해 위소가 말했다. "죽이는 것은 왕명을 죽이는 것이고, 죽이지 않는 것은 왕명을 없애는 것이다."

韋昭曰 誅之 誅王命 不誅 則王命廢

⑤ 武公歸而卒무공귀이졸

집해 서광이 말했다. "유흠은 제후가 된 지 2년이라고 했다."

徐廣曰 劉歆云立二年

신주 《사기지의》에 따르면 《한서》 〈율력지〉에서 무공 재위를 2년이라 한 것은 망령된 것이라고 한다. 유흠의 의견은 아마도 《한서》에 의거했을 것이다. 〈십이제후연표〉에는 10년 재위했다고 하는데 그 기록이 옳다. 여기 〈노주공세가〉에는 앞에 탈락한 글자가 있는 것 같다. 〈노주공세가〉에 따라 노나라 초기 군주의 재위 기간과 연도를 조사하면 아래와 같다.

1) 노공魯公 백금伯禽 46년(서기전 1044~999) 주공 단의 맏아들

2) 고공考公 추酋 4년(서기전 998~995) 백금의 아들

3) 양공煬公 희熙 6년(서기전 994~989) 고공의 아우

4) 유공幽公 재宰 14년(서기전 988~975) 양공의 아들

5) 위공魏公 비濆 50년(서기전 974~925) 유공의 아우로, 유공을 시해

6) 여공厲公 탁擢 37년(서기전 924~888) 위공의 아들

7) 헌공獻公 구具 32년(서기전 887~856) 여공의 아우

8) 신공眞公 비濞 30년(서기전 855~826) 헌공의 아들

9) 무공武公 오敖 10년(서기전 825~816) 신공의 아우

백금에서 신공까지 229년이며, 신공 14년에 여왕이 체彘로 도망치고 29년에 선왕宣王이 즉위했다고 한다. 그렇게 따지면 신공 15년이 공화 원년이 된다. 《색은》 주석에 따르면 《세본》을 인용하여 백금은 성왕 원년부터 강왕 16년까지 재위했다고 한다. 그렇다면 성왕은 30년 재위한 것이 된다. 《금본죽서기년》에는 "성왕 37년, 강왕 26년, 소왕 19년, 목왕 55년, 공왕 12년, 의왕 25년, 효왕 9년, 이왕 8년, 여왕 12년"이라고 하여 총 203년으로, 여왕 12년은 노나라 신공 14년이 되어 〈노세가〉와 어긋나지 않는다. 그러나 《금본죽서기년》은 후대의 위서라는 사실이 드러난 이상 그것을 적용하기는 어렵다. 그리고 〈노주공세가〉에 따라 계산하면 주나라 무왕이 은나라를 멸한 것은 서기전 1050년 무렵이다.

의공 9년, 의공의 형 괄括의 아들 백어伯御①와 노나라 사람들이 의공을 공격해 시해하고, 백어를 세워 군주로 삼았다.

백어가 즉위한 11년, 주나라 선왕은 노나라를 정벌해 그 군주 백어를 살해하고 노나라 공자로서 능히 제후들을 가르쳐 인도할② 자를 묻고 노나라의 후계로 삼으려고 했다. 번목중樊穆仲③이 말했다.

"노나라 의공의 아우 칭稱④은 엄숙하면서도 공손하며 신을 숭상하고 노인을 공경히 섬깁니다. 일을 맡기고 형벌을 시행하게 한다면 반드시 선생의 유훈을 묻고 전례⑤를 자문할 것입니다. 그래서

유훈을 거스르지 않고 전례에 어긋나지 않을 것입니다."

선왕이 말했다.

"그렇다면 그의 백성을 가르쳐 다스릴 수 있을 것이다."

이에 칭을 이궁夷宮[6]에서 군주로 세웠는데, 이이가 효공孝公이다.

이후부터 제후들이 왕명을 배반하는 일이 많아졌다.

懿公九年 懿公兄括之子伯御[1]與魯人攻弑懿公 而立伯御爲君 伯御即位十一年 周宣王伐魯 殺其君伯御 而問魯公子能道順諸侯者[2] 以爲魯後 樊穆仲[3]曰 魯懿公弟稱[4] 肅恭明神 敬事耆老 賦事行刑 必問於遺訓而咨於固實[5] 不干所問 不犯所(知)[咨] 宣王曰 然 能訓治其民矣 乃立稱於夷宮[6] 是爲孝公 自是後 諸侯多畔王命

① 御어

정의 御의 발음은 '아[我嫁反]'이다. 이 아래도 같다.

御 我嫁反 下同

② 順순

집해 서광이 말했다. "순順은 다른 판본에는 '훈訓'으로 되어 있다."

徐廣曰 順 一作訓

정의 道의 발음은 '도導'이고, 順의 발음은 '훈訓'이다.

道音導 順音訓

③ 穆仲목중

집해 위소가 말했다. "목중穆仲은 중산보仲山父의 시호다. 노나라 숙손

목자叔孫穆子를 목숙穆叔이라고 하는 것과 같다."

韋昭曰 穆仲 仲山父之謚也 猶魯叔孫穆子謂之穆叔也

④ 稱칭

정의 稱의 발음은 '층[尺証反]'이다.

尺証反

⑤ 固고

집해 서광이 말했다. "고固는 다른 판본에는 '고故'로 되어 있다." 위소가 말했다. "고실故實은 고사故事가 옳다."

徐廣曰 固 一作故 韋昭曰 故實 故事之是者

⑥ 夷宮이궁

집해 위소가 말했다. "이궁은 선왕宣王의 할아버지 이왕夷王의 묘당이다. 옛날에 작위를 명할 때는 반드시 조묘祖廟에서 했다."

韋昭曰 夷宮者 宣王祖父夷王之廟 古者爵命必於祖廟

효공 25년, 제후들이 주나라를 배반했고, 견융犬戎은 유왕幽王을 살해했다. 진秦나라가 비로소 제후의 반열에 올랐다.

27년, 효공이 죽고 아들 불황弗湟[①]이 계승했는데 이이가 혜공惠公이다.

혜공 30년, 진晉나라 사람이 그의 군주 소후昭侯를 시해했다.[②]

45년, 진晉나라 사람이 또 그의 군주 효후孝侯를 시해했다.[③]

孝公二十五年 諸侯畔周 犬戎殺幽王 秦始列爲諸侯 二十七年 孝公卒 子弗湟[①]立 是爲惠公 惠公三十年 晉人弑其君昭侯[②] 四十五年 晉人又弑其君孝侯[③]

① 弗湟불황

집해 서광이 말했다. "〈십이제후연표〉에서는 불생弗生이라고 한다."
徐廣曰 表云弗生也

색은 《세본》에서는 불황弗皇이라고 했고, 〈십이제후연표〉에서는 불생이라고 했다.
系本作弗皇 年表作弗生

② 晉人弑其君昭侯진인시기군소후

신주 진 대신 반보潘父가 그의 군주 소후를 시해하고 곡옥曲沃의 환숙桓叔 성사成師를 맞이했다가 살해당했다. 환숙은 도로 곡옥으로 쫓겨났다. 〈진세가〉에 자세히 나온다.

③ 晉人又弑其君孝侯진인우시기군효후

신주 곡옥의 환숙을 이은 장백莊伯 선鱓이 진나라 효후孝侯를 익翼에서 시해했다. 〈진세가〉에 자세히 나온다.

시해된 은공과 환공 그리고 애강

46년, 혜공이 죽었다. 장서자長庶子 식息①이 나라의 정사를 맡아 군주의 일을 시행했는데, 이이가 은공隱公이다.
당초 혜공의 적실 부인은 자식이 없었다.② 혜공의 천첩 성자聲子가 아들 식을 낳았다. 식은 자라서 송나라 여자를 아내로 들였다. 송나라 여자가 이르렀는데 아름답자 혜공이 빼앗아 자기의 아내로 삼았다.③ 아들 윤允을 낳았다.④ 송나라의 여자를 올려서 부인으로 삼고 윤允을 태자로 삼았다.
혜공이 죽었는데 윤은 어렸으므로 노나라 사람들이 함께 식에게 섭정攝政하라고 하면서 즉위에 관해서는 말하지 않았다.
四十六年 惠公卒 長庶子息①攝當國 行君事 是爲隱公 初 惠公適夫人無子② 公賤妾聲子生子息 息長 爲娶於宋 宋女至而好 惠公奪而自妻之③ 生子允④ 登宋女爲夫人 以允爲太子 及惠公卒 爲允少故 魯人共令息攝政 不言即位

① 長庶子息장서자식

색은 은공이다. 《세본》에는 은공의 이름을 식고息姑라고 했다.

隱公也 系本隱公名息姑

② 適적

정의 適의 발음은 '적的'이다.

適音的

③ 惠公奪而自妻之혜공탈이자처지

색은 《좌전》에서 송무공宋武公이 중자仲子를 낳았는데, 중자의 손바닥에 '위노부인爲魯夫人'이라는 글이 있었다. 그러므로 노나라로 시집가서 환공桓公을 낳았다. 지금 여기에 혜공惠公이 식息의 부인을 빼앗아 자신의 아내로 삼았다고 일렀다. 또 《춘추경전》에는 혜공이 무도했다고 말하지 않았지만 《좌전》의 문장에는 분명하게 나타냈는데, 태사공은 어디에 의거해서 이러한 설명을 했는지 알지 못하겠다. 초주 또한 아주 그럴 것이라고 믿지는 않았다.

左傳宋武公生仲子 仲子手中有爲魯夫人文 故歸魯 生桓公 今此云惠公奪息婦而自妻 又經傳不言惠公無道 左傳文見分明 不知太史公何據而爲此說 譙周亦深不信然

④ 生子允생자윤

집해 서광이 말했다. "다른 판본에는 '궤軌'로 되어 있다."

徐廣曰 一作軌

색은 《세본》에는 또한 '궤軌'로 되어 있다.

系本亦作軌也

은공 5년, 당棠[①]에서 물고기 잡는 것을 관람했다.
8년 정나라와 함께 천자가 소유한 태산의 읍인 팽祊[②]과 허전許田을 바꾸었는데, 군자(공자)가 이를 비난했다.
隱公五年 觀漁於棠[①] 八年 與鄭易天子之太山之邑祊[②]及許田 君子譏之

① 棠당

집해 가규가 말했다. "당棠은 노나라 땅이다. 그물을 펼쳐 물고기 잡는 것을 관람했다." 두예가 말했다. "고평군 방여현 북쪽에 무당정武棠亭이 있는데, 노나라 후작이 대臺에서 물고기를 관람했다."
賈逵曰 棠 魯地 陳漁而觀之 杜預曰 高平方與縣北有武棠亭 魯侯觀漁臺也

신주 고평군은 원래 노군魯郡 서쪽에 있던, 산양군山陽郡 동쪽을 나누어 설치한 군이다. 삼국시대를 통일한 진晉이 설치했다. 고평은 곡부 서남쪽 60㎞에 있다.

② 祊팽

집해 《곡량전》에서 말한다. "팽祊은 정나라 백작이 천자에게 명을 받아 태산에 제사하는 읍이다. 허전許田은 노나라에서 천자에게 조회할 때 묵는 읍이다. 천자가 천자의 지위에 있으면 제후들은 땅을 서로에게 주지 못한다."
穀梁傳曰 祊者 鄭伯之所受命於天子而祭泰山之邑也 許田乃魯之朝宿之邑 天子在上 諸侯不得以地相與

신주 은공 8년과 환공 원년의 《춘추》와 《좌전》을 종합하면, 정나라는 은공 8년에 팽 땅을 노나라에 주고, 환공 원년에 주공周公을 제사하겠다고 청하여 벽璧을 더해 허전과 완전히 바꾸었다. 《사기지의》에서 말한다. "이 연도에 정나라는 단지 팽을 노나라에 주었고 허전과 바꾼 일은 4년 뒤에 있었다. 〈주본기〉와 〈십이제후연표〉 및 〈노주공세가〉와 〈정세가〉가 같이 잘못되었다."

다만 《사기지의》의 저자 양옥승의 말과 달리 사마천은 그 내용을 충실히 알고 있었다고 보이며, 《좌전》 기록에 의해 사실상 은공 8년에 바꾸었다고 여긴 것으로 보인다. 실제 환공 원년에 정나라에서 벽을 더하여 허전과 완전히 바꾼 것을 몰랐을 리는 없다. 〈십이제후연표〉나 〈노주공세가〉 기록에 그 뜻을 내포하고 있다. 그래서 〈주본기〉에는 환왕 5년에만 그 기록이 있다. 그리고 〈정세가〉에도 기록이 있는데, 다만 기록이 일부 탈락된 것으로 보이며 〈정세가〉에서 설명하기로 한다.

이는 위에 천자가 있는데 제후가 함부로 땅을 바꾼 것으로, 춘추시대의 예에 입각하면 비난받을 사항이다. 그래서 공자는 이를 나무라고 《춘추》에 단지 '입팽入祊'과 '가허전假許田'이라 했다. 《공양전》에는 祊팽 대신에 邴병이라 했는데 같은 곳이다.

> 11년 겨울, 공자 휘揮가 은공에게 아첨해서 말했다.
>
> "백성이 군주를 편안하게 여기니 군주께서는 마침내 즉위하셨습니다. 저는 청컨대 군주를 위해 자윤子允을 살해할 것이니 군주께서는 저를 재상宰相으로 삼아주십시오.①"
>
> 은공이 대답했다.

"선군先君의 명이 있었다. 나는 윤允이 어렸기 때문에 대신해 섭정하는 것이다. 지금 윤이 장성했으니 나는 바야흐로 토구菟裘의 땅을 경영하면서 늙을 것이다.② 자윤에게 정권을 줄 것이다."
휘는 자윤이 들으면 도리어 죽임을 당할 것이 두려워 이에 반대로 자윤에게 은공을 참소해서 말했다.
"은공이 마침내 즉위하여 당신을 제거하고자 하니 당신께서는 그것을 헤아리십시오. 청컨대 당신을 위해 은공을 살해하겠습니다."
자윤은 허락했다.
十一年冬 公子揮諂謂隱公曰 百姓便君 君其遂立 吾請爲君殺子允 君以我爲相① 隱公曰 有先君命 吾爲允少 故攝代 今允長矣 吾方營菟裘之地而老焉② 以授子允政 揮懼子允聞而反誅之 乃反譖隱公於子允曰 隱公欲遂立 去子 子其圖之 請爲子殺隱公 子允許諾

① 吾請爲君殺子允 君以我爲相 오청위군살자윤 군이아위상

집해 《좌전》에서 말한다. "우보는 환공을 죽이기를 청하고 장차 태재가 되기를 구했다."

左傳曰 羽父請殺桓公 將以求太宰也

② 吾方營菟裘之地而老焉 오방영토구지지이노언

집해 복건이 말했다. "토구는 노나라 읍이다. 토구를 경영해서 궁실을 짓고 살면서 늙어 마치고자 한다는 것이다." 두예가 말했다. "토구는 태산군 양보현 남쪽에 있다."

服虔曰 菟裘 魯邑也 營菟裘以作宮室 欲居之以終老也 杜預曰 菟裘在泰山梁

父縣南

신주 곡부에서 동북쪽으로 대략 50㎞ 거리에 있다.

11월, 은공이 종무鍾巫①에 제사를 지내기 위해 사포社圃②에서 재계하고 위씨蔿氏의 집에 머물렀다.③ 휘는 사람을 시켜 은공을 위씨의 집에서 시해하고 자윤을 세워 군주로 삼았는데, 이이가 환공桓公이다.

十一月 隱公祭鍾巫① 齊于社圃② 館于蔿氏③ 揮使人殺隱公于蔿氏 而立子允爲君 是爲桓公

① 鍾巫종무

집해 가규가 말했다. "종무는 제사 이름이다."

賈逵曰 鍾巫 祭名也

② 社圃사포

집해 두예가 말했다. "사포는 동산 이름이다."

杜預曰 社圃 園名

③ 館于蔿氏관우위씨

집해 복건이 말했다. "관館은 사舍이다. 위씨蔿氏는 노나라 대부다."

服虔曰 館 舍也 蔿氏 魯大夫

환공 원년, 정나라에서 벽옥을 더해 천자에게 받은 허전許田과 교환했다.①

2년, 송나라에서 뇌물로 바친 큰 솥을 태묘에 들이자,② 군자가 이를 비난했다.

3년, 휘를 시켜서 제나라에서 여자를 맞이해 부인으로 삼았다.

6년, 부인이 아들을 낳았는데 환공과 생일이 같아서 이름을 동同이라고 했다. 동이 자라 태자가 되었다.

16년, 조曹나라에서 회합하고 정나라를 정벌하여 여공厲公을 잡아들였다.③

桓公元年 鄭以璧易天子之許田① 二年 以宋之賂鼎入於太廟② 君子譏之 三年 使揮迎婦于齊爲夫人 六年 夫人生子 與桓公同日 故名曰同 同長 爲太子 十六年 會于曹 伐鄭 入厲公③

① 鄭以璧易天子之許田정이벽역천자지허전

집해 미신이 말했다. "정나라는 팽 땅을 허전과 맞바꾸기에는 부족하다고 여겼다. 그러므로 다시 벽을 추가했다."

糜信曰 鄭以祊不足當許田 故復加璧

신주 앞서 정나라에서 팽 땅을 노나라에 준 4년 뒤의 일이다. 이때는 정나라 장공莊公 33년이다.

② 以宋之賂鼎入於太廟이송지뇌정입어태묘

집해 《곡량전》에서 말한다. "환공은 안으로는 그 군주를 시해하고 밖으로는 남(송나라)의 난리를 만들었다. 그러고는 뇌물을 받고 물러나 그의 선조를 섬겼으니 예가 아니었다."《공양전》에서 말한다. "주공의 묘廟를 태묘라고 한다."

谷梁傳曰 桓公內殺其君 外成人之亂 受賂而退 以事其祖 非禮也 公羊傳曰 周公廟曰太廟

신주 이때 송나라에서는 화독華督이 공보孔父의 아내를 탐내 그를 살해하고, 그의 아내를 차지했다. 공보는 공자의 6대조다. 상공殤公이 노여워하자 그마저 시해했다. 목공의 아들 풍馮을 정나라에서 맞이해 군주로 세웠는데, 이이가 송나라 장공莊公(서기전 709~692)이다. 이때 화독은 큰 솥을 노나라에 보내 잘못을 무마하려고 했다.

③ 會于曹 伐鄭 入厲公회우조 벌정 입여공

신주 이때는 다만 조나라 등과 회동하여 정나라를 정벌하다 실패했고, 정나라 여공이 귀국한 것은 먼 훗날 노장공 14년의 일이다. '入厲公입여공' 앞에 '謨모'(꾀하다) 자가 탈락한 것이다.

> 18년 봄, 환공이 머지않아 출행할 일이 생겨① 마침내 부인과 함께 제나라에 가려고 했다. 신수申繻②가 가지 말라고 간언했지만 환공은 듣지 않고 마침내 제나라로 갔다. 제나라 양공襄公이 환공의 부인과 간통했다. 환공이 부인에게 화를 내자 부인은 제나라 양공에게 고했다.
>
> 여름 4월 병자일, 제나라 양공이 환공을 위해 연회를 열었는데③ 환공이 술에 취했다. 이에 공자 팽생彭生을 시켜 노나라 환공을

부축하게 하고 팽생에게 명령해 환공의 갈비뼈를 꺾도록 했다. 이에 환공은 수레에서 죽었다.

十八年春 公將有行[①] 遂與夫人如齊 申繻諫止[②] 公不聽 遂如齊 齊襄公通桓公夫人 公怒夫人 夫人以告齊侯 夏四月丙子 齊襄公饗公[③] 公醉使公子彭生抱魯桓公 因命彭生摺其脅 公死于車

① 公將有行공장유행

집해 두예가 말했다. "처음 의논하러 갈 일이 생긴 것이다."

杜預曰 始議行事也

② 申繻신수

집해 가규가 말했다. "신수는 노나라 대부다."

賈逵曰 申繻 魯大夫

③ 齊襄公饗公제양공향공

집해 복건이 말했다. "환공을 위해 향연의 예를 베풀었다."

服虔曰 爲公設享讌之禮

노나라 사람들이 제나라에 고했다.

"우리 군주께서는 제나라 군주의 위세를 두려워해 감히 편안하게 거처하지 못하시다가 제나라에 와서 우호의 예를 닦았습니다.

우호의 예를 다하고도 돌아오시지 못했는데, 그가 저지른 죄과를 따져 맡길 곳이 없습니다. 팽생을 체포해 제후들에게 퍼져있는 추문을 없앨 것을 청합니다."
제나라 사람들이 팽생을 살해해 노나라 사람들을 달랬다. 태자 동同을 세워 군주로 삼았는데, 이이가 장공莊公이다. 장공의 어머니인 부인은 이로 인해 제나라에 머물고 감히 노나라로 돌아오지 못했다.
魯人告于齊曰 寡君畏君之威 不敢寧居 來脩好禮 禮成而不反 無所歸咎 請得彭生除醜於諸侯 齊人殺彭生以說魯 立太子同 是爲莊公 莊公母夫人因留齊 不敢歸魯

장공 5년 겨울, 위衛나라를 정벌하고 위나라 혜공을 들여보냈다.①
8년, 제나라 공자 규糾가 도망하여 왔다.
9년, 노나라에서 자규子糾를 제나라에 들여보내고자 했으나 제환공齊桓公보다 뒤처졌다. 제환공이 군사를 일으켜 노나라를 공격했다. 노나라는 상황이 급박해지자 자규를 살해했다. 소홀召忽도 자살했다. 제나라는 노나라에서 산 채로 관중管仲을 보내도록 했다. 노나라 사람 시백施伯②이 말했다.
"제나라는 오직 관중을 얻고자 하므로 죽이지는 않을 것입니다. 장차 그를 등용할 것인데, 등용한다면 노나라의 근심거리가 될 것입니다. (살려 보내는 것이) 죽여서 그 시체③를 보내는 것만 못할 것입니다."

장공은 듣지 않았다. 마침내 관중을 구금했다가 제나라에 보내주었다. 제나라 사람들이 관중을 재상으로 삼았다.

莊公五年冬 伐衛 內衛惠公① 八年 齊公子糾來奔 九年 魯欲內子糾於齊 後桓公 桓公發兵擊魯 魯急 殺子糾 召忽死 齊告魯生致管仲 魯人施伯②曰 齊欲得管仲 非殺之也 將用之 用之則爲魯患 不如殺 以其屍③與之 莊公不聽 遂囚管仲與齊 齊人相管仲

① 伐衛 內衛惠公벌위 내위혜공

신주 제나라 양공襄公이 왕명을 받들어 제후들을 거느리고 위나라를 정벌했다. 그리고 위나라에서 달아난 위혜공을 다시 들여보냈다. 혜공은 즉위한 지 4년 만에 위나라를 탈출해 도망갔다가, 망명 8년 만에 다시 위나라로 들어가게 되었다. 〈위강숙세가〉에 자세히 나온다.

② 施伯시백

정의 《세본》에서 말한다. "시백은 노나라 혜공의 손자다."

世本云 施伯 魯惠公孫

③ 屍시

색은 본래 또한 '사死' 자로 되어 있다.

本亦作死字也

13년, 노나라 장공은 조말曹沫과 더불어 제환공과 가柯 땅에서 회맹했다. 조말이 제환공을 겁박하고 노나라를 침략해 빼앗아간 땅을 요구했다.① 돌려주겠다는 맹약을 하고서야 제환공을 놓아주었다. 제환공은 약속을 어기고자 했으나 관중이 간언해 말렸다. 마침내 노나라를 침략해 빼앗았던 땅을 돌려주었다.
15년, 제나라 환공이 처음으로 패자가 되었다.
23년, 장공은 제나라에 가서 사제社祭를 참관했다.②
十三年 魯莊公與曹沫會齊桓公於柯 曹沫劫齊桓公 求魯侵地① 已盟而釋桓公 桓公欲背約 管仲諫 卒歸魯侵地 十五年 齊桓公始霸 二十三年 莊公如齊觀社②

① 曹沫劫齊桓公 求魯侵地조말겁제환공 구로침지

신주 《사기지의》에 따르면 조말 사건의 기록은 망령된 것이라 한다. 이미 〈제태공세가〉에서 살펴보았다.

② 莊公如齊觀社장공여제관사

집해 위소가 말했다. "제나라에서 사社에 제사하는 것을 계기로 군사 장비를 모아 군용을 전시했는데, 환공이 가서 참관한 것이다."
韋昭曰 齊因祀社 蒐軍實以示軍容 公往觀之

32년, 당초 장공이 누대를 쌓다가 당씨黨氏① 의 집에 임했는데 그의 딸 맹녀孟女② 를 보고 마음에 들어 좋아하게 되었다. 당씨가 바로 부인으로 삼는 것을 허락하자 장공과 맹녀가 팔뚝을 베어 사랑을 맹세했다.③ 맹녀는 아들 반斑을 낳았다.

반이 자라서 양씨梁氏④ 딸을 좋아해서 가서 보았는데, 어인圉人 락犖이 담장 밖에서 양씨의 딸과 장난을 치고 있었다.⑤ 반이 화가 나서 락을 채찍으로 때렸다. 장공이 이 말을 듣고 말했다.

"락은 힘이 있으므로 죽여야 한다. 채찍만 치고 놔둬서는 안 될 것이다."

三十二年 初 莊公築臺臨黨氏① 見孟女② 說而愛之 許立爲夫人 割臂以盟③ 孟女生子斑 斑長 說梁氏④女 往觀 圉人犖自牆外與梁氏女戲⑤ 斑怒 鞭犖 莊公聞之曰 犖有力焉 遂殺之 是未可鞭而置也

① 黨氏당씨

집해 가규가 말했다. "당씨는 노나라 대부고, 성은 임任이다."

賈逵曰 黨氏 魯大夫 任姓

② 孟女맹녀

집해 가규가 말했다. "당씨의 딸이다."

賈逵曰 黨氏之女

색은 곧 《좌전》에서는 맹임孟任이라고 했다. 당씨의 둘째 딸이다. 맹孟은 맏이라는 것이고 임任은 자字이니, 성씨일 따름이라는 것은 잘못이다.

即左傳云孟任 黨氏二女 孟 長也 任 字也 非姓耳

③ 割臂以盟할비이맹

집해 복건이 말했다. "그 팔을 베어서 공과 맹약했다."

服虔曰 割其臂以與公盟

신주 할비지맹割臂之盟을 말한다. 팔뚝을 베어서 피로 굳은 사랑을 맹약하는 것이다.

④ 梁氏양씨

집해 두예가 말했다. "양씨는 노나라 대부다."

杜預曰 梁氏 魯大夫也

⑤ 圉人犖自牆外與梁氏女戲어인락자장외여양씨녀희

집해 복건이 말했다. "어인은 말을 기르는 것을 관장하는 자이고 락犖은 그 이름이다."

服虔曰 圉人 掌養馬者 犖其名也

정의 犖의 발음은 '락[力角反]'이다.

犖 力角反

반은 락을 죽이지 못했다. 때마침 장공이 병이 들었다. 장공에게는 아우 셋이 있었는데, 맏이는 경보慶父고 다음은 숙아叔牙며 그 다음은 계우季友였다. 장공은 제나라 여자를 취해서 부인으로 삼았는데 애강哀姜이라고 했다. 애강은 자식이 없었다. 애강의 여동생[①]을 숙강叔姜이라고 하는데 아들 개開를 낳았다. 장공은 적통의 후사가 없었기에 맹녀를 아껴서 그의 아들 반을 군주로 세우고자 했다.

斑未得殺 會莊公有疾 莊公有三弟 長曰慶父 次曰叔牙 次曰季友 莊公取齊女爲夫人曰哀姜 哀姜無子 哀姜娣[①]曰叔姜 生子開 莊公無適嗣 愛孟女 欲立其子斑

① 娣제

정의 娣제의 발음은 '져[田戾反]'다.

田戾反

장공이 병이 들자 (둘째) 아우 숙아叔牙에게 후사를 물었다. 숙아가 대답했다.

"자식이 아버지를 잇고 아우가 형을 잇는 것[①]은 노나라의 상도입니다. 경보[②]가 살아 있으니 후계자로 삼으면 되는데 군주께서는 무엇을 걱정하십니까?"

장공은 숙아가 경보를 군주로 세우고자 하는 것을 근심하고, 물러 나와 계우에게 물었다. 계우가 대답했다.

"청컨대 죽음으로써 반班을 군주로 세우겠습니다."

莊公病 而問嗣於弟叔牙 叔牙曰 一繼一及 魯之常也[①] 慶父[②]在 可爲嗣君何憂 莊公患叔牙欲立慶父 退而問季友 季友曰 請以死立斑也

① 一繼一及 일계일급

집해 하휴가 말했다. "아버지가 죽으면 아들이 잇고, 형이 죽으면 아우가 잇는다."

何休曰 父死子繼 兄死弟及

② 慶父 경보

신주 경보는 희성姬姓으로 노나라 환공 희윤姬允의 아들이자 노나라 장공의 어머니가 다른 동생이다. 노나라 호족 삼환三桓의 하나인 맹손孟孫씨의 선조다. 장공이 세상을 뜬 후 공자 반班과 노민공魯閔公을 살해하고 거국莒國으로 도주했다가 송환되는 중에 자살했다.

장공이 말했다.

"지난번 숙아는 경보를 군주로 세우자고 했는데 어떻게 해야 하겠는가?"

계우는 장공의 명이라면서 숙아에게 침무씨鍼巫氏[①]의 집에서 기다리게 명하고, 침계鍼季를 시켜 숙아를 겁박하여 짐주를 마시게 하고 말했다.

"이것을 마시면 후손이 제사를 받들도록 하겠다. 그렇지 않으면 죽어서조차 후손이 끊길 것이다."

숙아가 마침내 짐주[②]를 마시고 죽자 노나라에서는 그의 아들을 세워서 숙손씨叔孫氏로 삼았다.[③]

8월 계해일, 장공이 죽었다. 계우는 마침내 자반子班을 세워 군주

로 삼고 장공의 명령과 같게 했다. 장공의 상을 모시고 당씨 집에서 머물렀다.④

莊公曰 曩者叔牙欲立慶父 柰何 季友以莊公命命牙待於鍼巫氏① 使鍼季劫飮叔牙以鴆② 曰 飮此則有後奉祀 不然 死且無後 牙遂飮鴆而死 魯立其子爲叔孫氏③ 八月癸亥 莊公卒 季友竟立子斑爲君 如莊公命 侍喪 舍于黨氏④

① 鍼巫氏침무씨

집해 두예가 말했다. "침무씨는 노나라 대부다."

杜預曰 鍼巫氏 魯大夫也

② 鴆짐

집해 복건이 말했다. "짐새다. 일설에는 운일조運日鳥라고 한다."

服虔曰 鴆鳥 一曰運日鳥

신주 짐새다. 맹독을 가지고 있어서 그 새로 독을 만들면 짐독鴆毒, 술을 빚으면 짐주鴆酒, 그 독을 마시게 하여 죽이면 짐살鴆殺이라고 했다.

③ 魯立其子爲叔孫氏노립기자위숙손씨

집해 두예가 말했다. "죄로써 죽임을 당하지 않았다. 그러므로 후사를 세울 수 있었고 대대로 그의 녹봉을 계승했다."

杜預曰 不以罪誅 故得立後 世繼其祿也

신주 숙손씨叔孫氏는 맹손씨孟孫氏, 계손씨季孫氏와 함께 환공의 후손이다. 이들은 노나라 3대 세력가 집안이기에 '삼환'이라고 부른다.

④ 舍于黨氏사우당씨

정의 공궁에 이르지 않고 외가에 머물렀다.

未至公宮 止於舅氏

이전부터 경보와 애강은 사통하면서 애강의 여동생 아들 개開를 군주로 세우고자 했다. 장공이 죽고 계우가 반을 세우기에 이르렀는데, 10월 기미일에 경보가 어인 락犖을 시켜 공자 반을 당씨黨氏 집에서 죽이게 했다. 계우①는 진陳나라로 달아났다.

경보가 마침내 장공의 아들 개를 군주로 세웠는데, 이이가 민공湣公②이다.

先時慶父與哀姜私通 欲立哀姜娣子開 及莊公卒而季友立班 十月己未 慶父使圉人犖殺魯公子班於黨氏 季友①奔陳 慶父竟立莊公子開 是爲湣公②

① 季友계우

집해 복건이 말했다. "계우는 속으로 경보의 마음을 알았지만 힘으로 처단하지 못할 것을 알았다. 그러므로 그 어려움을 피해 달아난 것이다."

服虔曰 季友內知慶父之情 力不能誅 故避其難出奔

② 湣公민공

색은 《세본》에는 이름이 계啓다. 지금 이곳에는 '개開'로 되어 있는데, 한漢나라 경제景帝 (유계劉啓)의 휘諱를 피한 것뿐이다. 《춘추》에는 '민공

閔公'으로 되어 있다.

系本名啓 今此作開 避漢景帝諱耳 春秋作閔公也

민공 2년, 경보와 애강의 사통이 더욱 심해졌다. 애강과 경보는 민공을 죽이고 경보를 군주로 세우는 것을 꾀했다. 경보는 복의卜齮①를 시켜 민공을 무위에서 습격해 죽였다. 계우가 듣고 진陳나라로부터 민공의 동생 신申과 함께 주邾나라로 가서 자신들을 들여보내 달라고 노나라에 청했다.②
노나라 사람들이 경보를 죽이려고 했다. 경보는 두려워서 거莒나라로 달아났다. 이에 계우가 공자 신申을 받들고 노나라로 들어가 군주로 세웠다. 이이가 희공釐公③이다. 희공도 장공의 작은아들이다. 애강은 두려워서 주邾나라로 달아났다.

湣公二年 慶父與哀姜通益甚 哀姜與慶父謀殺湣公而立慶父 慶父使卜齮①襲殺湣公於武闈 季友聞之 自陳與湣公弟申如邾 請魯求内之② 魯人欲誅慶父 慶父恐 奔莒 於是季友奉子申入 立之 是爲釐公③ 釐公亦莊公少子 哀姜恐 奔邾

① 卜齮복의

집해 가규가 말했다. "복의는 노나라 대부다. 궁 안의 문을 위闈라고 이른다."

賈逵曰 卜齮 魯大夫也 宮中之門謂之闈

정의 齮의 발음은 '의[魚綺反]'이다. 闈의 발음은 '위韋'이다.

齮 魚綺反 闈音韋

② 季友聞之~請魯求內之계우문지~청노구내지

신주 이 부분은 자세히 살펴 바로잡는다. 《사기지의》에서 말한다. "계자는 이미 전년에 노나라로 돌아왔으므로 《춘추》에서는 '계자가 돌아왔다.'라고 기록했다. 여기서는 진陳나라에서 민공의 동생 신申과 함께 주邾나라로 갔다고 하고, 또 아래 문장에서는 진나라는 계우와 신을 보냈다고 했다. 단지 계우가 진에 있었다고 한 잘못만이 아니라 희공도 진에 있었다고 잘못 인식한 것이다. '자신들을 들여보내 달라고 노나라에 청했다.[請魯求內之]'라는 다섯 글자로 된 문장이 덧붙여졌다. 계우와 신이 주邾나라로 간 것은 경보를 피한 것이다. 경보가 거나라로 달아나자, 계우는 즉시 노나라로 들어가 신을 세웠으니, 노나라에는 사람이 없는데 어찌 청하는 일이 있을 것이며 또 어찌 들어가길 구하는 일이 있겠는가. 그리고 신은 민공의 서형이다. 이로써 하보불기夏父弗忌가 말하기를 '새 귀신은 크고 옛 귀신은 작다.'라고 했다. 여기서는 민공의 아우 신이라고 했는데 잘못이다." 하보불기가 한 말은 《좌전》 문공 2년에 나온다.

③ 釐公희공

색은 민공의 아우 이름은 신申이다. 성계成季가 재상이 되어 노나라를 다스렸다. 그래서 노나라 사람들이 희공僖公을 위해 '노송魯頌'을 지었다.
湣公弟名申 成季相之 魯國以理 於是魯人爲僖公作魯頌

신주 희공釐公은 곧 희공僖公이다. 노나라 민공이 죽은 이해(서기전 660)에 춘추시대 역사에 한 획을 긋는 대사건이 발생한다. 적족翟族이 위衛나라를 쳐서 그 땅을 점령했다. 위나라는 남쪽으로 피하고 송나라와 제나라 환공 주도하에 조曹나라 땅인 초구楚丘에 성을 쌓아 보호해준다. 적족은 이후 약 65년간 진晉나라 동쪽에서 제나라 서쪽까지, 그리고 위衛나라와 노나라 북쪽까지 영유하면서 중원을 휘젓게 된다. 적족이 없어지자, 그들이 점유했던 옛 위나라 땅은 거의 제나라와 진晉나라로 넘어가게 된다. 특히 가장 가까이 있던 진나라가 대부분을 차지하면서 강국으로 떠오르게 된다. 춘추시대 당시 중원의 상황은 융戎, 적翟 등 이족들이 제후국들은 물론 주나라 정세까지 좌지우지할 정도로 강했다. 흔히 주나라 및 그 제후국들이 중원을 안정적으로 차지했다는 인식은 후대에 만들어졌다.

계우는 뇌물을 가지고 거나라로 가서 경보를 요구했다. 경보가 돌아오자 사람을 시켜 경보를 죽이라고 했다. 경보가 망명하고 싶다고 청했으나 (계우는) 들어주지 않았다. 이에 대부 해사奚斯를 시켜 울면서 보고하러 가게 했다. 경보는 해사의 울음소리를 듣고 곧 자살했다.

제나라 환공은 애강이 경보와 난을 일으켜 노나라를 위태롭게 했다는 소식을 듣고, 이에 주邾나라에서 애강을 불러들여 죽였다. 그리고 그의 시체를 돌려보내 노나라에서 육시하게 했다. 노나라 희공釐公이 청해 장례를 치렀다.①

季友以賂如莒求慶父 慶父歸 使人殺慶父 慶父請奔 弗聽 乃使大夫奚斯行哭而往 慶父聞奚斯音 乃自殺 齊桓公聞哀姜與慶父亂以危魯 及召之邾而殺之 以其屍歸 戮之魯 魯釐公請而葬之①

① 魯釐公請而葬之노희공청이장지

신주 《춘추》에 따르면 애강의 시신이 돌아온 것은 희공 원년 12월이고 장사지낸 것은 희공 2년이다.

제四장

삼환의 노나라

계우의 어머니는 본래 진陳나라 공녀①로, 진나라로 망명해 있었다. 그러므로 진나라도 계우와 공자 신申을 도와서 노나라로 보내준 것이다. 계우가 태어나려고 할 때 아버지 노환공은 점치는 사람을 시켜서 점을 쳤는데, 그는 이렇게 말했다.

"남자입니다. '우友'라고 이름을 지으시지요. 주나라 사社와 박나라 사社 사이②에 살면서 공실을 도울 겁니다. 계우가 망명하면 노나라는 번창하지 않을 겁니다."

태어났을 때 손바닥에 '우友'라는 무늬가 있었다. 마침내 이를 이름으로 사용하고 호號를 성계成季라고 했다. 그의 후손은 계씨季氏가 되었고, 경보의 후손은 맹씨孟氏가 되었다.

季友母陳女① 故亡在陳 陳故佐送季友及子申 季友之將生也 父魯桓公使人卜之 曰 男也 其名曰友 閒于兩社② 爲公室輔 季友亡 則魯不昌 及生 有文在掌曰友 遂以名之 號爲成季 其後爲季氏 慶父後爲孟氏也

① 季友母陳女계우모진녀

신주 계우는 장공莊公의 동모제이고, 어머니는 문강文姜으로 제나라 딸이다. 《사기지의》에서도 《사기》가 잘못되었다고 한다. 《좌전》 소공 32년에서 계우는 환공의 막내아들로 문강이 아끼는 아들이라고 했다.

② 兩社양사

집해 가규가 말했다. "양사는 주사周社와 박사亳社이다. 양사 사이는 조정의 정사를 집행하는 신하들이 있는 곳이다."

賈逵曰 兩社 周社亳社也 兩社之閒 朝廷執政之臣所在

희공 원년, 문양과 비 땅①을 계우季友에게 봉했다. 계우는 재상이 되었다.

9년, 진晉나라 이극里克이 그의 군주 해제奚齊와 탁②자卓子를 죽였다. 제환공은 노나라 희공을 거느리고 진晉나라의 난을 토벌하러 고량③에 이르렀다가 돌아와 진晉나라 혜공惠公을 군주로 세웠다.

17년, 제환공이 죽었다.

24년, 진晉나라 문공文公이 즉위했다.

釐公元年 以汶陽鄪①封季友 季友爲相 九年 晉里克殺其君奚齊卓②子 齊桓公率釐公討晉亂 至高梁③而還 立晉惠公 十七年 齊桓公卒 二十四年 晉文公即位

① 汶陽鄪문양비

집해 가규가 말했다. "문양과 비는 노나라의 두 읍이다." 두예가 말했다.

"문양은 문수汶水 북쪽 땅이다. 문수는 태산군 내무현에서 나온다."

賈逵曰 汶陽 鄪 魯二邑 杜預曰 汶陽 汶水北地也 汶水出泰山萊蕪縣

색은 비鄪는 어떤 판본에는 '비費'로 되어 있다. 발음도 같다. 살펴보니 비는 문수 북쪽에 있지만, 문양은 읍이 아니다. 가규가 두 읍이라고 한 것은 잘못이다. 〈지리지〉에서 동해군 비현費縣을 반고는 노나라 계씨의 읍이라고 했다. 아마 《상서》의 비서費誓가 곧 그 땅일 것이다.

鄪或作費 同音祕 按 費在汶水之北 則汶陽非邑 賈言二邑 非也 地理志東海費縣 班固云魯季氏邑 蓋尙書費誓卽其地

신주 노나라의 세 강 물줄기는 사수泗水와 기수沂水와 문수汶水인데 모두 태산에서 발원한다. 사수는 서남쪽으로 흘러 중앙을 관통하고 계속 남쪽으로 흐른다. 기수는 동쪽으로 흐르다가 남쪽으로 흘러 하비下邳에서 사수에 합쳐진다. 문수는 북쪽으로 흐르다가 서쪽으로 흘러 견성鄄城 동쪽에서 제수濟水에 합쳐진다. 사마정의 주장은 계씨의 두 봉읍은 노나라 동쪽 기수 근처일 것이라는 말이다. 실제도 그렇다.

② 卓탁

집해 서광이 말했다. "탁卓은 다른 판본에는 '도悼'라고 되어 있다."

徐廣曰 卓 一作悼

③ 高粱고량

색은 진晉나라 땅이고 평양현 서북쪽에 있다.

晉地 在平陽縣西北

33년, 희공이 죽고 아들 흥興이 계승했는데, 이이가 문공文公이다. 문공 원년, 초나라 태자 상신商臣이 그의 아버지 성왕成王을 시해하고 대신 계승했다.

3년, 문공은 진晉나라 양공襄公에게 조회했다.

11년 10월 갑오일, 노나라가 적翟을 함①에서 무찌르고 장적 교여喬如를 포로로 잡았는데, 부보종생富父終甥이 그의 목을 창으로 찔러 죽이고② 그 머리를 자구문子駒門③에 묻고, (자기 아들) 선백宣伯④에게 이름을 (교여라) 하라고 명했다.

三十三年 釐公卒 子興立 是爲文公 文公元年 楚太子商臣弑其父成王代立 三年 文公朝晉襄父 十一年十月甲午 魯敗翟于鹹① 獲長翟喬如富父終甥舂其喉 以戈殺之② 埋其首於子駒之門③ 以命宣伯④

① 鹹함

집해 복건이 말했다. "노나라 땅이다."

服虔曰 魯地也

② 富父終甥舂其喉부보종생용기후

집해 복건이 말했다. "부보종생은 노나라 대부다. 용舂(찌르다)은 충衝(찌르다)과 같다."

服虔曰 富父終甥 魯大夫也 舂猶衝

③ 子駒자구

집해 가규가 말했다. "자구는 노나라 성곽 문 이름이다."

賈逵曰 子駒 魯郭門名

④ 宣伯선백

집해 복건이 말했다. "선백은 숙손득신叔孫得臣의 아들 교여喬如다. 득신은 장적 교여를 포로로 사로잡고 그 아들의 이름으로 삼았는데, 후세로 하여금 그 공을 나타내어 알게 한 것이다."

服虔曰 宣伯 叔孫得臣子喬如也 得臣獲喬如以名其子 使後世旌識其功

신주 북방 유목민족들은 적장을 사로잡으면 죽여서 해골을 술잔으로 만들고 적장의 이름을 아들에게 붙여준다. 징기즈칸의 어릴 적 이름 테무친[鐵木眞]도 그런 경우다.

이전에 송나라 무공武公 치세 때 수만鄋瞞이 송나라를 공격했다.① 송나라 사도司徒 황보皇父가 군사를 지휘하여 막고, 장구② 에서 적족을 무찌르고, 장적 연사緣斯③를 포로로 잡았었다.

진晉나라는 노路를 멸하고④ 교여의 아우 분여棼如를 포로로 잡았다.

제나라 혜공惠公 2년, 수만이 제나라를 공격했다. 제나라 왕자 성보城父가 교여의 아우 영여榮如를 포로로 잡아 그 머리를 (도성의) 북문에 묻었다.⑤

위衛나라 사람들은 장적 교여의 막내아우 간여簡如를 포로로 잡았다.⑥ 수만의 나라는 이렇게 해서 마침내 멸망했다.⑦

初 宋武公之世 鄋瞞伐宋① 司徒皇父帥師禦之 以敗翟于長丘② 獲長翟

緣斯③ 晉之滅路④ 獲喬如弟棼如 齊惠公二年 鄋瞞伐齊 齊王子城父獲其弟榮如 埋其首於北門⑤ 衛人獲其季弟簡如⑥ 鄋瞞由是遂亡⑦

① 宋武公之世 鄋瞞伐宋송무공지세 수만벌송

집해 복건이 말했다. "무공은 주나라 평왕 때 사람으로 《춘추》보다 25년 앞에 있었다. 수만鄋瞞은 장적의 나라 이름이다."

服虔曰 武公 周平王時 在春秋前二十五年 鄋瞞 長翟國名

정의 鄋는 '수廋'라고도 하며, 발음은 '슈[所劉反]'이다. 瞞의 발음은 '만[莫寒反]'이다.

鄋作廋 音 所劉反 瞞 莫寒反

신주 수만은 장적족長狄族의 일파가 세운 나라다. 그 국도는 현재 산동성 고청현高青縣 고성진古城鎮 서북쪽에 있었는데 적성狄城 유적이 남아 있다. 《춘추좌전정의》의 정문正文 19권 하에는 "수만은 적국狄國의 이름인데 방풍防風의 후예이고, 칠성漆姓이다."라고 했다. 칠성은 염제 신농神農의 후예인데, 본성은 강姜이다. 칠성은 칠수漆水 동쪽에 살다가 후에 상구商丘의 칠원漆園으로 이주했다. 동이족이다.

② 長丘장구

집해 두예가 말했다. "송나라 땅 이름이다."

杜預曰 宋地名

③ 緣斯연사

집해 가규가 말했다. "장적 교여의 조상이다."

賈逵曰 喬如之祖

④ 晉之滅路 진지멸로

집해 노선공 15년에 있었다.

在魯宣公十五年

신주 노나라에서 장적을 무찌른 22년 뒤의 일이다. 진나라는 이들 적족이 차지하고 있던 옛 위衛나라 중심부 땅을 거의 차지하고, 다시 이듬해 적을 완전히 멸하면서 중원의 최대 강국으로 떠오르게 된다. 또 장적 종족은 중원의 제국들에게 대부분 흡수되었다.

⑤ 王子城父獲其弟榮如 埋其首於北門 왕자성보획기제영여 매기수어북문

집해 〈십이제후연표〉를 살펴보니 제나라 혜공 2년은 노나라 선공 2년이다.

按年表, 齊惠公二年 魯宣公之二年

신주 노나라에서 장적을 무찌른 9년 뒤의 일이다.

⑥ 衛人獲其季弟簡如 위인획기계제간여

집해 복건이 말했다. "장적 교여와 동시에 포로가 되었다."

服虔曰 獲與喬如同時

⑦ 鄋瞞由是遂亡 수만유시수망

집해 두예가 말했다. "장적의 종족이 절멸되었다."

杜預曰 長翟之種絶

15년, 계문자季文子①가 진晋나라에 사신으로 갔다.

18년 2월, 문공이 죽었다.

문공에게는 2명의 비妃가 있었다. 장비長妃는 제나라 여자로 애강哀姜②이라고 했는데, 아들 악惡과 시視를 낳았다. 다음(측실) 비는 경영敬嬴인데, 총애를 입고 아들 퇴俀③를 낳았다. 퇴는 사사로이 양중襄仲을 섬겼다.④ 양중은 퇴를 군주로 세우고자 했으나 숙중叔仲⑤이 안 된다고 했다. 양중은 제나라 혜공에게 도움을 청했다. 혜공은 새로 군주가 되어 노나라와 친해지려고 이를 허락했다.

十五年 季文子①使於晉 十八年二月 文公卒 文公有二妃 長妃齊女爲哀姜② 生子惡及視 次妃敬嬴 嬖愛 生子俀③ 俀私事襄仲④ 襄仲欲立之 叔仲⑤曰不可 襄仲請齊惠公 惠公新立 欲親魯 許之

① 季文子계문자

신주 계우의 뒤를 이어 노나라를 담당한 계손행보季孫行父인데 계우의 손자다. 계우는 희공 16년(서기전 644)에 죽었다. 계문자의 아버지는 일찍 죽었다고 한다. 희공 후기부터 문공을 거쳐 선공 초기까지는 양중이 정권을 쥐고 있었다고 보아야 한다. 양중의 이름은 수遂다. 선공 8년에 죽었다고 《춘추》에 나온다.

② 哀姜애강

색은 이곳의 '애哀' 자는 시호가 아니다. 아마 곡을 하면서 저잣거리를 지나갈 때 나라 사람들이 슬퍼해서 '애강哀姜'이라고 일렀을 것이다.

그러므로 살아서 '애哀'라고 일컬은 것이니 위의 환공 부인과는 다른 사람이다.

此哀 非謚 蓋以哭而過市 國人哀之 謂之哀姜 故生稱哀 與上桓夫人別也

③ 俀퇴

집해 서광이 말했다. "다른 판본에는 '왜倭'로 되어 있다."

徐廣曰 一作倭

색은 倭의 발음은 '유[人唯反]'이다. 다른 판본에는 '퇴俀'로 된 것도 발음은 '왜'이다.

倭音人唯反 一作俀 音同

④ 俀私事襄仲퇴사사양중

집해 복건이 말했다. "양중은 공자 수遂다."

服虔曰 襄仲 公子遂

신주 《좌전》에 따르면 양중을 섬긴 것은 선공 퇴가 아니라 선공의 어머니 경영이라고 한다. 어린 남자아이가 양중을 섬긴다는 것은 비상식적이다. 여기서 섬긴다는 뜻은 여자가 미색으로 남자와 통간한다는 것이니, 경영이 양중과 사통했다는 말이다. '퇴사사양중俀私事襄仲'에서 '퇴俀' 자가 덧붙여진 것이다.

⑤ 叔仲숙중

집해 복건이 말했다. "숙중은 혜백이다."

服虔曰 叔仲惠伯

겨울 10월, 양중은 문공의 아들 악惡과 시視를 살해하고 퇴俀를 세웠는데 이이가 선공宣公이다.

애강은 제나라로 돌아갔다. 도중에 곡을 하고 저잣거리를 지나가면서 슬프게 외쳤다.

"하늘이여! 양중은 부도不道하게 적자①를 살해하고 서자를 군주로 세웠습니다!"

저자 사람들이 모두 울었다. 그래서 노나라 사람들이 그녀를 '애강哀姜'이라고 했다. 노나라는 이로 말미암아 공실의 권위가 낮아지고 삼환三桓②이 강해졌다.

冬十月 襄仲殺子惡及視而立俀 是爲宣公 哀姜歸齊 哭而過市曰 天乎 襄仲爲不道 殺適①立庶 市人皆哭 魯人謂之哀姜 魯由此公室卑 三桓②彊

① 適적

정의 발음은 '적的'이다.

音的

② 三桓삼환

집해 복건이 말했다. "삼환은 노나라 환공桓公의 가족으로 중손, 숙손, 계손이다."

服虔曰 三桓 魯桓公之族仲孫叔孫季孫

신주 중손을 '맹손孟孫'이라고도 한다.

선공 퇴 12년, 초나라 장왕莊王은 강성해지자 정나라를 포위했다. 정나라 백작이 항복하자 나라를 돌려주었다.

18년, 선공이 죽고 아들 흑굉黑肱①이 계승했는데, 이이가 성공成公이다. 그 전에 계문자가 말했다.

"우리(노나라)에게 적자를 살해하게 하고 서자를 군주로 세워서 (제나라의) 큰 원조②를 잃게 한 것은 양중襄仲이다."

이미 양중은 선공宣公을 군주로 세웠고 아들 공손귀보公孫歸父③는 총애를 입었다. 선공이 삼환을 제거하고자 진晉나라와 삼환의 토벌을 모의했다. 때마침 선공이 죽었다. 계문자가 이런 일로 양중을 원망하자 공손귀보는 제나라로 달아났다.

宣公俀十二年 楚莊王彊 圍鄭 鄭伯降 復國之 十八年 宣公卒 子成公黑肱①立 是爲成公 季文子曰 使我殺適立庶失大援②者 襄仲 襄仲立宣公 公孫歸父③有寵 宣公欲去三桓 與晉謀伐三桓 會宣公卒 季文子怨之 歸父奔齊

① 肱굉

집해 서광이 말했다. "굉肱은 다른 판본에는 '고股'로 되어 있다."

徐廣曰 肱 一作股

② 援원

집해 복건이 말했다. "원援은 '도움'이다. 양중이 적자를 죽이고 서자를 세워 국정에 상도常道가 없어졌다고 이웃 국가가 비난하니, 이는 크게 원조를 잃은 것이다." 두예가 말했다. "양중은 선공을 세우고 남쪽으로 초나라와 견고하게 소통하지 못했고, 또 제나라와 진晉나라도 견고하게 섬기지 않았다. 그러므로 큰 원조를 잃은 것이다."

服虔曰 援 助也 仲殺適立庶 國政無常 鄰國非之 是失大援助也 杜預曰 襄仲立宣公 南通於楚旣不固 又不能堅事齊晉 故云失大援

③ 歸父귀보

집해 복건이 말했다. "귀보는 양중의 아들이다."

服虔曰 歸父 襄仲之子

성공 2년 봄, 제나라에서 쳐들어와 노나라의 융隆[①] 땅을 점령했다. 여름에 성공이 진나라 극극郤克과 힘을 함께 제나라 경공頃公을 안鞍 땅에서 무찌르자, 제나라가 노나라를 침략해서 빼앗았던 땅을 돌려주었다.

4년, 성공이 진晉나라를 방문했다. 진나라 경공景公은 노나라를 예로써 대하지 않았다. 노나라는 진晉나라를 배신하고 초나라와 연합하려 했으나 어떤 이가 간언해서 그만두었다.

10년, 성공이 진晉나라를 방문했다. 진나라 경공이 죽었다. 이로 인해 성공은 머물러 상여를 전송했지만, 노나라에서는 이를 부끄럽게 여겨 기록하지 않았다.[②]

15년, 성공은 처음으로 오나라 왕 수몽壽夢과 종리鍾離[③]에서 회맹했다.

成公二年春 齊伐取我隆[①] 夏 公與晉郤克敗齊頃公於鞍 齊復歸我侵地

四年 成公如晉 晉景公不敬魯 魯欲背晉合於楚 或諫乃不 十年 成公如晉 晉景公卒 因留成公送葬 魯諱之[2] 十五年 始與吳王壽夢會鍾離[3]

① 隆융

집해 《좌전》에서는 '용龍'으로 되어 있다. 두예가 말했다. "노나라의 읍이고 태산군 박현 서남쪽에 있다."

左傳作龍 杜預曰 魯邑 在泰山博縣西南

② 魯諱之노휘지

색은 《춘추경》에서 그 장례를 기록하지 않고 오직 "공이 진나라에 갔다."라고만 말했으니, 이는 그것을 꺼린 것이다.

經不書其葬 唯言公如晉 是諱之

③ 鍾離종리

정의 《괄지지》에서 말한다. "종리국 옛 성은 호주 종리현 동쪽 5리에 있다."

括地志云 鍾離國故城在濠州鍾離縣東五里

16년, (숙손씨) 선백宣伯[1]이 진晉나라와 서로 이야기해서 계문자를 죽이고자 했다. 계문자는 의리義理가 있어서 진나라 사람들이 허락하지 않았다.

18년, 성공이 죽고 아들 오午가 계승했는데, 이이가 양공襄公이다. 이때 양공은 세 살이었다.
양공 원년, 진晉나라에서는 도공悼公이 즉위했다.
지난해 겨울, 진晉나라 난서欒書가 그의 군주 여공厲公을 시해했기 때문이다.
4년, 양공은 진晉나라로 조회하러 갔다.
十六年 宣伯[①]告晉 欲誅季文子 文子有義 晉人弗許 十八年 成公卒 子午立 是爲襄公 是時襄公三歲也 襄公元年 晉立悼公 往年冬 晉欒書弑其君厲公 四年 襄公朝晉

① 宣伯선백

집해 복건이 말했다. "선백은 숙손교여다."
服虔曰 宣伯 叔孫喬如

5년, 계문자가 죽었다. 그 집에서는 비단옷을 입은 첩이 없었고, 마구간에서는 곡식을 먹는 말이 없었으며, 부고府庫에는 금옥의 보화가 없었다. 그는 재상으로 3명의 군주를 보좌했다.[①] 군자가 말했다.
"계문자는 청렴하고 충성스러웠다."
五年 季文子卒 家無衣帛之妾 廐無食粟之馬 府無金玉 以相三君[①] 君子曰 季文子廉忠矣

① 以相三君이상삼군

색은 선공, 성공, 양공이다.

宣公 成公 襄公

9년, 진晉나라와 더불어 정나라를 공격했다.① 진나라 도공은 양공에게 위衛나라 관례를 행하게 했는데,② 계무자가 수행하여③ 예를 행하는 것을 도왔다.

11년, 삼환씨가 군대를 3군三軍④으로 나누었다.

12년, (양공은) 진晉나라에 조회하러 갔다.

16년, 진晉나라 평공平公이 즉위했다.

21년, (양공은) 진晉나라 평공에게 조회하러 갔다.

22년, 공구孔丘가 태어났다.⑤

九年 與晉伐鄭① 晉悼公冠襄公於衛② 季武子從③ 相行禮 十一年 三桓氏分爲三軍④ 十二年 朝晉 十六年 晉平公即位 二十一年 朝晉平公 二十二年 孔丘生⑤

① 與晉伐鄭여진벌정

신주 〈십이제후연표〉에 따르면 진나라가 제齊, 노魯, 송宋, 위衛, 조曹를 거느리고 정나라를 쳤다. 정나라는 진과 초의 틈바구니에서 어쩔 수 없이 두 나라와 화친한다.

② 晉悼公冠襄公於衛진도공관양공어위

집해 《좌전》에서 말한다. "위衛나라 성공成公의 묘당에서 관례를 행했다. 위나라에서 종鍾과 경磬을 빌려 쓴 것은 예에 맞는 일이었다."
左傳曰 冠于成公之廟 假鍾磬焉 禮也

③ 季武子從계무자종

신주 계무자는 계문자 '행보'를 이어 노나라를 담당한 계손숙季孫宿이다. 이때 어린 양공을 수행하여 정나라 정벌에 따랐다.

④ 三軍삼군

집해 위소가 말했다. "《주례》에서 천자는 6군이고 제후들 중에서 대국은 3군이다. 노나라는 백금伯禽이 봉해져서 옛날에 3군을 두었다. 그 뒤에 삭감되어 허약해져서 2군이었을 뿐이다. 계무자는 공실을 멋대로 하고자 중군中軍을 더해서 3군을 만들었고 3가家가 각각 그 일군一軍의 세금을 거두었다."
韋昭曰 周禮 天子六軍 諸侯大國三軍 魯 伯禽之封 舊有三軍 其後削弱 二軍而已 季武子欲專公室 故益中軍 以爲三軍 三家各征其一

색은 정征은 부역을 일으킨 것을 이른다. 계무자가 3군을 만들었기에 한 명의 경卿이 1군의 세금과 부역을 주관했다.
征謂起徒役也 武子爲三軍 故一卿主一軍之征賦也

⑤ 孔丘生공구생

정의 태어난 해는 주영왕周靈王 21년, 노양공魯襄公 22년, 진평공晉平公 7년, 오제번吳諸樊 10년이다.
生在周靈王二十一年 魯襄二十二年 晉平七年 吳諸樊十年

25년, 제나라 최저崔杼가 그 군주 장공莊公을 시해하고 장공의 아우 경공景公을 세웠다.

29년, 오나라 연릉계자延陵季子가 노나라에 사신으로 방문했다. 그는 주나라 음악에 대해 물었는데, 그 뜻을 다 알자 노나라에서 공경했다.

31년 6월, 양공이 죽었다.

그해 9월, 태자가 죽었다.① 노나라 사람들은 제귀齊歸의 아들 주裯②를 세워 군주로 삼았는데, 이이가 소공昭公이다.

二十五年 齊崔杼弑其君莊公 立其弟景公 二十九年 吳延陵季子使魯 問周樂 盡知其意 魯人敬焉 三十一年六月 襄公卒 其九月 太子卒① 魯人立齊歸之子裯②爲君 是爲昭公

① 太子卒태자졸

집해 《좌전》에서는 '훼毁'라고 했다.

左傳曰 毁也

색은 《좌전》에서 호녀 경귀敬歸의 아들 자야子野가 계승했는데, 석 달 만에 죽었다고 했다.

左傳云胡女敬歸之子子野立 三月卒

② 齊歸之子裯제귀지자주

집해 서광이 말했다. "주裯는 다른 판본에는 '소袑'로 되어 있다." 복건이 말했다. "호胡는 귀성歸姓의 국가다. 제齊는 시호다."

徐廣曰 裯一作袑 服虔曰 胡 歸姓之國也 齊 諡也

색은 《세본》에는 '조稠'로 되어 있다. 또 서광이 말했다. "다른 판본에는 '소柖'로 되어 있다. 발음은 '소紹'다."

系本作稠 又徐廣云一作柖 音紹也

신주 《좌전》에 따르면 제귀齊歸는 경귀敬歸의 여동생이다. 경귀의 아들 자야는 너무 슬퍼하다가 몸이 쇠약해져 죽었다고 한다.

쫓겨난 소공과 애공

소공은 나이가 열아홉이었지만 아직 어린아이의 마음을 가지고 있었다.①
목숙穆叔②은 소공을 군주로 세우고 싶지 않아서 말했다.
"태자가 죽었으니 어머니가 같은 동생이 있으면 군주로 세우는 것이 좋고, 그렇지 않으면 연장자를 군주로 세워야 합니다.③ 나이가 같으면 어진 이를 택하여 군주로 세우고 조건이 같으면 점을 쳐서 군주로 세웁니다.④ 지금 주裯는 적통 후계자도 아니고 또 상중에 있으면서도 슬퍼하지 않고 기쁜 기색이 있으니 만약 마침내 그를 세운다면 반드시 계씨季氏의 근심거리가 될 것입니다."
계무자는 듣지 않고 마침내 소공을 군주로 세웠다. 장례를 치르는데 세 번이나 최복(상복)을 바꾸었다.⑤ 군자가 말했다.
"이 사람은 제대로 마치지 못할 것이다."
昭公年十九 猶有童心① 穆叔②不欲立 曰 太子死 有母弟可立 不即立長③ 年鈞擇賢 義鈞則卜之④ 今裯非適嗣 且又居喪意不在戚而有喜色 若果立 必爲季氏憂 季武子弗聽 卒立之 比及葬 三易衰⑤ 君子曰 是不終也

① 猶有童心유유동심

집해 복건이 말했다. "성인의 뜻이 없고 어린아이 마음만 있다는 말이다."

服虔曰 言無成人之志 而有童子之心

② 穆叔목숙

색은 노나라 대부 숙손표叔孫豹인데 선백 교여의 아우다.

魯大夫叔孫豹也 宣伯喬如之弟

③ 有母弟可立 不即立長유모제가립 부즉립장

집해 복건이 말했다. "어머니를 같이한 아우가 없으면 곧 서자 중 나이가 많은 자를 세우는 것이다."

服虔曰 無母弟 則立庶子之長

④ 義鈞則卜之의균칙복지

집해 두예가 말했다. "사람의 일을 먼저 하고 뒤에 점을 친다. 의균義鈞은 똑같이 현명한 것을 이른다."

杜預曰 先人事 後卜筮 義鈞謂賢等

⑤ 三易衰삼역최

집해 두예가 말했다. "그가 즐겁게 희롱하며 노는 것이 도를 넘었다는 말이다."

杜預曰 言其嬉戲無度

소공 3년,[①] 진晉나라에 조회하러 가려고 하수河水에 이르렀는데, 진晉나라 평공平公이 조회를 사양해 돌아왔다. 노나라에서는 수치로 여겼다.
4년, 초나라 영왕靈王이 신申 땅에서 제후들을 회합했는데 소공은 병을 빌미 삼아 가지 않았다.[②]
7년, 계무자가 죽었다.
8년, 초나라 영왕이 장화대章華臺를 완성하고 소공을 불렀다. 소공이 가서 하례하자[③] 소공에게 보배로운 기물을 하사했다.[④] 그러나 얼마 지나지 않아 후회하고 다시 속여서 빼앗았다.
昭公三年[①] 朝晉至河 晉平公謝還之 魯恥焉 四年 楚靈王會諸侯於申 昭公稱病不往[②] 七年 季武子卒 八年 楚靈王就章華臺 召昭公 昭公往賀[③] 賜昭公寶器[④] 已而悔 復詐取之

① 昭公三年소공삼년

신주 《사기지의》에서는 2년으로 해야 한다고 했다. 〈십이제후연표〉와 《춘추》에서도 2년이라고 한다.

② 稱病不往칭병불왕

신주 《사기지의》에 따르면 제사 때문에 가지 못했다고 한다.

③ 昭公往賀소공왕하

집해 《춘추》에서는 7년 3월에 소공이 초나라에 갔다고 한다.
春秋云 七年三月 公如楚

신주 〈십이제후연표〉에도 소공 8년이라고 되어 있다.

④ 賜昭公寶器사소공보기

집해 《좌전》에서 말한다. "대굴大屈을 호의로 주었다." 복건이 말했다. "대굴은 좋은 금속으로 검을 만들 수 있다. 일설에 대굴은 활 이름이라고 한다. 《노련서》에서 '초나라 군주 자작이 장화대에서 노후에게 연회를 베풀고 대곡궁大曲弓을 주었는데, 주고 나서 후회했다.'라고 했다. 대굴은 아마 이른바 대곡궁일 것이다."

左傳曰 好以大屈 服虔曰 大屈 寶金 可以爲劍 一曰大屈 弓名 魯連書曰楚子享魯侯于章華 與之大曲之弓 旣而悔之 大屈 殆所謂大曲之弓

신주 《좌전》 노소공 7년 주석에는 "대굴은 궁의 이름인데, 대굴이라는 곳에서 생산되는 보금寶金은 검을 만들 수 있다."라고 되어 있다. 대굴에서 나온 금속으로 만든 궁이 대굴궁일 것이다.

12년, 진晉나라에 조회하러 가려고 하수에 이르렀는데, 진나라 평공이 사양해 돌아왔다.

13년, 초나라 공자 기질棄疾이 그의 군주 영왕을 시해하고 대신 왕이 되었다.

15년, 진晉나라에 조회하러 갔다. 진晉나라에 머물러 진소공晉昭公의 장례를 치르게 하자① 노나라에서 부끄럽게 여겼다.

20년, 제나라 경공景公이 안자晏子와 함께 국경에서 사냥을 하고 이를 계기로 노나라에 들어와 예를 물었다.②

21년, 진晉나라에 조회하러 가려고 하수에 이르렀는데, 진나라에서 사양해 돌아왔다.

十二年 朝晉至河 晉平公謝還之 十三年 楚公子棄疾弑其君靈王 代立 十五年 朝晉 晉留之葬晉昭公① 魯恥之 二十年 齊景公與晏子狩竟 因入魯問禮② 二十一年 朝晉至河 晉謝還之

① 朝晉 晉留之葬晉昭公조진 진류지장진소공

신주 소공은 15년 12월에 진晉나라에 갔으며, 이듬해 진소공晉昭公이 죽어서 억지로 그 장례에 참석해야 했다.

② 因入魯問禮인입노문례

집해 〈제태공세가〉에서도 그렇다고 하지만, 《좌전》에는 이 일이 기록되어 있지 않다.

齊系家亦然 左傳無其事

25년 봄, 구욕새①가 와서 둥지를 틀었다. 사기師己②가 말했다.

"문공文公과 성공成公 시대의 동요에서 말하기를 '구욕새가 와서 둥지를 트니 공은 간후乾侯에 있었네. 구욕새가 거처로 들어갔지만 공은 바깥 들에 있었네.'라고 했습니다."

二十五年春 鸜鵒①來巢 師己②曰 文成之世童謠曰 鸜鵒來巢 公在乾侯 鸜鵒入處 公在外野

① 鸜鵒구욕

집해 《주례》에서 말한다. "구욕새는 제수濟水를 넘지 않는다." 《공양전》에서 말한다. "중국에 있는 새가 아니며 의당 동굴에 둥지를 튼다." 《곡량전》에서 말한다. "래來라는 것은 중국으로 왔다는 것이다."

周禮曰 鸜鵒不踰濟 公羊傳曰 非中國之禽也 宜穴而巢 谷梁傳曰 來者 來中國也

신주 구욕새가 나타나면 이변이 일어날 전조라고 한다.

② 師己사기

집해 가규가 말했다. "사기는 노나라 대부다. '문성'은 노나라 문공과 성공이다."

賈逵曰 師己 魯大夫也 文成 魯文公成公

계씨季氏가 후씨郈[①]氏와 닭싸움을 했다.[②] 계씨는 닭 날개에 겨자[③]를 발랐고 후씨는 쇠[④] 발톱을 덧댔다. 계평자季平子가 지자 화를 내며 후씨의 땅을 침범했다.[⑤] 후소백[⑥]도 계평자에게 화를 냈다.

장소백臧昭伯[⑦]의 아우 회會가 거짓으로 장씨臧氏를 헐뜯고 계씨季氏에게 숨자, 장소백은 계씨네 사람을 가두었다. 계평자가 화를 내며 장씨臧氏의 늙은 가신[⑧]을 가두었다. 장씨와 후씨는 이 분란을 소공에게 알렸다.

季氏與郈[①]氏鬭鷄[②] 季氏芥[③]鷄羽 郈氏金[④]距 季平子怒而侵郈氏[⑤] 郈

昭伯[⑥]亦怒平子 臧昭伯[⑦]之弟會僞讒臧氏 匿季氏 臧昭伯囚季氏人 季平子怒 囚臧氏老[⑧] 臧郈氏以難告昭公

① 郈후

집해 서광이 말했다. "후郈는 다른 판본에는 '후厚'로 되어 있다. 《세본》에도 그러하다."

徐廣曰 郈 一本作厚 世本亦然

② 鬭鷄투계

집해 두예가 말했다. "계평자와 후소백 두 집안이 서로 가까이 있었으므로 닭싸움을 벌였다."

杜預曰 季平子郈昭伯二家相近 故鬭鷄

신주 계평자는 계무자 숙宿의 손자다. 계무자를 이은 계도자季悼子가 일찍 죽어 사실상 계평자가 계무자를 이었다. 이름은 의여意如다. 《좌전》에 따르면 소공 12년에 계평자가 후계자가 되었다고 한다. 소공 7년에 계무자가 죽자 계도자는 5년간 집안을 맡았다. 평자는 무자에 이어 정치를 맡았으니, 후계가 되었다고 표현한 것이다.

③ 芥개

집해 복건이 말했다. "겨자를 찧어서 그 닭의 날개에 뿌려서 후소백의 닭 눈에 달라붙게 한 것이다." 두예가 말했다. "어떤 이는 교사膠沙(개흙이 섞인 모래)를 뿌려서 닭에게 덮어씌웠다고 말한다."

服虔曰 擣芥子播其鷄羽 可以坌郈氏鷄目 杜預曰 或云以膠沙播之爲介鷄

④ 金금

집해 복건이 말했다. "쇠로 발톱을 쌌다."

服虔曰 以金錔距

⑤ 季平子怒而侵郈氏계평자노이침후씨

집해 복건이 말했다. "화를 자기에서 끝내지 못하고, 후씨의 집 땅을 침범해서 스스로 더한 것이다."

服虔曰 怒其不下己也 侵郈氏之宮地以自益

⑥ 昭伯소백

색은 《세본》을 살펴보니 소백의 이름은 악惡이고 노효공魯孝公의 후예이며 후씨厚氏라 칭했다고 한다.

按系本 昭伯名惡 魯孝公之後 稱厚氏也

⑦ 臧昭伯장소백

집해 가규가 말했다. "소백은 장손사다."

賈逵曰 昭伯 臧孫賜也

색은 《세본》에서는 장회臧會는 장경백臧頃伯이고 선숙허宣叔許의 손자이며 소백 사賜와 종부從父 형제가 된다고 되어 있다.

系本臧會 臧頃伯也 宣叔許之孫 與昭伯賜爲從父昆弟也

⑧ 老노

집해 복건이 말했다. "늙은이는 장씨 집안의 대신이다."

服虔曰 老 臧氏家之大臣

소공은 9월 무술일에 계씨를 정벌하러 마침내 쳐들어갔다. 계평자가 누대에 올라 청해 말했다.

"군주께서는 신의 죄가 있는지 살피지 않고 참소만으로 죽이려고 합니다. 기수沂水① 곁으로 옮겨 가서 살기를 청합니다."

소공은 허락하지 않았다. 비鄪② 땅에 갇히기를 청했는데 허락하지 않았다. 다섯 대의 수레③만 가지고 망명할 것을 청했는데 허락하지 않았다. 자가구子家駒④가 말했다.

"군주께서는 허락하십시오. 정치가 계씨季氏로부터 나온 지 오래입니다. 따르는 무리가 많아서 그들이 장차 힘을 합쳐 일을 도모할 것입니다."

소공은 듣지 않았다. 후씨가 말했다.

"반드시 그를 죽여야 합니다."

昭公九月戊戌伐季氏 遂入 平子登臺請曰 君以讒不察臣罪 誅之 請遷沂①上 弗許 請囚於鄪② 弗許 請以五乘③亡 弗許 子家駒④曰 君其許之 政自季氏久矣 爲徒者衆 衆將合謀 弗聽 郈氏曰 必殺之

① 沂기

집해 두예가 말했다. "노성魯城 남쪽부터 기수沂水가 있는데 계평자는 성을 나가서 대죄하려고 했다. 대기수大沂水는 개현蓋縣에서 나와 남쪽의 사수泗水로 들어간다."

杜預曰 魯城南自有沂水 平子欲出城待罪也 大沂水出蓋縣 南入泗水

신주 '노성남자유기수魯城南自有沂水'(노성 남쪽부터 기수가 있다)는 뜻을 제대로 알기 어렵다. 노성 남쪽에는 기수가 없기 때문이다. 중간에 '自'(부터)

의 의미도 알기 어렵다. 기수 서쪽에 남성현南城縣이 있고 지류가 흐르는데, '노남성魯南城'(노나라 남성현)이 노성남魯城南으로 글자의 순서가 바뀌었는지 모른다. 남성현은 남성 후국侯國이었다가 현이 되어 동해군東海郡에 속했는데, 그 위치는 지금의 산동성 평읍현平邑縣 정성진鄭城鎮 남무성南武城 자연촌이다.

② 鄪비

집해 복건이 말했다. "비鄪는 계씨의 읍이다."

服虔曰 鄪 季氏邑

③ 五乘오승

집해 복건이 말했다. "수레 다섯 대는 스스로 간략하게 해서 나간다는 말이다."

服虔曰 言五乘 自省約以出

④ 子家駒자가구

색은 노나라 대부 중손씨 일족으로, 이름은 구駒이며 시호는 의백懿伯이다.

魯大夫仲孫氏之族 名駒 謚懿伯也

숙손씨의 신하 려戾[1]가 그의 무리들에게 일러 말했다.
"계씨가 없는 것과 있는 것 중 어느 것이 이롭겠습니까?"

모두가 말했다.

"계씨가 없다면 이 숙손씨도 없다."

려戾가 말했다.

"그렇다면 계씨를 구원합시다."

마침내 소공의 군대를 무찔렀다. 맹의자孟懿子[②]는 숙손씨가 이겼다는 소식을 듣고 또한 후소백을 살해했다. 후소백이 소공의 사신이 되었으므로 맹씨가 그를 살해한 것이다. 세 집안이 함께 소공을 공격하자, 소공은 마침내 달아났다.

叔孫氏之臣戾[①]謂其衆曰 無季氏與有 孰利 皆曰 無季氏是無叔孫氏 戾曰 然 救季氏 遂敗公師 孟懿子[②]聞叔孫氏勝 亦殺郈昭伯 郈昭伯爲公使 故孟氏得之 三家共伐公 公遂奔

① 戾려

집해 《좌전》에서는 종려鬷戾라고 했다.

左傳曰鬷戾

② 孟懿子맹의자

집해 가규가 말했다. "맹의자는 중손 하기다."

賈逵曰 懿子 仲孫何忌

기해일, 소공은 제나라에 이르렀다. 제나라 경공이 말했다.
"청컨대 1,000사社에 이르는 군주로 대우하겠습니다."
자가구가 말했다.
"주공의 업業을 버리고 제나라에 신하가 되라는 말인데 옳겠습니까?"
이에 그만두었다. 자가구가 말했다.
"제나라 경공은 신용이 없으니 일찍 진晉나라로 가느니만 못합니다."
소공은 따르지 않았다. 숙손이 소공을 만나보고 돌아와 계평자를 만났는데, 계평자가 머리를 조아렸다. 당초 숙손씨는 소공을 맞이하려고 했는데, 맹손씨와 계손씨가 나중에 후회할 것이라고 하자 그만두었다.
己亥 公至于齊 齊景公曰 請致千社待君 子家曰 棄周公之業而臣於齊可乎 乃止 子家曰 齊景公無信 不如早之晉 弗從 叔孫見公還 見平子 平子頓首 初欲迎昭公 孟孫季孫後悔 乃止

26년 봄, 제나라에서 노나라를 공격해 운鄆 땅[①]을 빼앗아 소공에게 살게 했다.
여름, 제나라 경공이 장차 소공을 돌려보내려고 노나라의 뇌물을 받지 말라고 명령했다. 신풍申豐과 여가汝賈[②]는 제나라 신하 고흘高齕과 자장子將[③]에게 곡식 5,000유庾[④]를 주기로 약속했다.
二十六年春 齊伐魯 取鄆[①]而居昭公焉 夏 齊景公將内公 令無受魯賂 申豐汝賈[②]許齊臣高齕子將[③]粟五千庾[④]

① 鄆운

집해 가규가 말했다. "노나라 읍이다."

賈逵曰 魯邑

② 申豐汝賈신풍여가

집해 가규가 말했다. "신풍과 여가는 노나라 대부다."

賈逵曰 申豐汝賈 魯大夫

③ 高齕子將고흘자장

색은 다른 판본에는 '자장' 위에 '화貨' 자가 있다. 자장은 곧 양구거梁丘據다. 齕의 발음은 '紇흘'이고 자장의 가신이다. 《좌전》에서 자장은 '자유子猶'로 되어 있다.

一本子將 上有貨字 子將即梁丘據也 齕音紇 子將家臣也 左傳子將 作子猶

④ 庾유

집해 가규가 말했다. "16말斗을 유庾라고 한다. 5,000유는 8만 말이다."

賈逵曰 十六斗爲庾 五千庾 八萬斗

> 자장이 제나라 경공에게 말했다.
> "신하들이 노나라 군주를 섬길 수 없다고 하는데 이상한[①] 점이 있습니다. 송나라 원공元公은 노나라를 위해 진晉나라에 가서 (노나라 군주를) 돌려보내 달라고 요구했다가 길에서 죽었습니다.[②] 숙손

소자叔孫昭子[3]는 그의 군주를 돌려보내 달라고 요구했다가 병도 없었는데 죽었습니다. 알지는 못하겠으나 하늘이 노나라를 버린 것입니까? 아니면 노나라 군주가 귀신에게 죄가 있는 것입니까? 원컨대 군주께서는 잠시 기다리십시오."

제나라 경공은 그 말을 따랐다.

子將言於齊侯曰 群臣不能事魯君 有異[1]焉 宋元公爲魯如晉 求內之 道卒[2] 叔孫昭子[3]求內其君 無病而死 不知天棄魯乎 抑魯君有罪于鬼神也 願君且待 齊景公從之

① 異이

집해 복건이 말했다. "이異는 괴怪와 같다."

服虔曰 異猶怪也

② 道卒도졸

집해 《춘추》에서 말한다. "송공 좌佐는 곡극曲棘에서 죽었다."

春秋曰 宋公佐卒于曲棘

신주 송나라 원공元公이다.

③ 叔孫昭子숙손소자

색은 이름은 야婼이다. 곧 목숙穆叔의 아들이다.

名婼 即穆叔子

28년, 소공이 진晉나라로 가서 노나라로 들어가겠다고 요구했다. 계평자는 진晉나라 6경과 사사로운 정이 있어 6경들이 계씨의 뇌물을 받고 진나라 군주에게 간언하니, 진나라 군주가 중지하고 소공을 간후乾侯①에서 살게 했다.
29년, 소공이 운鄆 땅으로 갔다. 제나라 경공은 사람을 시켜 소공에게 편지를 주었는데, 스스로 '주군主君'②이라고 일렀다. 소공은 수치로 여겨 화를 내고 간후로 물러갔다.
二十八年 昭公如晉 求入 季平子私於晉六卿 六卿受季氏賂 諫晉君 晉君乃止 居昭公乾侯① 二十九年 昭公如鄆 齊景公使人賜昭公書 自謂主君② 昭公恥之 怒而去乾侯

① 乾侯간후

집해 두예가 말했다. "간후는 위군 척구현에 있는데 진나라 경내의 읍이다."
杜預曰 乾侯在魏郡斥丘縣 晉竟內邑

② 主君주군

집해 복건이 말했다. "대부는 '주主'라고 칭한다. 공公을 대부에 비유했으므로 주군主君이라고 칭했다."
服虔曰 大夫稱主 比公於大夫 故稱主君

31년, 진晉나라에서 소공을 들여보내려고 계평자를 불렀다. 계평자는 베옷에 맨발로[①] 가서 6경을 통해 사죄했다. 6경들이 계평자를 위해 말했다.

"진晉나라에서 소공을 들여보내고자 하지만 백성이 따르지 않는답니다."

그러자 진晉나라 사람들이 그만두었다.

32년, 소공이 간후에서 죽었다. 노나라 사람들은 소공의 아우 송宋을 세워 군주로 삼았는데, 이이가 정공定公이다.

三十一年 晉欲內昭公 召季平子 平子布衣跣行[①] 因六卿謝罪 六卿爲言曰 晉欲內昭公 衆不從 晉人止 三十二年 昭公卒於乾侯 魯人共立昭公弟宋爲君 是爲定公

① 平子布衣跣行평자포의선행

집해 왕숙이 말했다. "근심하고 슬퍼하는 것을 보인 것이다."

王肅曰 示憂戚

정공이 즉위하자 조간자趙簡子가 사묵史墨[①]에게 물었다.

"계씨들이 망하겠는가?"

사묵이 대답했다.

"망하지 않을 것입니다. 계우季友는 노나라에 큰 공로가 있어 비鄪 땅을 받고 상경上卿이 되었습니다. 문자文子와 무자武子에 이르러서도 대대로 그의 업적이 늘어났습니다. 노나라 문공이 죽자 동문수東門遂[②]가 적자를 죽이고 서자를 군주로 세웠는데, 노나라 군주는 이 때문에 국가의 정사를 잃었습니다. 정치가 계씨에게 있게 되고서 지금까지 4명의 군주가 있었습니다. 백성이 군주를 알지 못하는데, 어떻게 나라를 얻을 수 있겠습니까. 이 때문에 군주가 되어서는 기물과 작호[③]를 삼가야지 남에게 빌려줄 수 없는 것입니다."

定公立 趙簡子問史墨[①]曰 季氏亡乎 史墨對曰 不亡 季友有大功於魯 受鄪爲上卿 至于文子武子 世增其業 魯文公卒 東門遂[②]殺適立庶 魯君於是失國政 政在季氏 於今四君矣 民不知君 何以得國 是以爲君愼器與名[③] 不可以假人

① 史墨사묵

집해 복건이 말했다. "사묵은 진晉나라 사채묵史蔡墨이다."

服虔曰 史墨 晉史蔡墨

② 東門遂동문수

집해 복건이 말했다. "동문수는 양중襄仲이다. 동문에 거처했다. 그러므로 동문수라고 칭한다."

服虔曰 東門遂 襄仲也 居東門 故稱東門遂

색은 《세본》에는 '동문술東門述'로 되어 있다. 추탄생본에는 '출秫'로 되어 있다. 또 《세본》에는 동문수가 자가귀보子家歸父와 소자자영昭子子嬰을 낳았다고 한다.

系本作述 鄒誕本作秫 又系本遂産子家歸父及昭子子嬰也

③ 器與名기여명

집해 두예가 말했다. "기물은 거복車服이다. 이름은 작호爵號다."

杜預曰 器 車服 名 爵號

신주 악기 곡현曲縣과 마구 반영繁纓을 말한다. 춘추시대 서기전 589년에 제나라와 전쟁에서 위나라의 목공은 노나라를 위해 제나라와 싸운 대부 손양부孫良夫를 구한 공로로 중숙우해仲叔于奚에게 땅을 봉하려고 했다. 그러나 그는 봉지를 고사하고, 대신에 곡현과 반영을 청해 받았다. 이는 당시 그 사람의 지위를 상징하는 기물로, 집무실의 세 벽면에 배치할 수 있는 특권이 제후에게 있었다. 반영도 제후만 특별히 사용할 수 있는 말의 장신구다. 후에 공자孔子는 이에 대해 실리를 취하고 특권을 내준 목공의 처사는 제후의 특권을 내준 것이나 마찬가지라고 한탄했다. 《좌전》에 기록되어 있는 내용이다.

정공 5년, 계평자가 죽었다. 양호陽虎는 개인적인 노여움으로 계환자季桓子를 가두었다가[①] 함께 맹약하고 놓아주었다.

7년, 제나라에서 노나라를 정벌해 운鄆 땅을 빼앗았으며, 노나라 양호에게 그의 읍으로 삼게 해서 정치에 참여토록 했다.[②]

8년, 양호는 삼환씨의 적자適子들을 모두 죽이고 다시 그들 중에 자기와 잘 지내는 서자들을 세워 군주로 대신하려 했다. 계환자를 수레에 실어 장차 죽이려고 했는데, 계환자가 속임수로 탈출했다.

삼환이 함께 양호를 공격하자 양호는 양관陽關[③]을 점거했다.

9년, 노나라에서 양호를 정벌하자, 양호는 제나라로 달아났다가

얼마 지나서 진晉나라 조씨趙氏에게로 달아났다.[④]

定公五年 季平子卒 陽虎私怒 囚季桓子[①] 與盟 乃捨之 七年 齊伐我 取鄆 以爲魯陽虎邑以從政[②] 八年 陽虎欲盡殺三桓適 而更立其所善庶子以代之 載季桓子將殺之 桓子詐而得脫 三桓共攻陽虎 陽虎居陽關[③] 九年 魯伐陽虎 陽虎奔齊 已而奔晉趙氏[④]

① 囚季桓子수계환자

신주 계환자는 계평자의 아들이며, 이름은 사斯다. 양호는 계씨의 가신이며 계씨를 주군으로 모시고 있었다.

② 取鄆 以爲魯陽虎邑以從政취운 이위노양호읍이종정

신주 《사기지의》에서 말한다. "《춘추》와 《좌전》에서 '봄에 제나라가 운鄆과 양관陽關을 돌려주었는데, 양호陽虎가 거처하면서 다스렸다. 가을에 제나라가 노나라를 정벌했다.'라고 하니, 운과 양관 두 땅에서 거처한 것이다. "

③ 陽關양관

집해 복건이 말했다. "양관은 노나라 읍이다."

服虔曰 陽關 魯邑

④ 奔晉趙氏분진조씨

정의 《좌전》에서 말한다. "중니가 말하기를 '조씨 집안에는 대대로 난리가 있을 것인저'라고 했다." 두예가 말했다. "변란을 일으킨 자를 받아들였기 때문이다."

左傳云仲尼曰 趙氏其世有亂乎 杜預云 受亂人故

10년, 정공이 제나라 경공景公과 함께 협곡夾谷에서 회맹하는데, 공자孔子가 가서 일을 도왔다. 제나라에서 노나라 군주를 습격하려고 했지만, 공자가 섬돌 세 개를 밟고 올라가 예로써① 제나라의 음란한(음악을 연주한) 악인樂人을 죽이자, 제나라 후작은 두려워하면서 그만두었으며, 노나라를 침략해 빼앗아 간 땅을 돌려주고 사과했다.

12년, 중유仲由(자로)②를 시켜 삼환씨의 성城을 헐게 하고 그들의 갑옷 입은 군사들을 거두게 했다. 맹씨는 성을 허는③ 것을 인정하지 않고 (정공을) 쳤는데, 이기지 못하고 싸움을 그만두었다.

(14년) 계환자가 제나라의 여악女樂을 받아들이자 공자는 노나라를 떠났다.④

十年 定公與齊景公會於夾谷 孔子行相事 齊欲襲魯君 孔子以禮歷階① 誅齊淫樂 齊侯懼 乃止 歸魯侵地而謝過 十二年 使仲由②毁三桓城 收其甲兵 孟氏不肯墮③城 伐之 不克而止 季桓子受齊女樂 孔子去④

① 孔子以禮歷階공자이례력계

신주 《공자가어》에서는 "제나라가 래인萊人을 시켜 병고兵鼓를 시끄럽게 치며 정공을 위협하자 공자가 세 개의 섬돌을 밟고 올라가 정공을 물러나게 했다."라고 했다. 래인은 지금의 산동성 황현黃縣에 있던 동이족 국가다. 동이족 강성이 세운 제나라는 동이족 지역들이 다수 존재했다.

② 仲由중유

집해 복건이 말했다. "중유는 자로다."

服虔曰 仲由 子路

③ 墮타

집해 두예가 말했다. "타墮는 무너뜨리는 것이다."

杜預曰 墮 毁

신주 《사기지의》에서 말한다. "삼환이 스스로 성을 헌 것이지 공자와 중유가 관여한 게 아니다." 하지만 자로는 이때 계손씨 가신으로 관여한 것이 맞으며, 공자는 정공을 치는 자들을 공격하게 했다. 양옥승은 자로를 시킨 사람을 노나라 정공으로 착각한 것으로 보인다. 자세한 것은 《좌전》 정공 7년과 〈공자세가〉에 있다.

④ 季桓子受齊女樂 孔子去계환자수제녀악 공자거

집해 공안국이 말했다. "계환자가 정공에게 제나라 여악女樂을 받아들이게 해서 군주와 신하가 서로 참관하고 조회의 예를 3일 동안 폐지했다."

孔安國曰 桓子使定公受齊女樂 君臣相與觀之 廢朝禮三日

신주 공자가 노나라를 떠난 것을 〈십이제후연표〉에서는 정공 12년이라고 하고 〈위강숙세가〉에서는 정공 13년이라고 하며, 〈공자세가〉에는 정공 14년이라고 한다. 〈공자세가〉 기사를 검토해 추산하면 정공 14년이 맞을 것이다. 여기서는 앞에 '14년十四年'이 탈락한 것으로 보인다.

15년, 정공이 죽고 아들 장將이 군주로 섰는데, 이이가 애공哀公이다.①

애공 5년, 제나라 경공이 죽었다.

6년, 제나라 전기田乞가 그의 군주 유자孺子를 시해했다.

7년, 오왕 부차夫差가 강성해져서 제나라를 정벌하고 증繒 땅에 이르러② 노나라에 100뇌牢(희생)를 징수했다. 계강자③는 자공子貢을 보내서 오왕과 태재 백비를 설득하여 예로써 물리치게 했다. 오왕이 말했다.

"내 몸에 문신이 있으니 예로 책망하기엔 부족할 것이다.④"

이에 그만두었다.

十五年 定公卒 子將立 是爲哀公① 哀公五年 齊景公卒 六年 齊田乞弑其君孺子 七年 吳王夫差彊 伐齊 至繒② 徵百牢於魯 季康子③使子貢說吳王及太宰嚭 以禮詘之 吳王曰 我文身 不足責禮④ 乃止

① 將立 是爲哀公장립 시위애공

색은 《세본》에서 장將은 장蔣으로 되어 있다.

系本將作蔣也

② 伐齊 至繒벌제 지증

신주 〈오태백세가〉의 주석에 나오는데 이때 제나라를 정벌하지 않았으며, 오나라에서 증 땅에 이르러 요구한 것이다.

③ 季康子계강자

신주 이름은 비肥다. 애공 3년에 아버지 계환자가 죽는다. 강자는 유훈에 따라 2순위로 후계자가 된다. 그러나 뒤에 유훈에 따른 1순위 후계동생이 태어나는데, 누군가 동생을 살해한다. 《좌전》에 자세히 나온다.

④ 我文身 不足責禮아문신 불족책례

신주 《좌전》에 따르면 이는 오나라 요구대로 100뇌를 주고 난 다음에 자공子貢이 태재 백비와 나눈 말이다.

> 8년, 오나라에서 추鄒나라를 위해 노나라를 공격했는데, 성 아래에 이르러 맹약하고 물러갔다. 제나라는 노나라를 공격하여 세 읍을 빼앗았다.①
> 10년, 제나라 남쪽 변방을 공격했다.
> 11년,② 제나라가 노나라를 공격했다. 계씨는 염유冉有③를 등용해서 공이 있자 공자를 생각했다. 공자가 위衛나라에서 노나라로 돌아왔다.
> 八年 吳爲鄒伐魯 至城下 盟而去 齊伐我 取三邑① 十年 伐齊南邊 十一年② 齊伐魯 季氏用冉有③有功 思孔子 孔子自衛歸魯

① 齊伐我 取三邑제벌아 취삼읍

신주 애공 8년은 제나라 도공 2년에 해당한다. 도공 2년, 노나라에서 도공의 아내인 계강자의 누이동생을 돌려주지 않자 노나라를 공격하여 환讙과 천闡을 빼앗은 사건이다. 〈제태공세가〉에 자세히 나온다.

② 十一年십일년

신주 이때는 제나라 간공 원년이고 오왕 부차 12년이며, 부차는 애릉艾陵에서 제나라를 무찌른다.

③ 冉有염유

신주 공자의 제자 염구冉求이다.

14년, 제나라 전상田常이 그의 군주 간공簡公을 서주에서 시해했다. 공자가 정벌하기를 청했지만 애공은 듣지 않았다.
15년, 자복경백子服景伯을 사신으로 삼고 자공子貢을 개介(부사副使)로 삼아 제나라에 갔는데, 제나라에서 노나라의 침략한 땅을 돌려주었다. 전상田常이 처음으로 재상이 되어서 제후들과 화친하려고 한 것이다.
16년, 공자孔子가 세상을 떠났다.
22년, 월왕 구천句踐이 오왕 부차夫差를 멸했다.
十四年 齊田常弑其君簡公於徐州 孔子請伐之 哀公不聽 十五年 使子服景伯子貢爲介 適齊 齊歸我侵地 田常初相 欲親諸侯 十六年 孔子卒 二十二年 越王句踐滅吳王夫差

27년 봄,① 계강자가 죽었다.
여름, 애공은 삼환이 강한 것을 우려해서 장차 제후들에게 의지해 겁박하려고 했는데, 삼환도 애공이 난을 일으킬까 봐 우려해서 군주와 신하 간에 간극이 컸다.② 애공이 능판陵阪③에서 유람하다가 맹무백孟武伯을 길거리에서 마주치자, 그에게 물었다.④
"청해 묻노니 내가 제때 죽겠는가?⑤"
맹무백이 대답했다.
"알지 못하겠습니다."
二十七年春① 季康子卒 夏 哀公患三桓 將欲因諸侯以劫之 三桓亦患公作難 故君臣多閒② 公游于陵阪③ 遇孟武伯於街④ 曰 請問余及死乎⑤ 對曰 不知也

① 春춘

신주 《좌전》에 따르면 계강자가 죽은 것은 4월이므로 여름이다.

② 閒간

집해 가규가 말했다. "간閒은 틈이다."
賈逵曰 閒 隙也

③ 陵阪능판

집해 복건이 말했다. "능판은 땅 이름이다."
服虔曰 陵阪 地名

④ 遇孟武伯於街우맹무백어가

색은 어떤 판본에는 '위衛'로 되어 있는데, 잘못된 것이다. 《좌전》에는

'어맹씨지구於孟氏之衢'로 되어 있다.

有本作衢者 非也 左傳於孟氏之衢

⑤ 請問余及死乎청문여급사호

집해 두예가 말했다. "자신이 수명대로 살다 죽을지 아닐지를 묻는 것이다."

杜預曰 問己可得以壽死不

애공은 월나라를 이용해 삼환을 정벌하려고 했다.
8월, 애공이 형씨陘氏①에게 갔다. 삼환이 애공을 공격하자, 애공은 위衛나라로 달아났다가 다시 추鄒나라로 갔다가, 마침내 월나라로 갔다. 나라 사람들이 애공을 맞이하여 다시 돌아오게 했는데, 유산씨有山氏② 집에서 죽었다. 아들 영寧이 계승했는데, 이이가 도공悼公이다.

公欲以越伐三桓 八月 哀公如陘氏① 三桓攻公 公奔于衛 去如鄒 遂如越 國人迎哀公復歸 卒于有山氏② 子寧立 是爲悼公

① 陘氏형씨

집해 두예가 말했다. "형씨는 곧 유산씨이다."

杜預曰 陘氏即有山氏

② 有山氏유산씨

집해 서광이 말했다. "황보밀은 '애공 원년은 갑진년인데 경오년에 끝마쳤다.'라고 한다."

徐廣曰 皇甫謐云哀公元甲辰 終庚午

신주 《좌전》에는 애공이 돌아온 일이 없다. 애공이 돌아와서 죽었는지 월나라에서 죽었는지조차 자세하지 않다. 삼환은 애공이 달아나자 후임 도공을 세웠을 뿐이다. 현대 달력으로 따지면 애공의 재위 기간은 서기전 494~468년이다. 원년은 정미년이고 계유년에 군주 자리를 잃었다. 황보밀의 계산은 3년씩 빠르다.

제六장

마지막 잎새

도공 때 삼환이 이기자 노나라 제후는 작은 제후와 같아서 삼환의 집안보다 낮아졌다.

13년,[①] 삼진三晉이 지백智伯을 멸하고 그 땅을 나누어 가졌다.

悼公之時 三桓勝 魯如小侯 卑於三桓之家 十三年[①] 三晉滅智伯 分其地有之

① 十三年십삼년

신주 앞뒤로 기년을 계산하면 지백이 망한 해는 도공 15년에 해당한다. 〈육국연표〉에서는 도공 14년이라고 했다. 사마천의 노나라 〈육국연표〉는 도공부터 망하기까지 약 1~2년씩 잘못 기록되었다.

37년, 도공이 죽고[①] 아들 가嘉가 계승했는데 바로 원공元公이다. 원공은 21년에 죽고[②] 아들 현顯[③]이 계승했는데 바로 목공穆公이다. 목공은 33년에 죽고[④] 아들 분奮이 계승했는데 바로 공공共公이다.

三十七年 悼公卒[①] 子嘉立 是爲元公 元公二十一年卒[②] 子顯[③]立 是爲穆公 穆公三十三年卒[④] 子奮立 是爲共公

① 悼公卒도공졸

집해 서광이 말했다. "다른 판본에는 도공이 즉위한 지 30년에 진秦혜왕이 죽었다고 했는데, 초회왕이 죽은 연도와 같다. 또 도공으로부터 아래는 모두 유흠劉歆의 《역보》와는 맞지만 도리어 〈육국연표〉와는 거스르니, 무슨 까닭인지 자세하지 못하다. 황보밀은 '도공은 40년을 재위했는데, 원년은 신미년이고 경술년에 죽었다.'라고 한다."

徐廣曰 一本云悼公即位三十年 乃於秦惠王卒 楚懷王死年合 又自悼公以下盡與劉歆曆譜合 而反違年表 未詳何故 皇甫謐云悼公四十年 元辛未 終庚戌

신주 황보밀이 말한 애공의 재위기간은 사마천의 기년보다 3년 빠르다. 사마천의 도공 기년에 3년을 더하면 40년이 되므로 몰년이 맞아 떨어진다.

② 元公二十一年卒원공이십일년졸

집해 서광이 말했다. "황보밀은 '원년은 신해년이고 신미년에 죽었다.' 라고 한다."

徐廣曰 皇甫謐云元辛亥 終辛未

③ 顯현

색은 《세본》에는 현顯이 '불연不衍'으로 쓰여 있다.

系本顯作不衍

④ 穆公三十三年卒목공삼십삼년졸

집해 서광이 말했다. "황보밀은 '원년은 임신년이고 갑진년에 죽었다.' 라고 한다."

徐廣曰 皇甫謐云元壬申 終甲辰

공공은 22년에 죽고① 아들 둔屯②이 계승했는데, 이이가 강공康公이다.

강공은 9년에 죽고③ 아들 언匽④이 계승했는데, 이이가 경공景公이다.

경공은 29년에 죽고⑤ 아들 숙叔⑥이 계승했는데, 이이가 평공平公이다. 이때 6국은 모두 왕王을 칭했다.

共公二十二年卒① 子屯②立 是爲康公 康公九年卒③ 子匽④立 是爲景公 景公二十九年卒⑤ 子叔⑥立 是爲平公 是時六國皆稱王

① 共公二十二年卒공공이십이년졸

집해 서광이 말했다. "황보밀은 '원년은 을사년이고 병인년에 죽었다.' 라고 한다."

徐廣曰 皇甫謐云元乙巳 終丙寅

② 屯둔

색은 屯의 발음은 '준[竹倫反]'이다.

屯音竹倫反

③ 康公九年卒강공구년졸

집해 서광이 말했다. "황보밀은 '원년은 정묘년이고 을해년에 죽었다.' 라고 한다."

徐廣曰 皇甫謐云元丁卯 終乙亥

④ 匽언

색은 匽의 발음은 '언偃'이다.

匽音偃

⑤ 景公二十九年卒경공이십구년졸

집해 서광이 말했다. "황보밀은 '원년은 병자년이고 갑진년에 죽었다.' 라고 한다."

徐廣曰 皇甫謐云元丙子 終甲辰

⑥ 叔숙

색은 《세본》에는 叔숙이 '여旅'로 쓰여 있다.

系本叔作旅

평공 12년,① 진秦나라 혜왕이 죽었다.

20년, 평공이 죽고② 그의 아들 매賈가 계승했는데, 이이가 문공文公이다.③

문공 원년, 초나라 회왕懷王이 진秦나라에서 죽었다.④

23년, 문공이 죽고[5] 아들 수讎가 계승했는데, 이이가 경공頃公이다.
平公十二年[1] 秦惠王卒 二十(二)年 平公卒[2] 子賈立 是爲文公[3] 文公(七)[元]年 楚懷王死于秦[4] 二十三年 文公卒[5] 子讎立 是爲頃公

① 平公十二年평공십이년

신주 앞뒤로 기년을 계산하면 진나라 혜왕의 죽음은 평공 6년에 해당한다. 〈육국연표〉에는 평공 4년으로 되어 있다.

② 平公卒평공졸

집해 서광이 말했다. "황보밀은 '원년은 을사년이고 갑자년에 죽었다.'라고 한다."

徐廣曰 皇甫謐云元乙巳 終甲子

③ 是爲文公시위문공

색은 《세본》에는 '민공湣公'으로 되어 있다. 추탄생본에서도 동일한데, 거듭 말하여 "〈노주공세가〉에는 간혹 '문공文公'으로 되어 있다."라고 했다.

系本作湣公 鄒誕本亦同 仍云系家或作文公

④ 楚懷王死于秦초회왕사우진

신주 초회왕은 경양왕 3년에 진나라에서 죽었는데, 그때는 노나라 문공 원년에 해당한다. 〈육국연표〉에는 평공 몰년인 19년으로 되어 있는데, 사마천은 도공 이후 노나라 기년을 〈육국연표〉로 기록하면서 약간씩 착오를 일으킨 것 같다.

⑤ 文公卒문공졸

집해 서광이 말했다. "황보밀은 '원년은 을축년이고 정해년에 죽었다.' 라고 한다."

徐廣曰 皇甫謐云元乙丑 終丁亥

경공頃公 2년, 진秦나라가 초나라 영郢을 함락하자,① 초나라 경왕頃王은 동쪽 진陳으로 옮겼다.

19년, 초나라가 노나라를 정벌하고 서주徐州②를 빼앗았다.

24년, 초나라 고열왕考烈王이 노나라를 정벌해 멸했다. 경공은 도망가 하읍下邑③으로 옮겨 민간인이 되었고 노나라는 제사가 끊어졌다. 경공은 가柯 땅에서 죽었다.④ 노나라는 주공에서 일어나 경공에 이르기까지 모두 34세였다.⑤

頃公二年 秦拔楚之郢① 楚頃王東徙于陳 十九年 楚伐我 取徐州② 二十四年 楚考烈王伐滅魯 頃公亡 遷於下邑③ 爲家人 魯絶祀 頃公卒于柯④ 魯起周公至頃公 凡三十四世⑤

① 頃公二年 秦拔楚之郢경공이년 진발초지영

집해 서광이 말했다. "〈육국연표〉에 따르면 문공 18년에 진秦나라에서 영郢을 함락하자 초나라는 진陳으로 달아났다고 한다."

徐廣曰 年表云文公十八年 秦拔郢 楚走陳

신주 〈노주공세가〉로 따져 문공 19년이 맞다. 초나라 경양왕 21년에 해당한다. 초나라는 전성기 때의 영토가 절반으로 줄어든다.

② 徐州서주

집해 서광이 말했다. "서주는 노나라 동쪽에 있으며 지금의 설현이다."

徐廣曰 徐州在魯東 今薛縣

색은 살펴보니 《설문》에서 도郤는 주邾나라 휘하의 읍인데, 노나라 동쪽에 있다. 또 《후한서》 〈군국지〉에서 노나라 설현은 6국 시대에는 서주였다고 한다. 또 《죽서기년》에서 양혜왕梁惠王 31년에 하비에서 설현으로 옮겼으므로 서주라 불렀다고 한다. 곧 徐서와 郤도는 아울러 '서舒'로 발음한다.

按 說文郤 邾之下邑 在魯東 又郡國志曰魯國薛縣 六國時曰徐州 又紀年云梁惠王三十一年 下邳遷于薛 故名曰徐州 則徐與郤 竝音舒也

신주 〈육국연표〉에는 노나라를 빼앗고 군주를 거莒에 봉했다고 한다. 그러나 거莒는 제나라 땅이므로 착오가 있다고 보인다.

③ 下邑하읍

집해 서광이 말했다. "하下는 다른 판본에는 '변卞'으로 되어 있다."

徐廣曰 下一作卞

색은 하읍下邑은 나라 밖의 작은 읍을 이른다. 어떤 이는 본래 '변읍卞邑'으로 되어 있다고 했다. 그래서 노나라에 변읍이 있으니 의혹을 가진 것이다.

下邑謂國外之小邑 或有本作卞邑 然魯有卞邑 所以惑也

④ 頃公卒于柯경공졸우가

집해 서광이 말했다. "황보밀은 '원년은 무자년이고 신해년에 끝마쳤다.'라고 한다."

徐廣曰 皇甫謐云元戊子 終辛亥

색은 살펴보니 《춘추》에서 "제나라가 노나라 가柯 땅을 공격하고 맹세했다."라고 하는데, 두예는 "가柯는 제나라 읍이고 지금 제북군 동아東阿다."라고 했다.

按 春秋齊伐魯柯而盟 杜預云柯 齊邑 今濟北東阿也

신주 초나라가 노나라를 멸한 것은 〈노주공세가〉로 계산하면 고열왕 13년이다. 〈육국연표〉에는 고열왕 14년이라고 하는데, 경공의 즉위 기사가 1년 늦게 실린 탓이다. 황보밀의 주장은 도공 몰년부터 〈노주공세가〉와 일치한다.

⑤ 凡三十四世범삼십사세

신주 약 800년간 총 35세다. 중간에 12대 백어伯御는 시호가 없어 빠진 것으로 보인다.

태사공은 말한다.

나는 공자께서 일컬어 말하는 걸 들었는데 "심하도다! 노나라의 도가 쇠약해진 것이! 수수洙水와 사수泗水 사이의 예절이 무너져 서로 다투는구나.[①]"라고 했다. 경보慶父와 숙아叔牙와 민공閔公 사이를 살펴보면 어찌 그리 어지러웠는가? 은공과 환공의 (시해) 사건,

양중襄仲이 적자를 살해하고 서자를 군주로 세운 일, 세 집안은 북면한 신하인데 친히 소공을 공격하여 소공이 제나라로 달아난 것이 그러하다. 읍양하는 예에 힘써서 곧 따르기는 했도다. 그러나 벌어진 일들이 어찌 그리 어긋났는가.

太史公曰 余聞孔子稱曰 甚矣魯道之衰也 洙泗之閒齗齗如也① 觀慶父及叔牙閔公之際 何其亂也 隱桓之事 襄仲殺適立庶 三家北面爲臣 親攻昭公 昭公以奔 至其揖讓之禮則從矣 而行事何其戾也

① 洙泗之閒齗齗如也사수지한은은여야

집해 서광이 말했다. "《한서》 〈지리지〉에서 '노나라는 수수와 사수 사이의 기슭에 있어 그 백성이 강을 건널 때 어린아이는 늙은이를 부축하고 그가 임무를 대신했다. 풍속이 이미 박해져 어른들은 스스로 편안하지 않으려 하고 어린이와 서로 사양하므로 「은은여齗齗如」라 한다.'라고 했다. 齗의 발음은 '은[魚斤反]'이다. 동쪽 주州의 언어다. 대개 어린이는 어른을 근심하면서도 괴로워하며, 어른은 스스로 지키는 것을 성내면서도 부끄러워한다. 그러므로 왁자지껄하게 다투어 사양하였으니, 도道가 쇠퇴하게 된 까닭이다."

徐廣曰 漢書地理志云 魯濱洙泗之閒 其民涉渡 幼者扶老而代其任 俗旣薄 長者不自安 與幼者相讓 故曰齗齗如也 齗 魚斤反 東州語也 蓋幼者患苦長者 長者忿愧自守 故齗齗爭辭 所以爲道衰也

색은 齗의 발음은 '은[魚斤反]'이다. '은은여齗齗如'는 《논어》의 '은은여誾誾如'와 같이 읽는다. 노나라의 도가 비록 미약해졌으나 수수와 사수 사이에서는 여전히 은은한 것 같다는 말이다. 추탄생도 '은銀'으로 발음한다고 했다. 또 '단단斷斷'이라고 쓰기도 했는데 《상서》의 독음과 같으니, 단단은 한결같다는 뜻이다. 서광은 또 〈지리지〉를 인용해 발음은 '안[五艱反]'이라 했고 "은은斷斷은 다투는 모양이다."라고 했다. 그러므로 번흠의 《수행부》에서 "수수와 사수를 건너며 말에게 물을 마시게 하면, 부끄러워 하면서도 새끼와 어미들이 왁자지껄 다툰다."라고 한 것이 이것이다.

지금 살펴보니, 아래 문장에 "참으로 읍양하는 예를 따르기에 이르렀건만"이라고 했다. 노나라에는 아직 읍양의 풍속이 남아 있어 《논어》의 은誾 발음과 같음을 알 수 있다.

斷音魚斤反 讀如論語誾誾如也 言魯道雖微 而洙泗之閒尙誾誾如也 鄒誕生亦音銀 又作斷斷 如尙書讀 則斷斷是專一之義 徐廣又引地理志音五艱反 云斷斷是鬥爭之貌 故繁欽遂行賦云涉洙泗而飮馬兮 耻少長之斷斷 是也 今按 下文云至于揖讓之禮則從矣 魯尙有揖讓之風 如論語音誾爲得之也

신주 사마정은 은斷을 은誾으로 생각하여 같은 뜻으로 보았기에 은은斷斷을 좋게 해석했다. 《사기지의》의 저자 양옥승도 사마정의 견해에 동의했다. '은은斷斷'은 두 가지 의미로 쓰인다. 하나는 노나라의 도道가 쇠퇴했다는 의미다. 노나라의 수수洙水와 사수泗水를 건너는 자들이 과거에는 장유의 예절이 있었는데 도가 쇠해지자 장유의 질서가 무너져 서로 다툰다는 의미다. 그런데 때로 '은은'은 화락하게 간쟁한다는 의미로도 사용되었다. 노나라의 도가 쇠퇴했지만 아직은 그 도가 유지되고 있다는 뜻이다.

은斷은 이를 부딪쳐 시끄러운 모양이다. 은이 둘 겹쳤으니 소란스럽다는 뜻이다. 소란스럽기는 하되 입안에 감추어져 안으로만 소란스럽다는 뜻이니, 전쟁이나 내란 같은 것이 아니라 권력을 둘러싼 암투暗鬪를 말한다. 노나라의 수수와 사수를 건너는 자들에게 예전에는 장유의 예절이 있었는데, 장유의 질서가 무너져서 서로 다툰다는 뜻으로 도가 쇠퇴했다는 의미다.

색은술찬 사마정이 펼쳐서 밝히다.

무왕이 세상을 떠났는데 성왕은 아직 어리고 외로웠다. 주공이 섭정했는데 병풍을 등지고 계획에 의지했다. 정사를 돌려주고 신하의 위치에 자리했는데, 북면하는 것을 두려워하며 공경했다. (주공의) 원자를 노나라에 봉했는데, 소호少昊의 옛 터전이었다. 왕실을 끼고 도왔지만 직무를 이은 것이 지나치지 않았다. 시대를 내려와 효공과 선왕에 이르렀을 때, 번목중은 지극한 명예가 있었다. 은공이 국가를 양보할 때《춘추》가 시작되었다. 좌구명이 간필簡筆을 쥐니, 기리고 깎아내리는 것을 갖추어 기록하였구나.

王旣没 成王幼孤 周公攝政 負扆據圖 及還臣列 北面匑如 元子封魯 少昊之墟 夾輔王室 系職不渝 降及孝王 穆仲致譽 隱能讓國 春秋之初 丘明執簡 褒貶備書

[지도 1] 노주공세가

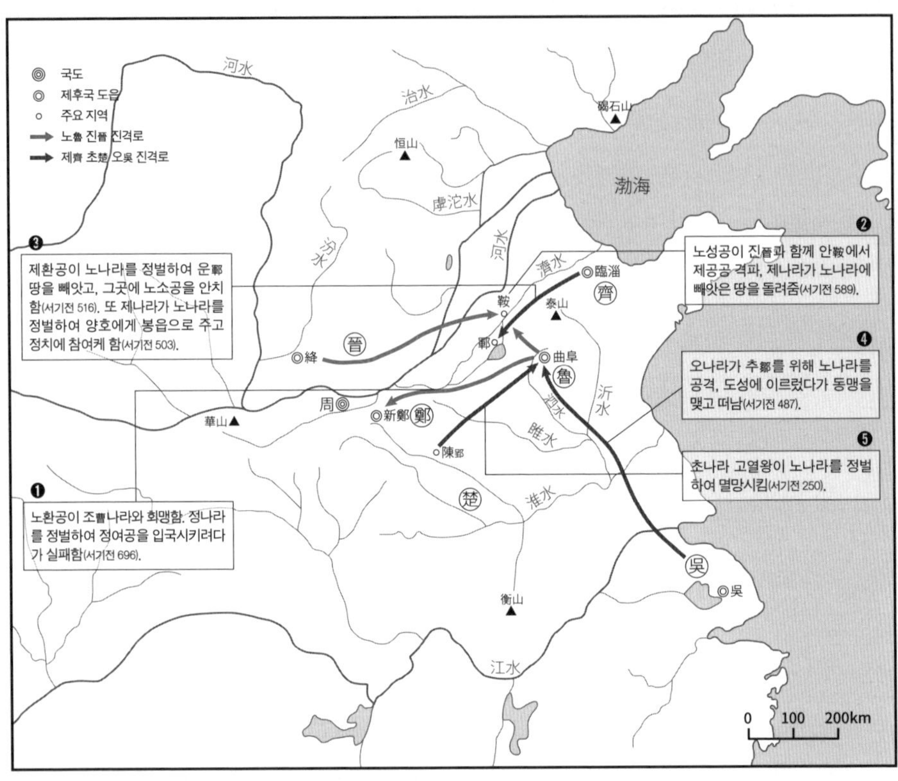

국도
제후국 도읍
주요 지역
노魯 진晉 진격로
제齊 초楚 오吳 진격로
河水
治水
碣石山
恒山
渤海
虖沱水
汾水
河水
濟水
臨淄
齊
鞍
泰山
絳
晉
鄆
曲阜
魯
周
新鄭
鄭
華山
泗水
沂水
睢水
陳郢
楚
淮水
吳
衡山
江水
0 100 200km
❶ 노환공이 조曹나라와 회맹함. 정나라를 정벌하여 정여공을 입국시키려다가 실패함(서기전 696).
❷ 노성공이 진晉과 함께 안鞍에서 제공공 격파, 제나라가 노나라에 빼앗은 땅을 돌려줌(서기전 589).
❸ 제환공이 노나라를 정벌하여 운鄆 땅을 빼앗고, 그곳에 노소공을 안치함(서기전 516). 또 제나라가 노나라를 정벌하여 양호에게 봉읍으로 주고 정치에 참여케 함(서기전 503).
❹ 오나라가 추鄒를 위해 노나라를 공격, 도성에 이르렀다가 동맹을 맺고 떠남(서기전 487).
❺ 초나라 고열왕이 노나라를 정벌하여 멸망시킴(서기전 250).

사기 제34권 史記卷三十四

연소공세가 燕召公世家

사기 제34권 연소공세가 제4

史記卷三十四 燕召公世家第四

신주 연소공燕召公은 성姓이 희姬이고 이름은 석奭이다. 소召 땅을 식읍으로 받아 소공召公으로도 불리는데, 주문왕의 서장자庶長子다. 주무왕이 상商을 멸망시킬 때 무왕의 동생 단旦은 큰 도끼를, 석奭은 작은 도끼를 들고 하늘과 상나라 백성들에게 제신帝辛(은주왕)의 죄상을 고했다고 한다. 주무왕이 봉건제를 실시할 때 희석姬奭은 계薊 땅에 분봉받아 연국燕國을 개창했는데, 이것이 북연北燕이다. 이 계를 현재 중국에서는 북경으로 비정하는데, 이때 주나라의 지배력이 북경까지 미쳤는가에 대해서는 회의적이다. 희석은 장자 희극姬克을 보내 계 땅을 관리하게 하고, 자신은 호경鎬京에 남아 주 왕실을 보좌해서 무왕이 현재 섬서성 부풍현扶風縣 성관진城關鎭 지역으로 비정하는 소召 땅을 봉해주었다는 점에서도 이 당시 주나라가 북경까지 지배했다고 보기는 어렵다. 모두 후대인들이 연의 강역을 소급해서 확장한 것으로 볼 수 있다.

연나라는 길성姞姓의 남연南燕과 희성姬姓의 북연北燕이 있었는데, 사마천은 이 두 나라를 엄밀하게 구분하지 않아서 군주의 세계도 정확하지 않다. 연나라는 동이족과 밀접한 관련이 있기 때문에 사마천이 모르고 혼동했는지 일부러 뒤섞었는지는 알 수 없지만 다른 나라의 세가보다 연소공세가는 오류가 많다. 그래서 여기에서는 연문공 이후까지는 재위연대까지 기록하고 그 이전은 계보만 연결시키는 것으로 절충했다.

1. 연 군주 세계

소공석召公奭 → 연후극燕侯克 → 연후지燕侯旨 → 연후무燕侯舞 → 연후헌燕侯憲 → 연후화燕侯和 → …… 연후곤燕侯坤 → 연혜후燕惠侯 → 연희후燕釐侯 → 연경후燕頃侯 → 연애후燕哀侯 → 연정후燕鄭侯 → 연목후燕穆侯 → 연선후燕宣侯 → 연환후燕桓侯 → 연장공燕莊公 → 연양공燕襄公 → 연전환공燕前桓公 → 연선공燕宣公 → 연소공燕昭公 → 연무공燕武公 → 연전문공燕前文公 → 연의공燕懿公 → 연혜공燕惠公 → 연도공燕悼公 → 연공공燕共公 → 연전간공燕前簡公 → 연헌공燕獻公 → 연효공燕孝公 → 연성공燕成公 → 연민공燕湣公 → 연후간공燕后簡公 → 연후환공燕后桓公

2. 실제 족적이 뚜렷한 군주

군주 칭호	이름	재위 기간(모두 서기전)	재위 연수
연후문공燕侯文公	희걸도姬乞陶	361～333	29
연역왕燕易王	문원文遠	332～321	12
연왕 쾌燕王 噲	쾌噲	320～316	5

군주 칭호	이름	재위 기간(모두 서기전)	재위 연수
연왕 자지燕王 子之	자지子之	316~314	3
국멸國滅 시기		제국齊國 통치 3년	
연소왕燕昭王	직職	311~279	33
연혜왕燕惠王	추수秋壽	278~272	7
연무성왕燕武成王	훈葷	271~258	14
연효왕燕孝王	명冥	257~255	3
연왕 희燕王 喜	희喜	254~222	33

제一장

소공 석의 후예

소공 석奭[①] 은 주나라와 동성이며, 성은 희씨姬氏다. 주나라 무왕은 주紂를 멸하고 소공을 북연北燕[②]에 봉했다.

召公奭與周同姓 姓姬氏[①] 周武王之滅紂 封召公於北燕[②]

① 召公奭소공석

집해 초주가 말했다. "주의 지족이다. 소召 땅을 식읍으로 해서 소공召公이라고 일렀다."

譙周曰 周之支族 食邑於召 謂之召公

색은 소召는 경기京畿 안의 채지菜地다. 석은 처음에 소 땅을 식읍으로 받았으므로 소공이라고 한다. 어떤 이는 설명하기를, 문왕이 천명을 받고 기주岐周의 옛터인 주周와 소 땅을 취해 소공과 주공의 작위를 나누어 주었으므로 《시경》에서 '주남周南'과 '소남召南'이 있다고 했다. 모두 기산 남쪽에 있으므로 남南이라고 말한 것이다. 뒤에 무왕은 소공을 북연北燕에 봉했다. 지금 유주幽州 계현薊縣의 옛 성이 이곳이다. 또한 원자元子를 봉해 봉국으로 가게 하고 다음 아들은 주실周室에 머물러 소공을 대신하게 했다. 선왕宣王 때 소목공召穆公 호虎가 그의 후예이다.

召者 畿內菜地 奭始食於召 故曰召公 或說者以爲文王受命 取岐周故墟周召地分爵二公 故詩有周召二南 言皆在岐山之陽 故言南也 後武王封之北燕 在今幽州薊縣故城是也 亦以元子就封 而次子留周室代爲召公 至宣王時 召穆公虎其後也

신주 은나라 말기와 주나라 초기에 황하는 현재 발해만 서북쪽인 천진 남쪽에서 바다로 빠져나갔으며, 그 일대는 또 바다와 늪지였다. 주나라 세력권은 이 황하 입구를 넘지 못했다. 그래서 주나라 강역 북쪽에 연나라를 세울 수는 없다. 사마정이 색은 에서 계薊(북경)에 자리 잡았다고 말했지만, 이는 아무리 빨라도 전국시대 이후 소왕昭王 이후에나 가능했던 일이다. 〈조세가〉에 그 내용이 자세히 나온다.

② 北燕북연

집해 《세본》에서 북연北燕에 자리 잡았다고 한다. 송충은 "남연南燕이 있으므로 북연이라 했다."라고 한다.

世本曰 居北燕 宋忠曰 有南燕 故云北燕

신주 남연은 길성姞姓의 나라인데, 황제의 후예인 길백조姞伯鯈가 지금의 하남성 신향시 연진 동북쪽에 세웠다. 진秦나라는 이곳에 연현蜎蠉을 설치했다. 당나라 공영달孔穎達(574~648)은 "남연국은 길성으로 황제의 후예다. 시조는 백조인데, 나라가 작아서 세가世家가 없으므로 그 군주를 알 수 없다."라고 말했다. 북연은 이 남연의 북쪽에 있어서 이름 지어졌을 것이다.

성왕成王이 재위에 있을 때 소왕은 삼공三公이 되었다. 섬陝① 땅에서 서쪽은 소공이 주관하고 섬 땅에서 동쪽은 주공周公이 주관했다. 성왕은 어렸기 때문에 주공이 섭정하면서 천자의 지위로 국정을 담당하자 소공이 의심하고 〈군석君奭〉②을 지었다. 〈군석〉에서는 주공③을 달갑게 여기지 않았다.

其在成王時 召王爲三公 自陝①以西 召公主之 自陝以東 周公主之 成王旣幼 周公攝政 當國踐祚 召公疑之 作君奭② 君奭不說周公③

① 陝섬

집해 하휴가 말했다. "섬陝은 아마 지금의 홍농군 섬현이 맞을 것이다."

何休曰 陝者 蓋今弘農陝縣是也

② 君奭군석

집해 공안국이 말했다. "높이는 것을 군君이라고 하고, 옛날의 일을 나열해 알린 것이므로 편이라고 불렀다."

孔安國曰 尊之曰君 陳古以告之 故以名篇

신주 지금 《상서》에 〈군석〉이 있다.

③ 周公주공

집해 마융이 말했다. "소공은 주공이 이미 섭정하면서 태평을 이루어 공이 문왕과 무왕에 짝했다가 다시 신하의 지위에 반열한 것을 마땅치 않게 여겼다. 그래서 달가워하지 않았다. 그리고 주공이 진실로 총애를 탐한다고 여겼다."

馬融曰 召公以周公旣攝政致太平 功配文武 不宜復列在臣位 故不說 以爲周公苟貪寵也

신주 마융의 의견은 살짝 초점이 빗나간 것으로 보인다. 주공은 왕위를 찬탈하려 한다는 의심을 많이 받았고 여기 본문도 그런 의미로 쓰였다고 보인다.

> 주공이 이에 일컬어 말했다.
> "탕 임금이 계실 때는 이윤伊尹이 있어서 황천皇天을 지극하게 대했다.① 태무太戊 때는 이척伊陟과 신호臣扈가 상제를 지극하게 대하고 무함巫咸이 왕가를 다스렸다.② 조을祖乙 시대는 무현巫賢③ 같은 사람이 있었고, 무정武丁 때는 감반甘般④ 같은 사람이 있었다. 오직 이들을 거느리고, 또 포진시켜 보호하고 다스리게 했으니 은나라가 보호받게 된 것이다.⑤"
> 그제야 소공이 달가워했다.
> 周公乃稱湯時有伊尹 假于皇天① 在太戊時 則有若伊陟臣扈 假于上帝 巫咸治王家② 在祖乙時 則有若巫賢③ 在武丁時 則有若甘般④ 率維茲有陳 保乂有殷⑤ 於是召公乃說

① 假于皇天가우황천

집해 공안국이 말했다. "이지伊摯가 탕湯을 보좌해 공이 하늘에 이르러 태평을 이룬 것을 말한다." 정현이 말했다. "황천은 북극의 천제다."
孔安國曰 伊摯佐湯 功至大天 謂致太平也 鄭玄曰 皇天 北極天帝也

② 則有若伊陟臣扈～巫咸治王家칙유약이척신호～무함치왕가

집해 공안국이 말했다. "이척伊陟과 신호臣扈가 이윤伊尹의 직분을 수행하며 그의 군주에게 선조의 사업을 무너뜨리지 않도록 했다. 그러므로 하늘에 이르는 공이 있어 무너지지 않았다. 무함巫咸이 왕가를 다스렸다는 것은 그가 이척이나 신호에는 미치지 못했다는 말이다." 마융이 말했다. "도道가 상제에게 이르러 천시天時를 받들었다는 것을 이른다." 정현이 말했다. "상제는 태미太微 안에서 통제하는 것이다."

孔安國曰 伊陟臣扈率伊尹之職 使其君不隕祖業 故至天之功不隕 巫咸治王家 言其不及二臣 馬融曰 道至于上帝 謂奉天時也 鄭玄曰 上帝 太微中其所統也

③ 巫賢무현

집해 공안국이 말했다. "당시의 어진 신하로 무현 같은 이가 있었다. 현賢은 무함巫咸의 아들이고 무巫는 씨다."

孔安國曰 時賢臣有如此巫賢也 賢 咸子 巫 氏也

④ 甘般감반

집해 공안국이 말했다. "고종高宗이 즉위하자 감반이 보좌했다. 뒤에는 부열傅說이 있었다."

孔安國曰 高宗即位 甘般佐之 後有傅說

신주 고종은 은왕 무정武丁이다.

⑤ 率維茲有陳保乂有殷솔유자유진보애유은

집해 서광이 말했다. "다른 판본에는 이 아홉 글자가 없다." 살펴보니 왕숙이 말했다. "이 여러 신하가 차례로 벌여놓은 공이 있어 편안하게 다스려져 은나라가 있게 되었다."

徐廣曰 一無此九字 駰案 王肅曰循此數臣 有陳列之功 安治有殷也

소공은 서방西方을 다스리면서 백성을 깊게 화합시켰다. 소공이 향鄕과 읍邑을 순행하는데 감당나무①가 있었다. 그 나무 아래서 옥사를 판단하고 정사를 했다. 후작이나 백작부터 일반 백성에 이르기까지 각각 그 할 바를 알게 하여 직분을 잃은 자가 없었다. 소공이 죽자 백성은 소공의 정치를 사모하여 감당나무를 감히 베어내지 못하고 이를 노래해 〈감당甘棠〉이란 시를 지었다.

召公之治西方 甚得兆民和 召公巡行鄕邑 有棠樹① 決獄政事其下 自侯伯至庶人各得其所 無失職者 召公卒 而民人思召公之政 懷棠樹不敢伐 哥詠之 作甘棠之詩

① 棠樹당수

정의 지금의 당리수棠梨樹다. 《괄지지》에서 말한다. "소백묘召伯廟는 낙주 수안현 서북쪽 5리에 있다. 소백이 감당나무 아래에서 하소연을 들었는데, 주나라 사람들은 이를 사모하여 그 나무를 베지 않았고, 후세 사람들은 그의 덕을 그리워하다가 이로 인해서 묘廟를 세웠다. 감당나무가 있는 구곡성 동쪽 언덕 위에 터가 남아 있다."

今之棠梨樹也 括地志云 召伯廟在洛州壽安縣西北五里 召伯聽訟甘棠之下 周人思之 不伐其樹 後人懷其德 因立廟 有棠在九曲城東皐上

소공부터 아래로 9세, 혜후惠侯에 이르렀다.① 연나라 혜후는 주나라 여왕厲王이 체彘 땅으로 달아난 공화의 시기에 해당한다.
自召公已下九世至惠侯① 燕惠侯當周厲王奔彘 共和之時

① 自召公已下九世至惠侯자소공이하구세지혜후

색은 아울러 국사國史를 이전에 분실했다. 또 혜후惠侯로부터 아래도 모두 이름이 없고 또한 소속을 말하지 않았다. 오직 소왕昭王 부자만 이름이 있다. 대개 전국시대에 있어서 주변에 있던 다른 나라의 서술에서 보일 뿐이다. 연나라는 42대에 걸쳐 두 사람의 혜후가 있고, 두 사람의 희후釐侯가 있고, 두 사람의 선후宣侯가 있고, 세 사람의 환후桓侯가 있고, 두 사람의 문후文侯가 있는데, 아마 국사가 미약하고 본래의 시호를 잃었으므로 중복되었을 따름인 듯하다.
竝國史先失也 又自惠侯已下皆無名 亦不言屬 惟昭王父子有名 蓋在戰國時旁見他說耳 燕四十二代有二惠侯 二釐侯 二宣侯 三桓侯 二文侯 蓋國史微失本謚 故重耳

신주 사마정이 색은 에서 분석한 것처럼 연나라 군주 계보는 믿을 수가 없다. 사마천은 〈연소공세가〉와 〈십이제후연표〉를 작성하면서 남연과 북연조차 구분하지 않아서 그 혼란이 더 가중되었다. 연나라 군주 계보는 남연과 북연의 계보가 뒤섞였을 가능성이 많다. 전국시대 초기 문공文公 이후부터 신빙할 수 있을 것이다. 연나라 계보의 이런 혼란에 대해 《사기지의》에서는 다음과 같이 말하고 있다.

"연나라 군주 이름은 모두 고찰할 수 없고 시호도 같은 게 많다. '후'라 칭하고 '공'이라고 칭한 것은 자못 믿기에 부족한데, 설명은 〈십이제후연표〉 안에 골고루 있다. 별도로 의심나는 것이 있으니, 〈연소공세가〉에서 혜후부터 양공襄公에 이르기까지는 아들이 아버지를 이었다고 한다. 환공桓公부터 문공文公에 이르기까지는 중간에 오직 의공懿公이 죽고 아들 혜공이 선 것만 있고, 그 나머지는 모두 어느 군주의 아들인지 서술하지 않았다."

아울러 〈십이제후연표〉에서 말한 내용이다.

"《사기》에서 기록한 연나라 군주의 시호는 혜惠와 환桓이 각각 셋이고, 희釐, 선宣, 소昭, 효孝, 문文이 각각 둘이다.(《색은》에서 인용한 《세본》에 근거하면 민공閔公도 둘이다.) 그 오류는 의심할 것이 없고 시호를 정한 연유가 자세하지 않다. ……(중략)…… 《좌전》 소공 12년에 '제나라 고언高偃이 북연백관北燕伯款을 들이려고 당진唐晉에 갔다.'라고 했으니, 이는 춘추시대에 연나라는 아직 백伯이라 칭했다는 증거다. 연나라 성공成公은 주나라 정왕定王과 고왕考王 시대에 해당하는데, 《색은》에서 인용한 《죽서기년》에는 성후成侯라고 한다. 연나라 문공文公은 주나라 현왕顯王 시대에 해당하는데, 《전국책》에서는 문후라고 한다. 이는 전국시대 연나라가 다만 후로 호칭을 고친 증거이니, 어찌 〈십이제후연표〉와 〈육국연표〉 및 〈연소공세가〉에 기록된 것과 같아지겠는가."

혼란스러운 기록

혜후惠侯가 죽고 아들 희후釐①侯가 계승했다. 이해에 주나라 선왕宣王이 처음 즉위했다.②

희후 21년, 정나라 환공桓公이 처음으로 정나라에 봉해졌다.

36년, 희후가 죽고 아들 경후頃侯가 계승했다.

경후 20년(서기전 771), 주나라 유왕幽王이 음란해 견융犬戎에게 시해당했다. 진秦나라가 처음으로 반열이 제후가 되었다.

24년, 경후가 죽고 아들 애후哀侯가 계승했다.

애후는 2년에 죽고 아들 정후鄭侯가 계승했다.③

정후는 36년에 죽고 아들 목후繆侯가 계승했다.

惠侯卒 子釐侯立① 是歲 周宣王初即位② 釐侯二十一年 鄭桓公初封於鄭 三十六年 釐侯卒 子頃侯立 頃侯二十年 周幽王淫亂 爲犬戎所弒 秦始列爲諸侯 二十四年 頃侯卒 子哀侯立 哀侯二年卒 子鄭侯立③ 鄭侯三十六年卒 子繆侯立

① 釐희

정의 釐의 발음은 '희僖'이다.

鼇音僖

② 周宣王初即位주선왕초즉위

신주 〈십이제후연표〉에 따르면 희후 원년은 선왕 2년에 해당한다.

③ 鄭侯立정후립

색은 살펴보니 《시법》에는 정鄭이 없다. 정鄭은 혹 이름이 맞을 것이다.

按 諡法無鄭 鄭或是名

> 목후 7년은 노나라 은공隱公 원년이다.
> 18년, 목후가 죽고 아들 선후宣侯①가 계승했다.
> 선후는 13년에 죽고 아들 환후桓侯②가 계승했다.
> 환후는 7년에 죽고③ 아들 장공莊公이 계승했다.
> 繆侯七年 而魯隱公元年也 十八年卒 子宣侯①立 宣侯十三年卒 子桓侯②立 桓侯七年卒③ 子莊公立

① 宣侯선후

색은 초주가 말했다. "《세본》에는 연나라가 선후宣侯부터 그 이상은 모두 부자父子가 서로 전했지만 이름을 언급하지 않았다. 그리고 〈연세가〉에는 환후桓侯 이하는 나란히 소속을 언급하지 않아서 옛것을 밝히기 어렵다." 살펴보니 지금 《세본》에는 연나라 세계가 없다. 송충은 태사공의 《사기》에 의지해 그 빠진 것을 보충했는데, 얼마 후 서광은 《사기음의》를 만들고 일찍이 《세본》을 인용했으니 아마 근대(당나라 무렵)에 비로소 산일되었을 뿐이다.

譙周曰 系本謂燕自宣侯已上皆父子相傳無及 故系家桓侯已下竝不言屬 以其難明故也 按 今系本無燕代系 宋忠依太史公書以補其闕 尋徐廣作音尙引系本 蓋近代始散佚耳

② 桓侯환후

집해 서광이 말했다. "《고사고》에 따르면 '〈연세가〉에서 선후宣侯부터 아래로는 소속을 설명하지 않아서 옛것을 밝히기 어렵다.'라고 한다."

徐廣曰 古史考曰世家自宣侯已下不說其屬 以其難明故也

③ 桓侯七年卒환후칠년졸

집해 《세본》에서 말한다. "환후는 임역으로 옮겼다고 한다." 송충이 말했다. "지금 하간군 역현이다."

世本曰 桓侯徙臨易 宋忠曰 今河間易縣是也

신주 현재 《세본》에는 이 내용이 없어져서 전하지 않는다. 〈십이제후연표〉에 환후는 서기전 697년~691년까지 재위한 것으로 나타난다. 춘추시대 연나라는 아주 작은 소국에 불과해서 그 강역이 북경 부근에서 제나라까지 이를 정도로 큰 나라일 수 없다. 춘추시대에서 전국시대 중기까지 한漢나라 시대의 중산군 일대와 하간군 서북부 및 탁군 일대는 북융北戎 또는 산융山戎이라 불리던 융족의 영역으로서 그들이 세운 국가가 중산국이다. 연나라가 역易 일대에 자리 잡은 것은 조나라에게 그 땅을 할양받은 이후다. 〈조세가〉에 설명이 자세히 나온다. 《세본》의 주장이 맞다 하더라도 역易이란 지명 자체는 원래 도읍에서 옮겨졌을 가능성이 크다. 담기양의 《중국역사지도집》에는 하북성 보정시 동북쪽에 임역(역수易水의 웅현雄縣)이 있고, 서쪽의 태항산맥 주변에는 북융北戎이 있는 것으로 표시되어 있다. 이때 연나라는 영역이 작은 소국이었음을 알 수 있다.

> 장공 12년, 제나라 환공桓公이 처음으로 패자覇者가 되었다.
> 16년, 송나라와 위衛나라가 함께 주나라 혜왕惠王을 공격했다. 혜왕이 온溫 땅으로 달아나자, 혜왕의 아우 퇴穨를 세워 주왕周王으로 삼았다.①
> 17년, 정나라에서 연나라 중보仲父를 체포하고 혜왕을 주나라로 들어가게 했다.②
> 莊公十二年 齊桓公始霸 十六年 與宋衛共伐周惠王 惠王出奔溫 立惠王弟穨爲周王① 十七年 鄭執燕仲父而内惠王于周②

① 立惠王弟穨爲周王입혜왕제퇴위주왕

집해 초주가 말했다. "《춘추전》을 살펴보니 연나라와 자퇴子穨가 함께 주혜왕을 쫓아갔는데 이 연나라는 남연南燕의 길성姞姓이다. 〈연소공세가〉에서 북연이라 여긴 것은 잘못이다."

譙周曰 按春秋傳 燕與子穨逐周惠王者 乃南燕姞姓也 世家以爲北燕 失之

색은 초주는 《좌전》에 의거해 연과 위衛가 주혜왕을 정벌했는데 이것은 남연의 길성이라고 했지만, 〈연세가〉에서는 북연백北燕伯이라고 여겼다. 그러므로 《고사고》에서는 이 연나라는 길성이라고 했다. 지금 《좌전》을 검토하니, 장공 19년에 위나라 군사와 연나라 군사가 주나라를 공격하고, 20년에서는 "연나라 중보仲父를 붙잡았다."라고 했다. 30년에 "제나라에서 산융을 공격했다."라고 하는데, 《좌전》에서는 "산융을 정벌하려 꾀했는데, 그들이 연나라를 괴롭혔기 때문이다."라고 했다.

《좌전》의 문장이나 이곳의 기록에 의거하면, 이는 원래 북연으로 의심할 수 없다. 두예는 망령되게 중보仲父를 남연백南燕伯이라고 하고 주나라를 공격한 이유를 설명했다. 또 연나라와 위衛나라는 함께 희성이다. 그러므로 주나라를 공격하고 왕을 들어가게 한 일이 있었다. 만약 이것이 길성의 연나라가 위나라와 더불어 주나라를 공격한 것이라면 정나라에서 어찌 홀로 연나라를 공격하고 위나라는 공격하지 않았겠는가.

譙周云據左氏燕與衛伐周惠王乃是南燕姞姓 而系家以爲北燕伯 故著史考云此燕是姞姓 今檢左氏莊十九年衛師燕師伐周 二十年傳云執燕仲父 三十年齊伐山戎 傳曰謀山戎 以其病燕故也 據傳文及此記 元是北燕不疑 杜君妄說仲父是南燕伯 爲伐周故 且燕衛俱是姬姓 故有伐周納王之事 若是姞燕與衛伐周 則鄭何以獨伐燕而不伐衛乎

신주 사마정은 색은 에서 두예가 중보를 남연의 제후로 본 것이 잘못이라고 비판했지만, 오히려 사마정의 논리에도 문제가 많다. 이 사건은 위나라가 혜왕에 불만을 가져 시작된 것이다. 천자의 땅을 끼고 있던 정나라는 이 다툼에 끼어들어 혜왕을 지지했으며, 동쪽의 소국 남연만 공격했을 뿐이다. 북연을 가려면 위나라를 통과해야 하는데, 정나라의 군사력으로 위나라를 통과할 수 없었다. 또 위나라는 누가 주왕이 되든지 큰 관심이 없었고, 이 때문에 혜왕은 쉽게 복위할 수 있었다. 북연이 주나라와 같은 희성姬姓이므로 연합작전을 펼칠 수도 있었겠지만, 이 사건에 등장하는 연은 남연으로 보는 것이 더 신빙성이 높다.

② 內惠王于周내혜왕우주

신주 혜왕이 주나라로 다시 들어간 것은 이듬해인 장공 18년이다.

27년, 산융이 와서 연나라를 침략하자 제나라 환공이 연나라를 구원하고 마침내 북쪽으로 산융을 공격하고 돌아왔다. 연나라 군주가 제환공을 전송하러 국경을 넘어오자 환공은 연나라 군주가 이른 곳까지 떼어서 연나라에 주었다.[①] 연나라로 하여금 천자에게 공물을 바치게 하고, 성주成周 시대 직분과 같이 연나라에는 시조 소공의 법을 부활하여 행하게 했다.

33년, 장공이 죽고 아들 양공襄公이 계승했다.

二十七年 山戎來侵我 齊桓公救燕 遂北伐山戎而還 燕君送齊桓公出境 桓公因割燕所至地予燕[①] 使燕共貢天子 如成周時職 使燕復修召公之法 三十三年卒 子襄公立

① 桓公因割燕所至地予燕환공인할연소지지여연

정의 予의 발음은 '여與'이다. 《괄지지》에서 말한다. "연류燕留 고성은 창주 장로현 동북쪽 17리에 있다. 곧 제환공이 도랑을 나누고 연나라 군주가 이른 땅을 연나라에 주었다. 이로 인하여 여기에 성을 쌓았으므로 '연류燕留'라고 부른다."

予音與 括地志云 燕留故城在滄州長蘆縣東北十七里 即齊桓公分溝割燕君所至地與燕 因築此城 故名燕留

신주 창주는 발해군 일대다. 《수서》 〈지리지〉에 보면 하간군 소속인데, 하간군은 발해군 서쪽이므로 그 일대임은 변함없다. 연장공 27년에 황하 물줄기는 현재 장수漳水였다. 60년쯤 뒤에 황하는 물줄기를 바꿔 지금 청하清河로 흐른다. 청하는 장수 동쪽에 있고 대체로 하간군과 발해군을 가른다. 아마 연장공은 이곳까지 와서 제환공을 만났을 것이다.

연나라가 당시 북경 부근을 중심으로 삼았다면 그 강역은 춘추시대의 어느 나라 못지 않게 큰 나라가 되니 산융의 공격을 받고 굳이 제나라에 구원을 요청했을 까닭도 없다. 또 북경 지역인 계薊에서 창주까지 연나라 군주가 제환공을 전송하러 오기도 힘들다. 하간군과 발해군 북부는 지금은 육지지만 당시는 황하 출구로 상당 부분은 바다와 늪지였다. 전국시대 중기까지 연나라는 결코 그쪽을 넘어갈 수 없었다. 더 자세한 것은 〈조세가〉에 나온다. 담기양의 《중국역사지도집》에는 해안선이 지금보다는 육지 쪽으로 들어가 있는 것으로 그려져 있지만, 지금의 창주 치소까지는 아니다. 연나라 강역은 중국 고대사의 수수께기를 푸는 중요한 열쇠다.

양공 26년, 진晉나라 문공이 천토踐土에서 회맹을 갖고 패자覇者로 일컬었다.
31년, 진秦나라 군사가 효산에서 무너졌다.
37년, 진秦나라 목공穆公이 죽었다.
40년, 양공이 죽고 환공桓公이 계승했다.
환공은 16년에 죽고① 선공宣公이 계승했다.
선공은 15년에 죽고 소공昭公이 계승했다.

소공은 13년에 죽고 무공武公이 계승했다. 이해에 진晉나라에서 극씨郄氏 대부들 세 명을 멸했다.[②]

襄公二十六年 晉文公爲踐土之會 稱伯 三十一年 秦師敗于殽 三十七年 秦穆公卒 四十年 襄公卒 桓公立 桓公十六年卒[①] 宣公立 宣公十五年卒 昭公立 昭公十三年卒 武公立 是歲晉滅三郤大夫[②]

① 桓公立 桓公十六年卒환공립 환공십육년졸

색은 초주는 〈연소공세가〉에서 "양백襄伯이 선백宣伯을 낳았는데 환공桓公은 없다."라고 한다. 지금 《사기》를 살펴보니 나란히 '환공은 16년 재위'라고 했다. 또 송충은 이 사료에 근거해서 〈연소공세가〉에 또한 환공이 있다고 보충했다. 이는 윤남(초주)이 본 것과 다른 본인데, 곧 이것은 연나라에 세 명의 환공桓公이 있는 것이다.

譙周云系家襄伯生宣伯 無桓公 今檢史記 竝有桓公立十六年 又宋忠據此史補系家亦有桓公 是允南所見本異 則是燕有三桓公也

신주 《사기지의》에 따르면 초주가 본 것은 〈연소공세가〉가 아니라 《세본》일 것이다. 사마정이 잘못 인용했을 것이라고 하는데, 이 분석이 옳을 것이다.

② 是歲晉滅三郤大夫시세진멸삼극대부

신주 〈십이제후연표〉에 따르면 소공 13년은 진여공厲公 7년에 해당한다. 〈진세가〉 본문에는 여공 8년에 세 극씨를 살해하는 것으로 되어 있는데, 7년이 맞을 것이다. 자세한 것은 〈진세가〉 주석에 있다.

무공은 19년에 죽고 문공이 계승했다.
문공은 6년에 죽고 의공懿公이 계승했다.
의공 원년, 제나라 최저가 그의 군주 장공莊公을 시해했다.
4년, 의공이 죽고 아들 혜공惠公이 계승했다.
혜공 원년, 제나라 고지高止가 도망쳐 왔다.
6년, 혜공은 희송姬宋을 많이 총애했는데, 혜공이 여러 대부를 제거하고 총애하는 희송을 군주로 세우고자 했다. 이에 대부들이 함께 희송을 죽이자① 혜공이 두려워서 제나라로 달아났다.
4년 만에 제나라 고언高偃이 진晉나라에 가서 함께 연나라를 정벌하고 그의 군주를 들여보낼 것을 청했다. 진晉나라 평공平公이 허락해 제나라와 더불어 연나라를 공격하고 혜공을 들여보냈다.
혜공은 연나라에 이르러 죽었다.② 연나라에서는 도공悼公을 군주로 세웠다.
武公十九年卒 文公立 文公六年卒 懿公立 懿公元年 齊崔杼弑其君莊公 四年卒 子惠公立 惠公元年 齊高止來奔 六年 惠公多寵姬 公欲去諸大夫而立寵姬宋 大夫共誅姬宋① 惠公懼 奔齊 四年 齊高偃如晉 請共伐燕 入其君 晉平公許 與齊伐燕 入惠公 惠公至燕而死② 燕立悼公

① 大夫共誅姬宋대부공주희송

색은 송宋은 그의 이름이다. 어떤 판본에는 '종宗'으로 되어 있다. 유씨는 말했다. "그의 부형이 정권을 잡았으므로 여러 대부가 함께 멸망시켰다."
宋 其名也 或作宗 劉氏云其父兄爲執政 故諸大夫共滅之

② 惠公至燕而死혜공지연이사

색은 《춘추》 소공 3년에 "북연北燕의 군주 백작 관款이 제나라로 달아났다."라고 한다. 6년에는 또 이르기를 "제나라 군주 후작이 북연을 정벌했다."라고 한다. 하나같이 여기 문장과 합치한다. 《좌전》에는 관款을 들였다는 문장은 없고 장차 간공簡公을 들일 것이라고 했는데 "안자晏子가 연나라 군주는 들어가지 못할 것이라고 했지만 제나라에서 (이듬해에) 마침내 뇌물을 받고 돌아올 수 있었다."라고 했으니 일이 이 기록과 어긋난다. 또 관款은 간공簡公이 된다. 간공은 혜공과의 거리가 거의 5대인즉 《춘추경전》과 서로 맞지 않으니, 억지로 말할 수는 없을 것이다.

春秋昭三年北燕伯款奔齊 至六年 又云齊伐北燕 一與此文合 左傳無納款之文 而云將納簡公 晏子曰 燕君不入矣 齊遂受賂而還 事與此乖 而又以款爲簡公 簡公去惠公已五代 則與春秋經傳不相協 未可強言也

신주 《춘추경전》에 따르면 도망친 것은 간공簡公이니 〈연소공세가〉에서 당시 군주가 '혜공'이라고 한 것과 어긋난다. 연나라 군주는 서기전 539년에 제나라로 달아난다. 서기전 536년 겨울에 제나라와 진나라가 합동으로 연나라 군주를 들이기 위해 연나라를 공격한다. 이때는 노나라 소공 6년이고, 제경공齊景公 12년이며, 진평공晉平公 22년이다. 하지만 들이지 못하고, 이듬해 초에 제나라는 연나라의 뇌물을 받고 군사를 돌린다. 그런즉 《춘추경전》에 따르면 연나라 군주(혜공 혹은 간공)가 도망하자, 연나라는 이미 다른 군주를 세웠다. 사마천이 기록한 연나라 기년은 혼란스러운 부분이 적지 않은데 이것도 그중 하나다.

도공은 7년에 죽고 공공共公이 계승했다.
공공은 5년에 죽고 평공平公이 계승했다. 진晉나라 공실이 낮아지고 육경六卿이 비로소 강대해졌다.
평공 18년, 오나라 왕 합려가 초나라를 쳐부수고 영郢으로 쳐들어갔다.
19년에 평공이 죽고 간공簡公이 계승했다.
간공은 12년에 죽고 헌공獻公이 섰다.① 진晉나라 조앙趙鞅이 범씨范氏와 중항씨中行氏를 조가에서 포위했다.②
헌공 12년, 제나라 전상田常이 그의 군주 간공簡公을 시해했다.
14년, 공자孔子가 세상을 떠났다.
28년, 헌공이 죽고 효공孝公이 계승했다.
悼公七年卒 共公立 共公五年卒 平公立 晉公室卑 六卿始彊大 平公十八年 吳王闔閭破楚入郢 十九年卒 簡公立 簡公十二年卒 獻公立① 晉趙鞅圍范中行於朝歌② 獻公十二年 齊田常弑其君簡公 十四年 孔子卒 二十八年 獻公卒 孝公立

① 簡公立～獻公立간공립～헌공립

색은 왕소가 《죽서기년》을 살펴보니 간공 뒤에는 효공이 다음이고 헌공은 없다. 그러나 《죽서기년》의 글은 거짓과 오류가 많아서 애오라지 기록이 다를 뿐이다.

王劭按紀年 簡公後次孝公無獻公 然紀年之書多是僞謬 聊記異耳

신주 현대의 연구가들은 군주들의 순서를 《사기》보다 《죽서기년》을 더 신뢰하고 있다. 특히 금석문 등이 발굴되어 그 신뢰도는 계속 올라가

고 있다. 연나라 계보는 사서별로 서로 다른 면이 많으나 전국시대 중기 문공文公 이후부터는 대체로 신뢰할 만하다.

② 晉趙鞅圍范中行於朝歌진조앙위범중행어조가

신주 〈십이제후연표〉와 《좌전》에 따르면 조앙이 조가를 처음 포위한 것은 진정공晉定公 18년이고 20년까지 계속된다. 연나라 간공 11년부터 헌공 원년까지 해당한다.

효공孝公 12년(서기전 453), 한, 위, 조씨가 지백知伯①을 멸하고 그의 땅을 나누어 삼진三晉이 강력해졌다.
15년, 효공이 죽고 성공成公②이 계승했다.
성공은 16년에 죽고 민공湣公이 계승했다.
민공은 31년에 죽고 희공釐公③이 계승했다. 이해(서기전 403)에 삼진三晉이 제후에 반열되었다.④
孝公十二年 韓魏趙滅知伯① 分其地 三晉彊 十五年 孝公卒 成公②立 成公十六年卒 湣公立 湣公三十一年卒 釐公③立 是歲 三晉列爲諸侯④

① 知伯지백

색은 《죽서기년》을 살펴보니 지백이 멸망한 것은 성공 2년이다.

按紀年 智伯滅在成公二年也

신주 《죽서기년》으로 따지니 성공 2년이라는 말이다. 〈연소공세가〉와 〈육국연표〉로는 효공 12년이다.

② 成公성공

색은 《죽서기년》을 살펴보니 성공의 이름은 '재載'이다.

按紀年 成公名載

③ 釐公희공

색은 〈육국연표〉에는 희후 '장莊'이라고 했다. 서광이 말했다. "다른 판본에는 '장莊' 자가 없다." 살펴보니 연나라에서는 기년과 군주의 이름을 분실하였으니, 〈육국연표〉에서 '장莊' 자를 말한 것은 덧붙여진 글자이다.

年表作釐侯莊 徐廣云一無莊字 按 燕失年紀及其君名 表言莊者 衍字也

신주 중화서국본에는 '장莊' 자가 없다.

④ 三晉列爲諸侯삼진열위제후

색은 《죽서기년》을 살펴보니 "문공은 24년에 죽고 간공簡公이 계승했으며, 13년에 삼진이 읍에 책명을 받아 제후가 되었다."라고 하여, 이 문장과 같지 않다.

按紀年作文公二十四年卒 簡公立 十三年而三晉命邑爲諸侯 與此不同

희공 30년, 제나라를 공격해서 임영林營[①]에서 무찔렀다. 희공[②]이 죽고 환공桓公이 계승했다.

환공은 11년에 죽고 문공文公[③]이 계승했다. 이해에 진秦나라 헌공獻公이 죽었다. 진秦나라는 더욱 강력해졌다.

釐公三十年 伐敗齊于林營[①] 釐公[②]卒 桓公立 桓公十一年卒 文公[③]立 是歲 秦獻公卒 秦益彊

① 林營임영

색은 임영은 지명이다. 일설에서는 "임林은 지명이다. 임林 땅에 영營을 세웠으므로 임영林營이라 했다."라고 한다.

林營 地名 一云林 地名 於林地立營 故曰林營也

신주 어느 곳인지 알 수 없다. 〈육국연표〉에서는 '임고林孤'라고 한다. 또 〈육국연표〉에서는 제나라 위왕 6년이라고 하는데, 수정하면 제나라 환공桓公 오午 2년이다.

② 釐公희공

색은 《죽서기년》에는 "간공은 45년에 죽었다."라고 되어 있는데 망령되다. 살펴보니 위에서 간공簡公이 헌공獻公을 낳았다고 했으니, 즉 이는 희공釐公이어야 마땅하다. 단지 《죽서기년》에서 또 잘못했을 뿐이다.

紀年作簡公四十五年卒 妄也 按 上簡公生獻公 則此當是釐 但紀年又誤耳

신주 사마정이 말한 뜻은 《죽서기년》대로 하면 '간공→환공'으로 이어져 〈연세가〉에서 말한 '간공→희공→환공'이 아니게 된다. 그러므로 간공이 45년에 죽었다는 《죽서기년》의 기록이 잘못이라는 것이다. 현대 《중국역사기년표》에서는 간공을 45년으로 잡고 희공이 빠졌으며, 환공은 8년으로 줄었다. 문공부터는 〈연세가〉와 동일하다.

③ 文公문공

색은 《세본》에서는 이미 위에 문공文公을 민공閔公으로 삼았으니, 즉 '민湣'과 '민閔'은 동일하고 위 의공懿公의 아버지 시호는 문공文公이었다.
系本已上文公爲閔公 則湣與閔同 而上懿公之父謚文公

신주 연나라 군주의 시호와 재위 기간은 문공 이후 기록부터 정확하다.

문공 19년, 제나라 위왕威王이 죽었다.
28년, 소진蘇秦①이 처음으로 유세하러 와서 문공을 설득했다. 문공은 (소진에게) 수레와 말과 금과 비단을 주고 조趙나라에 이르게 했다. 조나라에서는 숙후肅侯가 소진을 등용했다. 이에 따라 6국(제, 연, 초, 한, 위魏, 조)이 맹약하게 하고, 조나라는 합종의 우두머리가 되었다.②
진秦나라 혜왕惠王은 그의 딸을 연나라 태자의 부인으로 삼아주었다.
文公十九年 齊威王卒 二十八年 蘇秦①始來見 說文公 文公予車馬金帛以至趙 趙肅侯用之 因約六國 爲從長② 秦惠王以其女爲燕太子婦

① 蘇秦소진

신주 전국시대 유세가로 낙양 사람이다. 진秦나라에 맞서려면 6국이 합종해야 한다고 주장했는데, 6국의 재상이 되었다. 〈소진열전〉에 자세히 나온다.

② 爲從長위종장

정의 從의 발음은 '종[足從反]'이고, 長의 발음은 '장[丁丈反]'이다.
從 足從反 長 丁丈反

신주 곧 소진이 제창한 합종책의 우두머리를 조나라가 맡았다. 조나라 숙후 시기인데, 숙후가 죽고 뒤를 이은 무령왕 8년에 6국이 진秦나라를 공격했으나 실패한다. 그러나 〈초세가〉에 따르면 실제로는 초나라 회왕懷王이 우두머리였다고 한다.

29년, 문공이 죽고 태자가 계승했으니, 이이가 역왕易王이다.
역왕이 처음 즉위하자 제나라 선왕宣王[1]은 연나라가 상중喪中인 것을 계기로 연나라를 정벌해 10개의 성을 빼앗았다. 소진이 제나라를 설득해 연나라의 10개의 성을 다시 돌려주게 했다.[2]
(역왕) 10년, 연나라 군주가 왕王이라고 했다.[3]
소진은 연나라 문공의 부인과 몰래 간통하고는 주벌을 두려워했으며, 이에 왕을 설득해 제나라에 사신으로 가서 반간反閒[4]이 되어 제나라를 어지럽히고자 했다.
역왕은 즉위한 지 12년에 죽고 아들 연왕燕王 쾌噲가 계승했다.
二十九年 文公卒 太子立 是爲易王 易王初立 齊宣王[1]因燕喪伐我 取十城 蘇秦說齊 使復歸燕十城[2] 十年 燕君爲王[3] 蘇秦與燕文公夫人私通 懼誅 乃說王使齊爲反閒 欲以亂齊[4] 易王立十二年卒 子燕噲立

① 齊宣王제선왕

신주 역왕 원년에 해당하는 제나라 군주는 선왕이 아니라 실제 위왕威

王 25년이다. 사마천이 제나라 군주 기년을 잘못 기록한 탓이다.

② 使復歸燕十城사복귀연십성

신주 역왕易王은 진秦의 사위이므로, 소진은 그것에 기대어 제나라를 설득했다. 《전국책》에 자세히 나온다.

③ 燕君爲王연군위왕

색은 군주는 곧 역왕易王이다. 군주가 처음으로 10년에 왕王이라 칭했다는 말이다. 위에서 '역왕'이라고 말했는데 역易은 시호이다. 뒤에 추증한 것을 시호로 기록했을 뿐이다.

君即易王也 言君初以十年即稱王也 上言易王者 易 謚也 後追書謚耳

④ 反間반간

집해 《손자병법》에서 말한다. "반간(이중간첩)이란 적의 간첩을 이용하는 것이다. 무릇 치고자 하는 군대와 공격하고자 하는 성과 죽이고자 하는 사람이 있으면 반드시 먼저 그 지키는 장수와 주변의 알자謁者와 문지기와 심부름꾼의 성명을 알아야 한다. 우리의 간첩에게 반드시 적의 간첩이 와서 우리를 탐색하는 것을 찾아내게 하여 이익으로 매수하고 적에게 놓아 보낸다. 그러면 반간을 이용할 수 있다."

孫子兵法曰 反間者 因敵間而用之者也 凡軍之所欲擊 城之所欲攻 人之所欲殺 必先知其守將左右謁者門者舍人之姓名 令吾間必索敵間之來間我者 因而利導舍之 故反間可得用也

정의 使의 발음은 '시[所吏反]'이고, 間의 발음은 '간[紀莧反]'이다.

使音所吏反 間音紀莧反

멸망 직전에 부활하다

연왕 쾌가 즉위하고 나서 제나라 사람들이 소진을 살해했다.
소진은 연나라에 있을 때, 연나라 재상 자지子之와 더불어 사돈 관계를 맺고 소대蘇代에게 자지子之와 사귀도록 했다. 소진이 죽자 제나라 선왕은 다시 소대를 등용했다.
연왕 쾌 3년, 연나라는 초나라 및 삼진三晉과 더불어 진秦나라를 공격했지만 이기지 못하고 돌아왔다.① 자지는 연나라 재상이 되어 지위가 높아지자 국정을 독단으로 주관했다.
燕噲旣立 齊人殺蘇秦 蘇秦之在燕 與其相子之爲婚 而蘇代與子之交 及蘇秦死 而齊宣王復用蘇代 燕噲三年 與楚三晉攻秦 不勝而還① 子之相燕 貴重 主斷

① 與楚三晉攻秦 不勝而還여초삼진공진 불승이환

신주 조나라가 합종의 우두머리가 되어 진秦나라를 쳤으나 결국 실패한다. 무령왕 8년이다.

소대가 제나라를 위해 연나라에 사신으로 왔는데[①] 연왕이 물었다.

"제나라 왕을 어떻게 생각하는가?"

대답했다.

"결코 패자霸者가 되지 못할 것입니다."

연왕이 말했다.

"어째서인가?"

대답했다.

"그 신하들을 믿지 못하기 때문입니다."

이는 소대가 연나라 왕을 자극해서 자지를 높이게 하기 위해서였다. 이에 연왕이 자지를 크게 신임했다. 자지는 이에 따라 소대에게 100금金[②]을 주고 마음대로 쓰게 했다.

蘇代爲齊使於燕[①] 燕王問曰 齊王奚如 對曰 必不霸 燕王曰 何也 對曰 不信其臣 蘇代欲以激燕王以尊子之也 於是燕王大信子之 子之因遺蘇代百金[②] 而聽其所使

① 蘇代爲齊使於燕소대위제사어연

색은 살펴보니 《전국책》에서 "자지子之가 소대蘇代를 시켜 제나라에 인질을 모셔가게 했고, 제나라에서는 소대를 시켜 연나라에 보고하게 했다."라고 한 것이 이것이다.

按 戰國策曰 子之使蘇代侍質子於齊 齊使代報燕是也

② 百金백금

정의 신찬이 말했다. "진秦나라는 1일溢을 1금金으로 삼았다." 맹강이 말했다. "24냥兩을 일溢이라고 한다."

瓚云 秦以一溢爲一金 孟康云 二十四兩曰溢

> 녹모수鹿毛壽[①]가 연나라 왕에게 말했다.
>
> "나라를 들어 재상 자지에게 선양하는 것이 나을 것입니다. 사람들이 이르기를, 요임금은 어진 자이니 천하를 허유許由[②]에게 선양했는데, 허유는 받지 않았지만 천하를 선양하려 했다는 명성을 얻으면서 실제로는 천하를 잃지 않았습니다. 지금 왕께서 나라를 자지에게 선양하신다면 자지는 반드시 감히 받지 않을 것이니, 이는 왕에게 요임금과 같은 행동이 될 것입니다."
>
> 연왕은 이로 인해 자지에게 나라를 맡겼고, 자지는 크게 지위가 올랐다.[③]
>
> 鹿毛壽[①]謂燕王 不如以國讓相子之 人之謂堯賢者 以其讓天下於許由[②] 許由不受 有讓天下之名而實不失天下 今王以國讓於子之 子之必不敢受 是王與堯同行也 燕王因屬國於子之 子之大重[③]

① 鹿毛壽녹모수

색은 《춘추후어》에는 '조모수厝毛壽'라고 되어 있다. 또 《한비자》에는 '반수潘壽'로 되어 있다.

春秋後語厝毛壽 又韓子作潘壽

집해 서광이 말했다. "다른 판본에는 '조모厝毛'로 되어 있다." 또 이르기를 "감릉현甘陵縣의 본래 명칭이 '조厝'이다."

徐廣曰 一作厝毛 又曰 甘陵縣本名厝

② 許由허유

신주 요임금 때의 은자隱者이다. 요임금이 천하를 전수하겠다고 하자 귀를 더럽혔다고 강물에 귀를 씻었다는 고사가 있다. 《사기지의》에서는 망령된 얘기라고 한다.

③ 大重대중

색은 대중은 존귀한 것을 이른 것이다.

大重謂尊貴也

어떤 이가 말했다.

"우禹임금은 익益을 천거하고 나서도① 계啓②의 사람을 관리로 삼았습니다. 자신이 늙자 계의 사람들로는 천하를 맡기기에 부족하다고 여겨 익에게 전했습니다. 그러자 계는 사귀는 무리들과 익을 공격해 자리를 빼앗았습니다. 천하에서는 우임금이 천하를 익에게 전했다는 명분이 있다지만, 그뿐이고 실상은 계를 시켜서 스스로 빼앗게 한 것이라고 했습니다. 지금 왕께서 나라를 자지에게 맡긴다고 말씀하셨는데, 관리는 태자의 사람들③이 아닌 이가 없으니 이는 자지에게 맡긴다는 명분만 있고 실제로는 태자가 권력을 쥔 것입니다."

或曰 禹薦益 已①而以啓②人爲吏 及老 而以啓人爲不足任乎天下 傳之

於益 已而啓與交黨攻益 奪之 天下謂禹名傳天下於益 已而實令啓自取之 今王言屬國於子之 而吏無非太子人[③]者 是名屬子之而實太子用事也

① 已이

색은 살펴보니 '이已'로써 '익益'에 짝하면 '익이益已'인데 이는 백익伯益이다. 《서경》에는 그 문장이 없으니 어디에서 말미암았는지 알지 못하겠다. 혹 이已는 어종사일 것이다.

按 以已 配益 則益已 是伯益 而經傳無其文 未知所由 或曰已 語終辭

신주 익益은 순舜임금의 신하다. 일설에는 백익伯益이라고 한다.

② 啓계

색은 인人은 신臣과 같다. 계啓의 신하를 익益의 관리로 삼은 것이다.

人猶臣也 謂以啓臣爲益吏

신주 계啓는 우임금의 아들이며 하나라의 계승자다.

③ 人인

색은 '인人' 자는 또한 신하라는 뜻이다.

此人亦訓臣也

연왕은 이에 따라 300석 관리부터 위로 인수를 거두어 자지에게 맡겼다.① 자지는 남면하여 왕의 일을 행하고 쾌는 늙어서 정사를 듣지 못해 도리어② 신하가 되었으니 나라의 일은 모두 자지에게서 결정되었다.

王因収印自三百石吏已上而效之子之① 子之南面行王事 而噲老不聽政 顧爲臣② 國事皆決於子之

① 效효

색은 정현이 말했다. "효效는 바치는 것이다. 도장을 바쳐 자지에게 주었다."

鄭玄云 效 呈也 以印呈與子之

② 顧고

색은 고顧는 반反과 같다. 쾌가 도리어 자지의 신하가 되었다는 말이다. 어떤 판본에 '원願' 자로 된되어 있는데 잘못이다.

顧猶反也 言噲反爲子之臣也 有本作願者 非

(자지) 3년, 나라는 크게 어지러워져서 백성들이 괴롭고① 두려워했다. 장군 시피市被②가 태자 평平과 더불어 모의하고 자지를 공격하려고 하는데, 장수들이 제나라 민왕湣王에게 말했다.③

"이를 기회로 연나라로 쳐들어간다면 연나라는 반드시 무너질 것입니다."

제나라 왕은 이에 따라 사람을 시켜서 연나라 태자 평에게 말했다. "과인이 태자의 의리에 대해 들었는데, 장차 (왕의) 사견을 폐지하고 공론을 세워 군신의 의를 삼가고[④] 부자의 자리를 밝힌다고 하였소. 과인의 나라는 작아서 선후[⑤]가 되기에는 부족하오. 비록 그렇더라도 오직 태자가 시키는 바에 따르겠소."

三年 國大亂 百姓恫[①]恐 將軍市被[②]與太子平謀 將攻子之 諸將謂齊湣王曰[③] 因而赴之 破燕必矣 齊王因令人謂燕太子平曰 寡人聞太子之義 將廢私而立公 飭[④]君臣之義 明父子之位 寡人之國小 不足以爲先後[⑤] 雖然 則唯太子所以令之

① 恫통

색은 恫의 발음은 '통通'이며 괴롭다는 뜻이다. 공恐은 두렵다는 뜻이다.

恫音通 痛也 恐 懼也

② 市被시피

정의 사람의 성명이다.

人姓名

③ 謂齊湣王曰위제민왕왈

신주 《전국책》에서는 선왕宣王이라고 했는데 그것이 맞다. 사마천이 잘못된 제나라 기년을 적용하여 고친 것으로 보인다.

④ 飭칙

정의 飭의 발음은 '칙敕'이다.

飭音敕

⑤ 先後선후

정의 선후는 아울러 거성이다.

先後竝去聲

태자는 이에 따라 무리를 모으고 백성을 모았다. 장군 시피는 공궁公宮을 포위하고 자지를 공격했으나 이기지 못하자 장군 시피와 백성들이 도리어 태자 평을 공격했다. 장군 시피가 전사하자 그 시체를 조리돌렸다. 이로 인한 변란이 수개월 동안 얽혔는데 죽은 자가 수만 명이나 되었고 뭇사람들이 두려워했으며 백성들의 마음이 떠났다. 맹가孟軻가 제나라 왕에게 말했다.

"지금 연나라를 정벌하면 문왕과 무왕의 때①와 같으니 기회를 잃어서는 안 됩니다."

왕은 그로 인해 장자章子②에게 명해 오도五都③의 군사와 북쪽 땅④ 군사를 거느리고 연나라를 정벌하게 했다.

太子因要黨聚衆 將軍市被圍公宮 攻子之 不克 將軍市被及百姓反攻太子平 將軍市被死 以徇 因構難數月 死者數萬 衆人恫恐 百姓離志 孟軻謂齊王曰 今伐燕 此文武之時① 不可失也 王因令章子②將五都③之兵以因北地④之衆以伐燕

① 文武之時문무지시

색은 무왕武王이 문왕文王의 업을 성취하려고 주紂를 정벌했던 때와 같다는 것을 이른다. 그러나 이 말은 《맹자》와 같지 않다.

謂如武王成文王之業伐紂之時 然此語與孟子不同也

신주 맹가孟軻는 전국시대의 맹자孟子를 뜻한다. 지금의 산동성 추성현 동남쪽에 있던 추鄒나라 사람으로 이름은 가軻이고, 자는 자여子輿이며, 노나라 사람이다. 《맹자》 7편의 저서가 있다.

② 章子장자

집해 장자는 제나라 사람이고 《맹자》에 보인다.

章子 齊人 見孟子

색은 살펴보니 《맹자》에서 장자는 제나라 사람이라고 한다.

按 孟子云章子齊人

③ 五都오도

색은 오도는 곧 제나라다. 살펴보니 임치는 오도五都의 하나다.

五都即齊也 按 臨淄是五都之一也

④ 北地북지

색은 북지는 곧 제나라 북쪽 변방이다.

北地即齊之北邊也

사졸들은 싸우지 않았고 성문도 닫지 않았다. 연나라 군주 쾌는 전사하고 제나라가 크게 승리했다. 연나라 자지子之가 망한 지[①] 2년, 연나라 사람들이 함께 태자 평平을 군주로 세웠는데,[②] 이이가 연나라 소왕昭王이다.

士卒不戰 城門不閉 燕君噲死 齊大勝 燕子之亡[①]二年 而燕人共立太子平[②] 是爲燕昭王

① 燕子之亡연자지망

집해 서광이 말했다. "〈육국연표〉에는 군주 쾌를 비롯해 태자와 재상 자지가 모두 죽었다고 한다." 살펴보니 《급총기년》에는 "제나라 사람이 자지를 사로잡아 그 몸으로 젓을 담갔다."라고 한다.

徐廣曰 年表云君噲及太子相子之皆死 駰案 汲冢紀年曰齊人禽子之而醢其身也

② 而燕人共立太子平이연인공립태자평

집해 서광이 말했다. "쾌는 즉위한 지 7년 만에 죽고, 그 9년에 연나라 사람들이 함께 태자 평平을 세웠다."

徐廣曰 噲立七年而死 其九年燕人共立太子平

색은 살펴보니 위 문장에서는 태자 평이 자지子之에 대한 공격을 계획했다고 했다. 〈육국연표〉에서는 군주 쾌와 태자와 재상 자지가 함께 죽었다고 한다. 《죽서기년》에는 자지가 공자 평을 죽였다고 한다. 지금 이 문장에서는 태자 평을 세웠는데 이이가 연소왕이라고 한다. 곧 〈육국연표〉와 《죽서기년》이 잘못된 것이다.

〈조세가〉에서는 무령왕은 연나라가 어지러워졌다는 소식을 듣고 공자 직職을 한나라에서 불러 연왕燕王으로 삼고 악지樂池에게 보내주게 했다고 한다. 내가 또한 생각건대, 〈연소공세가〉에는 조나라에서 공자 직을 보낸 일이 기록에 없으니, 마땅히 멀리서 공자 직을 세워 보냈지만 일은 끝내 성취되지 못한 것인즉, 소왕의 이름은 평平이고 직職이 아닌 것이 분명하다. 진퇴를 참고하면 자세하니, 이는 〈육국연표〉가 이미 잘못되었고, 《죽서기년》은 그로 인해 망령된 설명을 했을 뿐이다.

按 上文太子平謀攻子之 而年表又云君噲及太子相子之皆死 紀年又云子之殺公子平 今此文云立太子平 是爲燕昭王 則年表紀年爲謬也 而趙系家云武靈王聞燕亂 召公子職於韓 立以爲燕王 使樂池送之 裴駰亦以此系家無趙送公子職之事 當是遙立職而送之 事竟不就 則昭王名平 非職明矣 進退參詳 是年表旣誤 而紀年因之而妄說耳

신주 서광이나 사마정의 의견과 달리 현대에 지어진 《고본죽서기년집증》에는 소왕이 공자 직職임을 고증하고 있으며, 특히 연이어 발굴되는 금문金文도 소왕의 이름이 '직'이라고 나온다.

한편, 쾌의 지위 이양부터 소왕이 즉위하기까지의 과정을 살펴보면 다음과 같다.

(1) 연왕 쾌가 3년에 자지에게 권력을 물려주는데 조나라 무령왕 8년에 해당한다.

(2) 자지가 정권을 잡은 지 3년, 연나라에 난리가 일어나고 제나라의 침략을 받게 된다. 무령왕 11년에 해당한다. 〈조세가〉에는 이때 무령왕이 공자 직을 한나라에서 불러 세웠다고 하지만, 조나라 기년이 잘못되었을 가능성이 크다.

(3) 자지 4년, 제나라에서 연나라를 쳐부수고 쾌와 자지와 태자 평까지

모두 죽였다고 한다. 〈육국연표〉와 《죽서기년》에 따르면 조나라 무령왕은 이후로 공자 직을 한나라에서 불러 연왕으로 세웠다.

연나라 소왕昭王은 연나라가 무너진 뒤에 즉위했다. 그는 자신을 낮추고 후한 폐백으로 현명한 이를 초청했다. 곽외郭隗에게 말했다.
"제나라는 나의 나라가 어지러운 것을 빌미로 습격해 연나라를 부수었소. 나의 연나라는 작고 힘이 적어서 보복하지 못할 거라는 것을 잘 아오. 그러나 진실로 현사賢士를 얻어 나라와 함께 선왕先王의 부끄러움을 씻어 내고 싶습니다. 선생께서 훌륭하다고 살핀 자가 있으면 내가 그를 몸소 섬기겠소."
곽외가 대답했다.
"왕께서 반드시 사인士人을 이르게 하고 싶으시다면 먼저 저로부터 시작하십시오.① 그렇게 하시면 하물며 저보다 현명한 이가 어찌 1,000리가 멀다고 여기겠습니까."
이에 소왕은 곽외를 위해 궁을 고쳐 짓고 스승으로 섬기니 악의樂毅가 위魏나라에서 오고, 추연鄒衍②이 제나라에서 왔으며, 극신劇辛이 조趙나라에서 오고, 사인들이 다투어 연나라로 달려왔다. 연왕은 죽은 이를 조문하고 고아를 위문하며 백성과 고락을 함께했다.
燕昭王於破燕之後即位 卑身厚幣以招賢者 謂郭隗曰 齊因孤之國亂而襲破燕 孤極知燕小力少 不足以報 然誠得賢士以共國 以雪先王之恥

孤之願也 先生視可者 得身事之 郭隗曰 王必欲致士 先從隗始[1] 況賢於隗者 豈遠千里哉 於是昭王爲隗改築宮而師事之 樂毅自魏往 鄒衍[2]自齊往 劇辛自趙往 士爭趨燕 燕王弔死問孤 與百姓同甘苦

① 先從隗始선종외시

신주 '선종외시'는 이 사건으로 하나의 고사성어로 발현되었다. 평범한 자를 먼저 후대하면 더 뛰어난 자도 더불어 얻을 수 있다는 뜻이다.

② 鄒衍추연

신주 제나라 출신 음양陰陽 사상가다.

28년, 연나라는 풍성하고 넉넉해졌다.[1] 사졸들은 앞에 서기를 즐기고 날래게 싸웠다. 이에 악의를 상장군으로 삼아 진秦나라와 초나라와 삼진三晉과 계책을 모아 제나라를 공격했다. 제나라 군사가 무너지자 민왕湣王은 밖으로 달아났다.
연나라 군사는 홀로 패주하는 군대를 추격해서 북쪽으로 쳐들어가 임치에 도달했으며, 제나라 보배를 모두 빼앗고 그 궁실과 종묘를 불살랐다. 제나라 성에서 함락되지 않은 곳은 오직 요聊[2]와 거莒와 즉묵卽墨뿐이었다. 그 나머지는 모두 연나라에 귀속되었고 6년간 지속되었다.[3]
二十八年 燕國殷富[1] 士卒樂軼輕戰 於是遂以樂毅爲上將軍 與秦楚三

晉合謀以伐齊 齊兵敗 湣王出亡於外 燕兵獨追北 入至臨淄 盡取齊寶 燒其宮室宗廟 齊城之不下者 獨唯聊[②]莒卽墨 其餘皆屬燕 六歲[③]

① 燕國殷富 연국은부

신주 연소왕 28년은 조나라 혜문왕 5년에 해당하는데, 그때 조나라에서 막鄚과 역易 땅을 할양받는다. 연소왕은 28년 동안 제나라에 대한 복수를 위해 많은 노력을 했다. 각 제후국에서 유능한 인사를 섭외하고 군사력을 키워 서기전 300년경 진개가 조선(동호)을 쳐서 후방을 안정시킨 다음 5개국과 연합하여 제나라를 공격하게 된다. 이로부터 연나라는 동북방으로 진출할 통로를 얻는데, 연나라가 마침내 강해진 것은 그로부터일 것이다. 〈조세가〉에 자세히 나온다.

② 聊요

색은 살펴보니 나머지 편篇이나 《전국책》에는 모두 '요聊' 자가 없다.
按 餘篇及戰國策竝無聊字

신주 사실 연나라가 점령한 지역은 제나라 북부와 수도 임치 일대였으며, 즉묵은 임치에서 동쪽으로 대략 170㎞, 거는 임치에서 남쪽으로 대략 150㎞ 떨어져 있다. 연나라는 즉묵과 거를 거치지 않고는 더 이상 동쪽과 남쪽으로 전진할 수 없다. 제나라 양왕 원년은 연소왕 29년이므로, 이미 즉위하여 거를 중심으로 항전했고, 전단은 동쪽 세력을 이끌고 즉묵을 중심으로 대치하고 있었던 것이다. 단지 두 성만 남았다는 것은 요충지만 남았다는 뜻이든지 일부 과장일 것이다.

또 진秦은 직접 참가하지 않았고 나머지 국가들도 임치가 함락된 뒤부터 모두 변두리를 공략하여 전리품을 챙기며, 서로의 이해관계로 다시 싸우게 되어 제나라에서 손을 뗀다. 연나라만으로는 더 이상 제나라를 공략할 수 없었다. 특히 진나라는 연소왕 29년에 위나라를, 연소왕 32년에 조나라와 초나라를 크게 무찔러 압박하고, 연나라가 다시 무너지는 연혜왕 원년에는 초나라 수도 영郢을 함락하기에 이른다.

③ 於是遂以樂毅~六歲어시수이악의~육세

신주 이 전투는 동방의 강자이던 제나라가 몰락하는 계기가 된 큰 싸움이다. 악의는 일세의 명장으로 그가 군을 잘 지휘하여 휘몰아치기는 했지만, 사실 주인공은 진秦나라였다. 그 발단은 제나라가 송나라를 멸한 연소왕 26년에서 비롯되었다. 진나라는 제나라가 커지는 것을 두려워해 송나라 정벌을 반대했었다. 이 이야기는 《전국책》에 나온다.

이제 제나라가 더 이상 커지는 것을 볼 수 없었던 진나라는 연소왕 27년부터 군사 행동을 개시하고, 마침내 소왕 28년에 6국을 연합하여 제나라를 무너뜨리기에 이른다. 초나라는 제나라가 멸했던 송나라 땅을 거의 차지한다. 그리하여 나중에 노나라를 멸할 기회를 얻는다. 이렇듯 유일하게 진나라를 견제할 수 있던 제나라가 무너지자, 그 결과로 진나라 독주시대가 열린다.

소왕은 33년 만에 죽고 아들 혜왕惠王이 계승했다. 혜왕이 태자일 때 악의와 사이가 벌어져 있었다. 즉위하자 악의를 의심하고 기겁騎劫을 시켜 장수를 대신하게 했다. 악의는 도망쳐 조趙나라로 갔다.

제나라 전단田單이 즉묵에서 공격해 연나라 군사를 무너뜨렸다. 기겁이 전사하자① 연나라 군사들은 병력을 이끌고 돌아왔으며 제나라는 다시 그 옛 성들을 모두 취했다. 민왕이 거莒에서 죽었다. 이에 그의 아들을 군주로 세워서 양왕襄王으로 삼았다.② 혜왕은 7년에 죽었다.③ 한, 위, 초나라가 공조해 연나라를 정벌했다.④ 연나라는 무성왕武成王이 즉위했다.

昭王三十三年卒 子惠王立 惠王爲太子時 與樂毅有隙 及即位 疑毅 使騎劫代將 樂毅亡走趙 齊田單以即墨擊敗燕軍 騎劫死① 燕兵引歸 齊悉復得其故城 湣王死于莒 乃立其子爲襄王② 惠王七年卒③ 韓魏楚共伐燕④ 燕武成王立

① 騎劫死기겁사

신주 〈육국연표〉에 따르면 기겁은 연소왕 33년에 제나라에 살해당했다. 소왕이 죽고 혜왕이 계승한 해에 이미 연나라는 무너지고 있었다.

② 立其子爲襄王입기자위양왕

신주 양왕은 이미 연소왕 29년에 즉위하여 거莒를 중심으로 항거하고 있었다. 당초 연나라가 제민왕을 잡으려고 거莒로 진격했으나 초나라 장수 요치가 민왕을 죽이고 지키면서 몇 해 동안 대항하자 연나라 군사는 기수를 동쪽으로 돌려 즉묵을 포위한다. 요치가 제민왕을 죽이자 아들은 토호집에서 숨어지내다가 초나라 장수 요치가 떠나자 거나라 사람들이 아들을 찾아 왕으로 세웠다.

③ 惠王七年卒혜왕칠년졸

색은 살펴보니 〈조세가〉에서는 혜문왕惠文王 28년에 연나라 재상 성안군成安君 공손조公孫操가 그의 왕을 시해했는데, 악자樂資는 곧 혜왕이라고 했다. 서광은 〈육국연표〉를 살펴서 이해는 연나라 무성왕 원년이고 무성왕은 곧 혜왕의 아들이라고 했으니 혜왕은 성안군에게 시해당한 것이 명백하다고 한다. 여기서 말하지 않은 까닭은 연나라는 거리가 멀어 꺼리고 알리지 않았거나 혹은 태사공의 설명이 소략한 탓이다.

按 趙系家惠文王二十八年 燕相成安君公孫操弑其王 樂資以爲即惠王也 徐廣按年表 是年燕武成王元年 武成即惠王子 則惠王爲成安君弑明矣 此不言者 燕遠 諱不告 或太史公之說疎也

④ 韓魏楚共伐燕한위초공벌연

신주 《전국책》에 따르면 이때 연나라를 친 것은 한, 위, 제나라다. 초나라는 오히려 연나라를 도와서 위나라를 쳤다. 〈육국연표〉, 〈진본기〉, 〈초세가〉에도 〈연소공세가〉와 기록이 대체로 같다. 《사기지의》에서는 《전국책》을 따르고 있다.

무성왕 7년, 제나라 전단田單이 연나라를 공격해 중양中陽을 함락했다.[①]

13년,[②] 진秦나라가 장평에서 40여만 명의 조나라 군사를 무찔렀다.

14년, 무성왕이 죽고 아들 효왕孝王이 계승했다.

효왕 원년, 진秦나라가 한단을 포위했다가 풀고 떠났다.
3년에 효왕이 죽고 아들 금왕今王[3] 희喜가 계승했다.
武成王七年 齊田單伐我 拔中陽[1] 十三年[2] 秦敗趙於長平四十餘萬 十四年 武成王卒 子孝王立 孝王元年 秦圍邯鄲者解去 三年卒 子今王[3] 喜立

① 拔中陽발중양

신주 《사기지의》에서는 중인中人이라 하여 상산군 땅이라고 했는데, 의문이 든다. 자세한 것은 〈조세가〉에 있다.

② 十三年십삼년

신주 조나라가 장평에서 참패한 것은 연나라 무성왕 12년에 해당한다.

③ 今王금왕

색은 금왕은 금상今上과 같다. '금今'을 '영令'이라고 한 것은 잘못이다. 《시법》을 살펴봐도 '영令' 자는 없다.
今王猶今上也 有作令者 非也 按謚法無令也

제四장

보잘것없는 국력

연왕 희 4년, 진나라 소왕이 죽었다. 연나라 왕은 재상 율복栗腹에게 명해 우호조약을 조나라와 맺게 하고, 500금으로 조왕을 위해 주연을 베풀었다. 율복이 돌아와 연나라 왕에게 보고했다.

"조왕의 젊은이들은 모두 장평에서 전사하고 그 고아들은 아직 성인이 되지 않았습니다. 지금이라면 정벌할 만합니다."

왕이 창국군昌國君 악간樂閒을 불러서 물었다. 악간이 대답했다.

"조나라는 사방을 적으로 삼아 싸워온 나라입니다.① 그래서 그 백성은 전쟁에 익숙합니다. 정벌해서는 안 됩니다."

왕이 말했다.

"우리는 다섯 명으로 한 명을 칠 것이다.②"

대답했다.

"안 됩니다."

연왕이 화를 내며 받아들이지 않자 신하들이 모두 쳐들어갈 수 있다고 했다.

今王喜四年 秦昭王卒 燕王命相栗腹約歡趙 以五百金爲趙王酒 還報燕王曰 趙王壯者皆死長平 其孤未壯 可伐也 王召昌國君樂閒問之 對

曰 趙四戰之國[①] 其民習兵 不可伐 王曰 吾以五而伐一[②] 對曰 不可 燕王怒 群臣皆以爲可

① 趙四戰之國조사전지국

정의 조나라 동쪽 이웃은 연나라고, 서쪽은 진秦나라 국경과 맞닿았으며, 남쪽은 한韓·위魏와 복잡하게 얽혀 있고, 북쪽은 호胡·맥貊이 이어져 있다. 그러므로 '사방으로 싸운다'.고 한 것이다.

趙東隣燕 西接秦境 南錯韓魏 北連胡貊 故言四戰

② 吾以五而伐一오이오이벌일

색은 다섯 사람으로 한 사람을 치는 것을 이른다.

謂以五人而伐一人

마침내 이군二軍과 병거 2,000대를 일으켰다. 율복栗腹이 장수가 되어 호鄗[①]를 공격하고 경진卿秦은 대代[②]를 공격했다. 대부 장거將渠[③]가 홀로 연왕에게 간했다.

"사람을 보내 관계를 통하여 친교를 맺고 500금을 주어 남의 왕에게 주연을 베풀었는데, 사의 보고만 믿고 도리어 공격하는 것은 불길하며, 이 싸움은 성공할 수 없습니다."

卒起二軍 車二千乘 栗腹將而攻鄗[①] 卿秦攻代[②] 唯獨大夫將渠[③]謂燕王曰 與人通關約交 以五百金飮人之王 使者報而反攻之 不祥 兵無成功

① 鄗호

집해 서광이 말했다. "상산군에 있는데 지금은 고읍高邑이라고 한다."

徐廣曰 在常山 今曰高邑

색은 추씨는 '학[火各反]'이라 발음했고, 한편에서는 '호昊'라고 발음했다.

鄒氏音火各反 一音昊

② 代대

색은 《전국책》에서는 "염파廉頗는 20만 군사를 가지고 율복栗腹과 호 땅에서 마주쳤고, 악승樂乘은 5만 군사를 가지고 원진爰秦과 대 땅에서 마주쳤는데, 연나라 사람이 대패했다."라고 한 것과 같지 않다.

戰國策曰廉頗以二十萬遇栗腹於鄗 樂乘以五萬遇爰秦於代 燕人大敗 不同也

정의 대代는 지금의 대주다. 《전국책》에서는 "염파는 20만 군사로 율복과 호 땅에서 마주쳤고, 악승은 5만 군사로 경진과 대 땅에서 마주쳤는데, 연나라 사람이 대패했다."라고 하여, 이와 다르다.

今代州也 戰國策云廉頗以二十萬遇栗腹於鄗 樂乘以五萬遇卿秦於代 燕人大敗 與此不同也

③ 將渠장거

색은 장거는 사람의 이름과 성이다. 일설에는 위의 '경진卿秦'과 여기 '장거將渠'에서 경卿이나 장將은 모두 관직이라고 했다. 진秦과 거渠는 이름이다. 국사에서 글이 변하여 기록되어 마침내 성姓을 잃었다. 《전국책》에서는 '원진爰秦'이라고 했는데, 원爰은 성씨이고 경卿은 그 관직일 뿐이다.

人名姓也 一云上卿秦及此將渠者 卿 將 皆官也 秦 渠 名也 國史變文而書 遂失

姓也 戰國策云爰秦 爰是姓也 卿是其官耳

연왕은 듣지 않고 스스로 편군偏軍을 거느리고 따라갔다. 이에 장거가 연왕의 인끈을 당기고 말리면서 말했다.
"왕께서 친히 가실 필요가 없으며, 가더라도 공을 이룰 수 없을 것입니다."
연왕이 그를 발로 걷어차고 가자, 장거가 울면서 말했다.
"신이 저 스스로를 위해서가 아니라 왕을 위해서입니다."
연나라 군사들이 송자宋子[①]까지 진출했다. 조나라에서는 염파廉頗 장군에게 공격하게 해서 율복栗腹을 호 땅에서 쳐부수었다. 악승樂乘은 경진卿秦을 대 땅에서 쳐부수었다. 악간樂閒은 조나라로 달아났다.
염파가 500여 리를 추격해 연나라를 포위했다. 연나라가 강화를 청했지만 조나라가 허락하지 않자, (조나라는) 반드시 장거에게 화의를 처리하라고 했다. 연나라는 장거를 재상으로 삼아 화의를 담당하게 했다.[②] 조나라는 장거의 말을 받아들여 연나라에 대한 포위를 풀었다.[③]
燕王不聽 自將偏軍隨之 將渠引燕王綬止之曰 王必無自往 往無成功 王蹴之以足 將渠泣曰 臣非以自爲 爲王也 燕軍至宋子[①] 趙使廉頗將擊破栗腹於鄗 [樂乘]破卿秦(樂乘)於代 樂閒奔趙 廉頗逐之五百餘里 圍其國 燕人請和 趙人不許 必令將渠處和 燕相將渠以處和[②] 趙聽將渠解燕圍[③]

① 宋子송자

집해 서광이 말했다. "거록군에 속한다."

徐廣曰 屬鉅鹿

신주 송자는 거록군에 속하니, 연나라 군사는 동쪽 국경을 따라 내려왔다가 다시 서쪽으로 틀어 공격했음을 알 수 있다.

② 燕相將渠以處和연상장거이처화

집해 장거를 재상으로 삼았다.

以將渠爲相

색은 장거를 시켜서 화친하게 하려고 한 것을 말한다.

謂欲令將渠處之使和也

③ 解燕圍해연위

신주 〈조세가〉에 따르면 조효성왕 15년에 연나라와 전투를 시작했고, 포위한 것은 16년에서 17년까지다. 연왕 희 4년부터 6년까지 계속되었다. 연나라를 포위했다는 말은 수도 계薊를 포위했다는 뜻이다.

6년, 진나라는 동주東周를 멸망시키고 삼천군을 설치했다.
7년, 진나라는 조나라 유차楡次 등 37개 성을 함락했다. 진나라는 태원군을 설치했다.[①]
9년, 진왕 정政이 처음으로 즉위했다.
10년, 조나라는 염파 장군을 시켜 번양繁陽[②]을 공격해 함락했다.

조나라 효성왕孝成王이 죽고 도양왕悼襄王이 계승했다. 악승樂乘을 보내서 염파를 대신하게 했는데 염파가 듣지 않고 악승을 공격했다. 이에 악승이 달아나니 염파도 대량大梁으로 달아났다.
六年 秦滅東(西)周 置三川郡 七年 秦拔趙楡次三十七城 秦置大原郡① 九年 秦王政初即位 十年 趙使廉頗將攻繁陽② 拔之 趙孝成王卒 悼襄王立 使樂乘代廉頗 廉頗不聽 攻樂乘 樂乘走 廉頗奔大梁

① 秦置大原郡진치태원군

신주 〈육국연표〉에 따르면 37개 성을 함락한 것은 희 7년이지만, 태원군을 설치한 것은 희 8년이다. 〈진본기〉에는 희 8년의 일로 기록되어 있다.

② 繁陽번양

집해 서광이 말했다. "위군에 속한다."
徐廣曰 屬魏郡

신주 〈염파전〉에 따르면 번양은 위魏나라 땅이다. 지리적으로도 그렇다.

12년, 조나라는 이목李牧을 시켜 연나라를 공격해 무수武遂①와 방성方城②을 함락했다.
(13년) 극신劇辛은 예로부터 조나라에 살면서 방훤龐煖③과 친교가 있었는데, 얼마 후 연나라로 도망쳤다. 연나라는 조나라가 자주

진秦나라에게 괴로움을 당하고, 또 염파도 떠나 방훤을 장군으로 임명한 것을 보고, 조나라의 피폐함을 기회로 삼아 공격하려고 했다. 이 일을 극신에게 묻자 극신이 말했다.
"방훤 따위와 싸우는 것은 쉽습니다."
연나라는 극신을 장군으로 삼아 조나라를 공격하게 했다. 조나라는 방훤에게 명해 그것을 되치게 해서 연나라 군사 2만 명을 사로잡고 극신을 살해했다.④
十二年 趙使李牧攻燕 拔武遂①方城② 劇辛故居趙 與龐煖③善 已而亡走燕 燕見趙數困于秦 而廉頗去 令龐煖將也 欲因趙獘攻之 問劇辛 辛曰 龐煖易與耳 燕使劇辛將擊趙 趙使龐煖擊之 取燕軍二萬 殺劇辛④

① 武遂무수

집해 서광이 말했다. "하간군에 속한다."

徐廣曰 屬河閒

② 方城방성

집해 서광이 말했다. "탁군에 속하며 독항정督亢亭이 있다."

徐廣曰 屬涿 有督亢亭

③ 煖훤

색은 煖의 발음은 '훤[況遠反]'이다.

煖音況遠反

④ 取燕軍二萬 殺劇辛취연군이만 살극신

신주 〈연표〉와 〈조세가〉에 따르면 극신이 살해당하고 진나라에서 동군을 설치한 것은 모두 연왕 희 13년에 있으니, 앞에 '십삼년十三年'이 탈락되었다.

> 진秦나라는 위魏나라 20개 성을 함락하고 동군東郡을 설치했다.
> 19년, 진나라는 조趙나라 업鄴[①]의 9개 성을 함락했다. 조나라 도양왕悼襄王이 죽었다.
> 23년, 태자 단丹이 진나라에 인질로 있다가 연으로 도망쳐 돌아왔다.
> 25년, 진나라는 한韓나라 왕 안安을 포로로 잡고 한나라를 멸망시켰으며 영천군을 설치했다.
> 27년, 진나라는 조나라 왕 천遷을 포로로 삼고 조나라를 멸망시켰다. 조나라 공자 가嘉가 스스로 즉위해서 대왕代王이 되었다.
> 秦拔魏二十城 置東郡 十九年 秦拔趙之鄴[①]九城 趙悼襄王卒 二十三年 太子丹質於秦 亡歸燕 二十五年 秦虜滅韓王安 置潁川郡 二十七年 秦虜趙王遷 滅趙 趙公子嘉自立爲代王

① 鄴업

정의 곧 상주 업현이다.

即相州鄴縣也

(28년) 연나라는 진秦나라가 장차 여섯 나라를 멸망시키려 하고 있고, 진나라 군사들이 역수易水[①]에 다다라 재앙이 연나라에 닥칠 것으로 보았다. 그러자 태자 단丹은 몰래 장사 20명을 양성하고, 형가荊軻에게 명해서 독항督亢의 지도[②]를 진나라에 바치게 하고 이를 기회로 진왕을 찔러 죽이려고 했다. 진왕이 이를 알아채서 형가를 살해하고, 장군 왕전王翦에게 명해 연나라를 치도록 했다.[③]

29년, 진나라는 연나라 계薊를 공격해 함락했다. 연왕은 도망쳐 요동遼東[④]으로 이주하고, 태자 단丹의 목을 베어 진나라에 바쳤다.

30년, 진나라가 위魏나라를 멸망시켰다.

燕見秦且滅六國 秦兵臨易水[①] 禍且至燕 太子丹陰養壯士二十人 使荊軻獻督亢地圖於秦[②] 因襲刺秦王 秦王覺 殺軻 使將軍王翦擊燕[③] 二十九年 秦攻拔我薊 燕王亡 徙居遼東[④] 斬丹以獻秦 三十年 秦滅魏

① 易水역수

집해 서광이 말했다. "탁군의 고안故安에서 나온다."

徐廣曰 出涿郡故安也

② 督亢地圖독항지도

색은 서광이 말했다. "탁군에 독항정督亢亭이 있다. 〈지리지〉에는 광양廣陽에 속한다고 했다. 그러나 독항督亢의 전답은 연나라 동쪽에 있는데, 매우 좋고 기름져서 진나라에 바치고자 했다. 그러므로 그 지도를 그려서 바친 것이다."

徐廣云 涿有督亢亭 地理志屬廣陽 然督亢之田在燕東 甚良沃 欲獻秦 故畫其圖而獻焉

③ 殺軻 使將軍王翦擊燕살가 사장군왕전격연

신주 형가가 실패하여 살해당하고 진나라가 연나라를 공격한 것은 모두 연왕 희 28년의 일이니, 앞에 '이십팔년二十八年'이 탈락된 것으로 보인다.

④ 遼東요동

신주 연燕의 도읍인 계薊가 함락되자 연왕 희와 태자 단이 정예병을 이끌고 급히 동쪽으로 도망갔다. 이때의 요동은 현재의 하북성 옥전玉田 방향이다. 이 옥전에는 항우가 진秦나라를 멸할 때 공을 세운 장수들을 제후왕으로 봉하게 되는데, 서기전 206년 연국을 나누어 요동국遼東國을 만들고 연燕왕이던 한광韓廣을 요동왕에 봉하고 도읍을 무종無終으로 삼았다. 이 내용은 <항우본기>와 <진초지제월표>, <자객열전>에 자세히 나온다. 여기서 말하는 무종은 현재의 옥전이다. 따라서 당시의 요동국遼東國은 현재의 하북성 당산시에서 진황도시에 이르는 일대에 비정할 수 있다.

> 33년, 진나라가 요동을 함락하여 연왕 희喜를 포로로 잡고, 마침내 연나라를 멸했다. 이해에 진나라 장수 왕분王賁①이 또한 대왕代王 가嘉를 사로잡았다.
>
> 三十三年 秦拔遼東 虜燕王喜 卒滅燕 是歲 秦將王賁①亦虜代王嘉

① 王賁왕분

정의 왕전王翦의 아들이다.

賁音奔 王翦子

태사공은 말한다.

소공 석奭은 어질다고 할 만하다. 감당나무도 백성들이 사모하는데 하물며 그 사람이랴. 연나라는 밖으로 만맥蠻貊①에 압박당하고 안으로 제나라와 진晉나라의 사이에 놓여 있었다.② 기구하게도 강국 사이에서 가장 약소국이 되어 거의 몇 차례 없어질 뻔했다. 그러나 사직에 제사를 올린 것이 8, 9백 년이고 희성姬姓 가운데 유독 뒤에 망했으니,③ 어찌 소공의 공렬이 아니겠는가!

太史公曰 召公奭可謂仁矣 甘棠且思之 況其人乎 燕(北)[外]迫蠻貉① 內措②齊晉 崎嶇彊國之閒 最爲弱小 幾滅者數矣 然社稷血食者八九百歲 於姬姓獨後亡③ 豈非召公之烈邪

① 蠻貉만맥

신주 사마천이 '맥'이라 한 것은 나름대로 의미가 있다. 예穢와 맥貉은 고대에 한韓과 함께 우리의 뿌리인 동이족의 주류였으며, 예와 맥은 한韓보다 북방에 있었을 것이다. 《일본서기》에서 '맥'은 고구려를 부르는 말이기도 하지만, 다른 문헌들을 종합하면 범부여凡夫餘를 뜻하며, 따라서 부여의 후신인 백제도 포함된다.

《삼국사기》〈고구려본기〉 4대 모본왕 2년 조에 지금의 산서지방까지 공격했다는 것이 결코 우연이 아니다. 그보다 이른 시기에도 이미 조趙나라까지 들락거렸다. 중국사에서 동호東胡라 부른 민족은 당시에 이 예맥濊貊 외에는 다른 민족이 존재할 가능성이 거의 없다. 〈조세가〉에 자세히 나온다.

② 措조

색은 조措는 엇갈려 섞인 것이다. 또 '착錯'이라 하는데 유씨는 '잭[爭陌反]'으로 발음한다고 했다.

措 交雜也 又作錯 劉氏云爭陌反

③ 於姬姓獨後亡어희성독후망

신주 희성 가운데 최후로 망한 것은 위衛이지만, 사실 위衛는 위魏에 예속된 제후나 마찬가지였기 때문에 사마천의 말도 일리가 있다.

색은술찬 사마정이 펼쳐서 밝히다.

소백召伯은 주나라를 도와 섬陜을 나누어 다스렸다. 사람들이 그 덕을 입어 〈감당〉을 지어 사모했다. 장공은 패주霸主를 전송했고 혜공은 아끼는 여인에게 얽매였다. 문공은 조나라를 따랐고 소진은 초빙되어 연설했다. 역왕이 비로소 왕으로 즉위하니 제나라 선왕은 연나라를 속였다. 연쾌는 도리가 없어 자지에게 자리를 양보했다. 소왕은 어진 이를 기다리며 임치에 보복할 것을 생각했다. 독항은 바치지도 못했고 끝내 (태자 단은) 목이 베어졌구나!

召伯作相 分陜而治 人惠其德 甘棠是思 莊送霸主 惠羅寵姬 文公從趙 蘇秦騁辭 易王初立 齊宣我欺 燕噲無道 禪位子之 昭王待士 思報臨菑 督亢不就 卒見芟夷

[지도 2] 연소공세가(춘추시대)

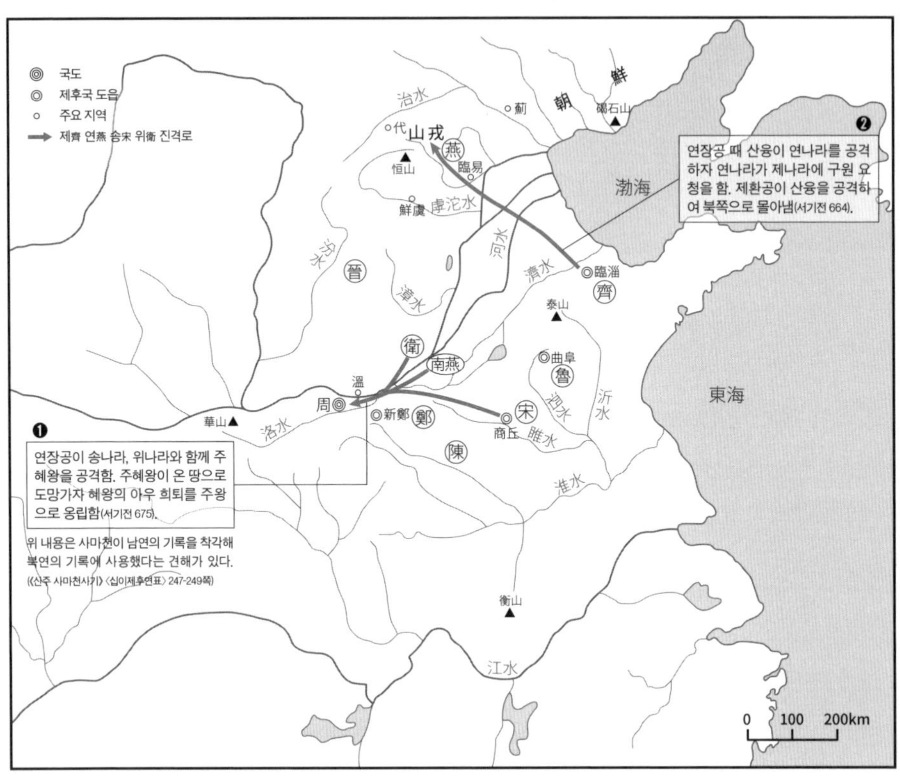

국도
제후국 도읍
주요 지역
제齊 연燕 송宋 위衛 진격로
연장공 때 산융이 연나라를 공격하자 연나라가 제나라에 구원 요청을 함. 제환공이 산융을 공격하여 북쪽으로 몰아냄(서기전 664).
연장공이 송나라, 위나라와 함께 주 혜왕을 공격함. 주혜왕이 온 땅으로 도망가자 혜왕의 아우 희퇴를 주왕으로 옹립함(서기전 675).
위 내용은 사마천이 남연의 기록을 착각해 북연의 기록에 사용했다는 견해가 있다.
(《산주 사마천사기》 〈십이제후연표〉 247-249쪽)
朝
鮮
薊
碣石山
代
山戎
燕
恒山
臨易
鮮虞
虖沱水
渤海
東海
晉
汾水
漳水
河水
濟水
臨淄
齊
泰山
衛
南燕
曲阜
魯
溫
周
新鄭
鄭
宋
商丘
泗水
沂水
睢水
華山
洛水
陳
淮水
衡山
江水
0 100 200km

[지도 3] 연소공세가(전국시대)

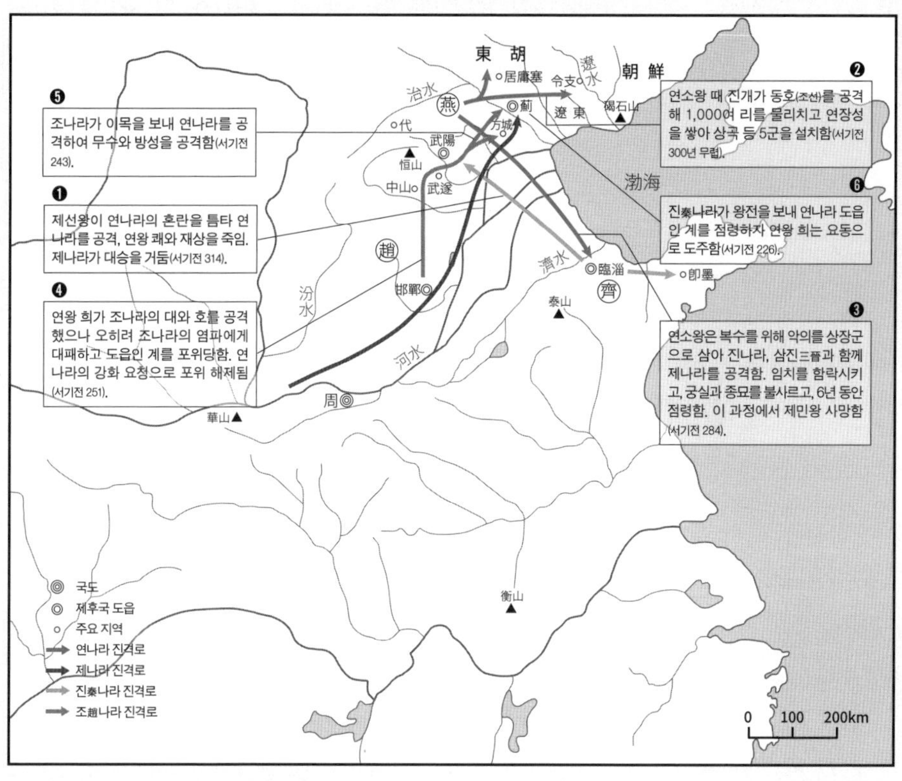
東 胡
朝 鮮
居庸塞
令支
遼水
燕
薊
治水
代
方城
遼 東
碣石山
武陽
恒山
中山
武遂
渤海
趙
邯鄲
汾水
濟水
臨淄
卽墨
齊
泰山
河水
周
華山
衡山
❺ 조나라가 이목을 보내 연나라를 공격하여 무수와 방성을 공격함(서기전 243).
❶ 제선왕이 연나라의 혼란을 틈타 연나라를 공격, 연왕 쾌와 재상을 죽임. 제나라가 대승을 거둠(서기전 314).
❹ 연왕 희가 조나라의 대와 호를 공격했으나 오히려 조나라의 염파에게 대패하고 도읍인 계를 포위당함. 연나라의 강화 요청으로 포위 해제됨(서기전 251).
❷ 연소왕 때 진개가 동호(조선)를 공격해 1,000여 리를 물리치고 연장성을 쌓아 상곡 등 5군을 설치함(서기전 300년 무렵).
❻ 진秦나라가 왕전을 보내 연나라 도읍인 계를 점령하자 연왕 희는 요동으로 도주함(서기전 226).
❸ 연소왕은 복수를 위해 악의를 상장군으로 삼아 진나라, 삼진三晉과 함께 제나라를 공격함. 임치를 함락시키고, 궁실과 종묘를 불사르고, 6년 동안 점령함. 이 과정에서 제민왕 사망함(서기전 284).
국도
제후국 도읍
주요 지역
연나라 진격로
제나라 진격로
진秦나라 진격로
조趙나라 진격로
0 100 200km

사기 제35권 史記卷三十五

관채세가 管蔡世家

사기 제35권 관채세가 제5

史記卷三十五 管蔡世家第五

신주 관채는 관숙管叔 희선姬鮮과 채숙蔡叔 희도姬度를 뜻한다. 주문왕과 태사太姒 사이에서 태어났는데, 무왕의 동생들이다. 문왕의 장자는 상나라 주紂에게 죽임을 당했다는 백읍伯邑 희고姬考다. 차자는 무왕 희발姬發이다. 일설에는 장자 백읍 희고를 버리고 차자 희발을 태자로 선택한 것이지 주왕에게 죽지 않았다고 보고 있다. 양옥승도 《사기지의》에서 백읍 고는 어린 시절에 죽었다고 보았다. 무왕 다음이 관숙 선이고, 그다음이 주공 단, 그다음이 채숙 도다.

무왕은 상나라를 무너뜨린 후 주의 아들 무경武庚에게 은나라 유민들을 다스리게 했다. 관숙 선을 관지管地에 봉해서 관국管國을 건립하게 하고, 동생인 채숙 도에게는 채국蔡國을 분봉했는데, 채숙 희도가 채씨의 시조다. 또한 곽숙霍叔 처處에게는 곽국霍國에 봉해주면서 관숙, 채숙, 곽숙에게 무경을 감시하게 했는데, 이를 삼감三監이라고 한다.

주무왕이 죽고 어린 성왕成王이 뒤를 잇자 주공 단이 섭정했다. 관숙도 등이 이에 불만을 품고 무경과 손잡고 군사를 일으켰는데, 이를 '삼감의 난'이라고 한다. '삼감의 난'에는 상나라 부흥세력 및 동이족들도 대거 가담했다. 여기에 주공의 형인 관숙과 동생인 채숙, 곽숙 등이 함께

했다는 점은 주周나라의 민족귀속성에 큰 질문을 던져주고 있다.

주공 단은 '삼감의 난'을 진압하고 관숙 선을 살해해 관국을 멸망시켰고, 채숙은 귀양 갔다가 죽고 만다. 곽숙은 폐해서 서인으로 만들었다. '삼감의 난'에 상나라 왕자 무경과 상나라 유민들 그리고 주무왕의 친동생이자 주공 단의 형제들이 대거 가담했다는 것은 상商과 주周의 성격에 대한 심층 연구가 필요함을 말해준다.

관숙과 채숙

관숙 선鮮[①]과 채숙 도度는 주나라 문왕의 아들이자 무왕의 아우다. 무왕의 동복 형제는 열 명이다. 어머니는 태사太姒[②]라고 했는데, 문왕의 정비正妃다.

管叔鮮[①]蔡叔度者 周文王子而武王弟也 武王同母兄弟十人 母曰太姒[②] 文王正妃也

① 管叔鮮관숙선

정의 음은 '선仙'이다. 《괄지지》에서 말한다. "정주 관성현이고 지금 주의 외성이 곧 관국성管國城이다. 이곳이 숙선叔鮮이 봉해진 국가(관국)이다."

音仙 括地志云 鄭州管城縣 今州外城即管國城也 是叔鮮所封國也

신주 《집해》에서 두예의 주석에 따르면 관管 지역의 한漢~진晉 시대의 형양군 경현 동북쪽이라고 한다. 두우杜佑의 《통전》에 따르면 당나라 시기의 정주鄭州가 곧 형양군이다. 그곳에 관성현管城縣이 있다. 이 지역에 관도官渡가 있는데, 후한 말 조조가 원소를 물리치고 삼국시대를 여는데 바탕이 되는 전투가 있었던 유명한 곳이다. 관도라는 지명도 그와 무관치 않아 보인다.

② 太姒태사

정의 《국어》에서 말한다. "기杞와 증繒 두 나라는 사성姒姓이고 하우夏禹의 후예며 태사太姒의 집안이다. 태사는 문왕文王의 비이고 무왕의 어머니다." 《열녀전》에서 말한다. "태사는 무왕의 어머니이고 우임금의 후예인 사씨姒氏의 딸이다. 합수郃水의 북쪽에 있고 위수渭水의 물가에 있다. 인자하고 도리에 밝아 문왕이 아름답게 여겨서 친히 위수에서 맞이했는데, 배를 만들어 다리로 삼았다. (주나라에) 들어와서는 태사가 시조모 태강太姜과 시모 태임太任을 사모하고 아침저녁으로 부지런하게 며느리의 도로 나아갔다. 태사를 문모文母라고 불렀다. 문왕은 밖을 다스리고 문모는 안을 다스렸다. 태사는 10명의 사내아이를 낳았는데 어려서부터 장성할 때까지 교육하여, 일찍이 옳지 못한 일을 보이지 않았고 늘 정도正道를 가지고 말했다."

國語云 杞繒二國 姒姓 夏禹之後 太姒之家 太姒 文王之妃 武王之母 列女傳云 太姒者 武王之母 禹後姒氏之女也 在郃之陽 在渭之涘 仁而明道 文王嘉之 親迎于渭 造舟爲梁 及入 太姒思媚太姜太任 旦夕勤勞 以進婦道 太姒號曰文母 文王理外 文母治內 太姒生十男 教誨自少及長 未嘗見邪僻之事 言常以正道持之也

그 맏이는 백읍고伯邑考이고, 다음은 무왕 발發이며, 다음은 관숙 선鮮이고, 다음은 주공 단旦이고, 다음은 채숙 도度이고, 다음은 조숙曹叔 진탁振鐸이고, 다음은 성숙成叔 무武①이고, 다음은 곽숙霍叔 처處②이고, 다음은 강숙康叔 봉封③이고, 다음은 남계冉季 재載④이니 남계 재가 가장 어렸다.⑤

其長子曰伯邑考 次曰武王發 次曰管叔鮮 次曰周公旦 次曰蔡叔度 次曰曹叔振鐸 次曰成叔武① 次曰霍叔處② 次曰康叔封③ 次曰冉季載④ 冉季載最少⑤

① 成叔武성숙무

정의 《괄지지》에서 말한다. "복주 뇌택현 동남쪽 91리에 한漢나라 성양현이 있다. 옛날 성백郕伯이고 희성姬姓의 나라다. 그 뒤에 성成 남쪽으로 옮겼다."
括地志云 在濮州雷澤縣東南九十一里 漢郕陽縣 古郕伯 姬姓之國 其後遷於成之陽

② 霍叔處곽숙처

정의 處의 발음은 '처[昌汝反]'이다. 《괄지지》에서 말한다. "진주 곽읍현은 본래 한漢나라 체현이다. 정현의 《주례》 주석에서 '곽산霍山은 체에 있는데, 본래 춘추시대에는 곽백霍伯의 나라 땅이었다.'라고 했다."
處 昌汝反 括地志云 晉州霍邑縣本漢彘縣也 鄭玄注周禮云霍山在彘 本春秋時霍伯國地

③ 康叔封강숙봉

색은 공안국이 말했다. "강康은 기내畿內의 나라 이름인데, 땅이 어디인지는 빠져 있다. 숙叔은 자字다. 봉封은 강숙의 이름이다."
孔安國曰 康 畿內國名 地闕 叔 字也 封 叔名

④ 冉季載남계재

[색은] 남冉은 나라다. 재載는 이름이다. 계季는 자字다. 남은 다른 판본에는 담郱으로 되어 있다. 살펴보니 《국어》에는 "남은 정희鄭姬에서 말미암았다."라고 했다. 가규가 이르기를 "문왕의 아들 담계聃季의 나라다."라고 했다. 《좌전》에서는 장공 18년 "초 무왕武王이 권權나라와 싸워 승리하고, 담처郱處로 옮겼다."라고 했다. 두예가 이르기를 "담처는 초나라 땅이다. 남군 편현에 담구성郱口城이 있다."라고 한다. 聃과 郱은 모두 발음이 '남[奴甘反]'이다.

冉 國也 載 名也 季 字也 冉 或作郱 按 國語曰冉由鄭姬 賈逵曰文王子聃季之國也 莊十八年楚武王克權 遷於郱處 杜預云郱處 楚地 南郡編縣有郱口城 聃與郱皆音奴甘反

[정의] 冉의 발음은 '남[奴甘反]'이다. 다른 판본에는 '담郱'으로 되어 있는데, 발음은 같다. 남冉은 나라 이름이다. 계재季載는 사람 이름이다. 백읍고伯邑考가 가장 맏이라서 '백伯' 자를 더했다. 중간의 아들들은 모두 '숙叔'이라고 했는데, 재載는 가장 어렸으므로 계재季載라고 했다.

冉音奴甘反 或作郱 音同 冉國名也 季載 人名也 伯邑考最長 所以加伯 諸中子咸言叔 以載最少 故言季載

신주 冉은 국명, 지명, 인명일 때는 '남'이라고 읽는다.

⑤ 冉季載最少남계재최소

신주 《사기지의》에 따르면 형제들의 순서는 전하는 문헌마다 다르다. 지금은 어느 것이 옳은지 알 수 없다.

동복 형제 열 명① 가운데 오직 발發과 단旦이 현명해서 문왕을 좌우②에서 도왔다. 그러므로 문왕은 백읍고伯邑考를 버리고 발發을 태자로 삼았다.

문왕이 붕어하자 발이 계승했는데, 이이가 무왕武王이다. 백읍고는 이미 이전에 죽었다.

同母昆弟十人① 唯發旦賢 左右②輔文王 故文王舍伯邑考而以發爲太子 及文王崩而發立 是爲武王 伯邑考旣已前卒矣

① 昆弟十人관제십인

徐廣曰 文王之子爲侯者十有六國

집해 서광이 말했다. "문왕의 아들 중 제후가 된 자는 열여섯 나라를 가졌다."

② 左右좌우

정의 좌우는 아울러 거성이다.

左右竝去聲

무왕이 은나라 주紂를 이기고 나서 천하를 평정해 공신과 형제들을 봉했다. 이에 숙선叔鮮을 관管①에 봉하고, 숙도叔度를 채蔡②에 봉했다. 두 사람은 주紂의 아들 무경녹보武庚祿父(무경은 이름이고, 녹보는 자字)를 도와 은나라 유민을 다스렸다.

숙단叔旦은 노나라에 봉해졌지만 주나라를 도와 주공周公이 되었다. 숙진탁叔振鐸은 조나라에 봉하고, 숙무叔武는 성成[3] 땅에 봉하고, 숙처叔處는 곽霍[4] 땅에 봉했다.
강숙康叔 봉封과 남계冉季 재載는 모두 어려서 아직 봉해지지 않았다.
武王已克殷紂 平天下 封功臣昆弟 於是封叔鮮於管[1] 封叔度於蔡[2]二人相紂子武庚祿父 治殷遺民 封叔旦於魯而相周 爲周公 封叔振鐸於曹 封叔武於成[3] 封叔處於霍[4] 康叔封冉季載皆少 未得封

① 管관

집해 두예가 말했다. "관管은 형양군 경현 동북쪽에 있다."
杜預曰 管在滎陽京縣東北

② 蔡채

집해 《세본》에서 말한다. "(여남군) 상채上蔡에 자리 잡았다."
世本曰 居上蔡

③ 成성

색은 살펴보니 《춘추》 은공 5년 "위衛나라 군대가 성郕으로 쳐들어갔다."라고 했다. 두예가 이르기를 "동평군 강보현에 성향郕鄉이 있다."라고 했는데, 《후한서》 〈군국지〉에서는 "성成은 원래 나라였다."고 한다. 또 〈지리지〉에서는 "(연주 동군) 늠구현 남쪽에 성成의 고성이 있다."라고 한다. 응소는 "무왕이 아우 계재季載를 성成에 봉했다."라고 했다. 이것은 옛날의 성읍成邑인데, 응중원應仲遠(응소)이 계재를 봉했다고 잘못 말했을 따름이다.
按 春秋隱五年衛師入郕 杜預曰東平剛父縣有郕鄉 後漢郡國志以爲成本國 又地理志廩丘縣南有成故城 應劭云武王封弟季載於成 是古之成邑 應仲遠誤云季載封耳

④ 霍곽

색은 《춘추》에서 말한다. "민공 원년, 진晉나라에서 곽霍나라를 멸망시켰다." 〈지리지〉에서 말한다. "하동군 체현에 곽태산이 동북쪽에 있는데, 이곳이 곽숙이 봉해진 곳이다."
春秋閔元年晉滅霍 地理志河東彘縣 霍太山在東北 是霍叔之所封

무왕이 붕어하고 나서 성왕成王이 어렸기에 주공 단이 왕실을 전담했다. 관숙管叔과 채숙蔡叔은 주공의 행위가 성왕成王에게 불리하다고 의심하고 이에 무경武庚을 끼고 난亂을 일으켰다.
주공 단은 성왕成王의 명을 받들어 무경을 정벌해 죽이고, 관숙을 살해했으며,[①] 채숙을 추방했다. 옮길 때 수레 10대와 무리 70명만 따르게 했다.
그리고 은나라의 남은 백성을 둘로 나누어, 그 하나는 미자微子 계啓를 송나라에 봉하여 은나라의 제사를 잇게 했고, 또 하나는 강숙康叔을 봉해 위衛나라 군주로 삼았는데, 이이가 위강숙衛康叔이다.[②]

계재季載를 남冉에 봉했다. 남계冉季와 강숙은 모두 선하고 착한 행실[3]이 있어 이에 주공이 강숙을 천거해 주나라 사구司寇로 삼고 남계를 주나라 사공司空으로 삼아[4] 성왕의 다스림을 보좌하게 했는데, 모두 천하에 좋은 명성이 있었다.

武王既崩 成王少 周公旦專王室 管叔蔡叔疑周公之爲不利於成王 乃挾武庚以作亂 周公旦承成王命伐誅武庚 殺管叔[1] 而放蔡叔 遷之 與車十乘 徒七十人從 而分殷餘民爲二 其一封微子啓於宋 以續殷祀 其一封康叔爲衛君 是爲衛康叔[2] 封季載於冉 冉季康叔皆有馴[3]行 於是周公擧康叔爲周司寇 冉季爲周司空[4] 以佐成王治 皆有令名於天下

① 殺管叔살관숙

신주 《사기지의》에서 곽숙에 대해 말한다.

"은나라를 감시하는 것은 관채곽管蔡霍(관숙, 채숙, 곽숙)으로서 이른바 3감이다. 《사기》에서는 여러 곳에서 단지 '관채'만 말하고 '곽'을 언급하지 않았는데, 《상서서》와 《좌전》도 그러하다. '관채'를 주로 하여 마침내 약술했을 뿐이다. 아마 숙처는 죄가 가벼워 폐해지지 않았고 거듭 '곽'에 봉국을 받았다. 《죽서기년》과 《목천자전》에 곽후 구舊가 있는데, 뒤에 진晉헌공에게 멸해졌다. 그러므로 정강성(정현)은 《상서서》에 곽숙을 언급하지 않았으니, 곧 용서받은 것이라고 했다."

아울러 관숙이 살해당한 것에 대해 말한다.

"주공이 관숙을 살해했다는 하나의 사건은 천고의 두터운 모함이다. 주공이 어찌 형을 죽였겠는가. 《좌전》에 언급한 것부터 《사기》 저술에 이르기까지 학자들이 그것에 미혹되어 마침내 허구로써 알맹이를 만들었다. 이에 《상서》를 설명하면서 〈금등〉의 불벽弗辟을 형벽刑辟이라 잘못 해석했고, 또 위서인 〈채중지명〉에서 《일주서》의 '강벽삼숙降辟三叔'에 대해 주공이 관숙을 죽인 것이라고 잘못 해석했는데, 성인 같은 주공이 어찌 차마 왕명을 빌려 동기간에게 칼날을 겨누었겠는가. 대의멸친에 대한 설명은 후세의 전적에서 주공을 구실로 만들었을 뿐이다. 《설원》 〈지무〉에 실린 주공이 관숙과 채숙을 죽인 일은 제나라 사람 왕만생王滿生에서 유래된 것으로 더욱 혐오스러운 잔재다. 그런즉 관숙은 어떻게 죽었는가? 《일주서》 〈작락〉에 '관숙은 목을 매어 죽었다.'라고 하니, 죄를 깨닫고 스스로 목을 맨 것이며 일찍이 죽임을 당한 것이 아니다. 관숙이 죽지 않고 채숙과 함께 추방된 것이 당연할 터인데, 살해되었다고 말하는 것인가?"

양옥승은 '관채곽'이 아니라 '관채'만 쓴 것은 약술이라고 말한다. 또한 주공이 관숙을 살해했다는 것은 모함이며 관숙은 자살했다고 주장했는데, 이는 주공을 성인으로 보는 유학자의 시각이다. 주공 단의 섭정이 성왕에게 해롭다면서 주공의 형과 동생 들이 은나라 주의 아들과 동이족들과 손잡고 일으킨 '삼감의 난'의 본질에 접근해야 진상이 드러날 것이다.

② 而分殷餘民爲二～是爲衛康叔이분은여민위이～시위위강숙

신주 《사기지의》는 <은본기>와 <주본기>에서 각각 '송나라가 봉해진 사연'과 '위나라가 봉해진 사연'을 매우 길게 서술하고 있다. 여기서는 그것들을 생략하고 〈관채세가〉에 실린 축약된 내용만 소개하기로 한다.

"대개 은나라 기내는 1,000리이며 주紂 시대에 박亳에서 옮겨 조가朝歌

에 도읍했다. 무왕은 은나라 옛 도읍에 미자를 봉했는데 무경이 봉해진 곳과는 다른 지역이라 서로 침범하지 않았다. 별도로 주의 도읍 안을 분할해서 정鄭 땅에 무경을 봉했으니, 공조孔晁가 주석한 《일주서》 〈작락〉에 '정 땅에 봉하여 성탕을 제사하게 했다.'라는 것이 곧 이것이다……정강성(정현)은 《시경》 〈비용위보邶鄘衛譜〉에서 '성왕이 이미 은나라를 쫓아내고 삼감을 토벌하라는 명령을 내리고, 다시 그곳에 제후를 세워 위衛를 우두머리로 삼았다.'라고 한다. 공영달이 소疏에서 '그 땅을 모두 위나라에 봉한 것이 아니었으므로 다시 제후를 세웠다.'라고 했다. 그러므로 이 말이 가장 핵심이지 《사기》에서 분할해서 위나라와 송나라를 만들었다는 말은 옳지 않다……"

③ 馴순

색은 가장 통상적인 발음인 '순巡'으로 발음한다. 순馴은 선善이다.

如字 音巡 馴 善也

④ 冉季爲周司空남계위주사공

색은 이 일이 《좌전》 정공 4년에 보인다.

事見定四年左傳

채숙 도는 추방되고 나서 죽었다. 그의 아들은 호胡인데 호는 행동을 고쳐 덕을 거느리고 선을 따랐다. 주공이 소문을 듣고 호를 천거해 노나라 경사卿士①로 삼자, 노나라가 잘 다스려졌다. 이에 주공이 성왕에게 말해 다시 호를 채蔡에 봉해[②] 채숙의 제사를 받들도록 했는데, 이이가 채중蔡仲이다.
나머지 5명의 숙叔[③]들은 모두 봉국으로 나아갔고 천자의 관리가 된 자는 없었다.
蔡叔度旣遷而死 其子曰胡 胡乃改行 率德馴善 周公聞之 而擧胡以爲魯卿士[①] 魯國治 於是周公言於成王 復封胡於蔡[②] 以奉蔡叔之祀 是爲蔡仲 餘五叔[③]皆就國 無爲天子吏者

① 卿士경사

색은 살펴보니《상서》에 이르기를 "채중은 행동이 근신했으므로 주공周公이 경사卿士로 삼았다가 채숙이 죽자 성왕에게 잘 말해서 채나라에 봉했다."라고 했지 원래 노나라에서 벼슬했다는 문장은 없다. 또 백금伯禽은 노나라에 자리 잡았는데, 이는 7년의 정사를 마친 뒤이다. 이것은 (주공이) 섭정을 하던 초기의 설명인데, 사마천이 어느 사료에 의거해서 이 말을 했는지 알 수 없다.
按 尙書云蔡仲克庸祗德 周公以爲卿士 叔卒 乃命諸王 封之蔡 元無仕魯之文 又伯禽居魯乃是七年致政之後 此言乃說居攝政之初 未知史遷何憑而有斯言也

② 胡於蔡호어채

집해 송충이 말했다. "호胡는 봉국을 옮겨 신채新蔡에 자리했다."
宋忠曰 胡徙居新蔡

신주 신채는 상채에서 회수의 지류인 여수汝水를 따라 동남쪽으로 대략 100㎞ 내려간 지점이다. 뒤의 주석을 검토하면 신채로 옮긴 것은 평후平侯 때다. 그러므로 여기 기록이 잘못된 것으로 보인다.

③ 五叔오숙

색은 5숙은 관숙, 채숙, 성숙, 조숙, 곽숙이다.

管叔蔡叔成叔曹叔霍叔

채나라 성립과 멸망

채중蔡仲이 죽고 아들 채백蔡伯 황荒이 계승했다.
채백 황이 죽고 아들 궁후宮侯[①]가 계승했다.
궁후가 죽고 아들 여후厲侯가 계승했다.
여후가 죽고 아들 무후武侯가 계승했다. 무후 때, 주나라 여왕厲王이 국정을 잃고 체彘로 달아났다. 공화제로 정사를 행했다. 제후들이 많이 주나라를 배반했다.
무후가 죽고[②] 아들 이후夷侯가 계승했다.
이후 11년, 주나라 선왕宣王이 즉위했다.
28년, 이후가 죽고 아들 희후釐侯 소사所事가 계승했다.
희후 39년, 주나라 유왕幽王이 견융犬戎에게 살해되자, 주나라 왕실은 쇠하여 동쪽으로 옮겼다. 진秦나라가 처음으로 제후의 반열에 올랐다.[③]

蔡仲卒 子蔡伯荒立 蔡伯荒卒 子宮侯立[①] 宮侯卒 子厲侯立 厲侯卒 子武侯立 武侯之時 周厲王失國 奔彘 共和行政 諸侯多叛周 武侯卒[②] 子夷侯立 夷侯十一年 周宣王即位 二十八年 夷侯卒 子釐侯所事立 釐侯三十九年 周幽王爲犬戎所殺 周室卑而東徙 秦始得列爲諸侯[③]

① 宮侯궁후

신주 《시법》에서 '궁'은 없다.

② 武侯卒무후졸

신주 〈십이제후연표〉에서 무후의 재위는 26년이다.

③ 秦始得列爲諸侯진시득렬위제후

정의 주유왕周幽王이 견융에게 죽임을 당하자 평왕이 동쪽 낙읍洛邑으로 옮겼는데, 진양공秦襄公이 군사로써 구원했다. 이로 인해 평왕平王을 보내 낙洛에 이르게 했으므로, 평왕이 양공을 봉했다.

周幽王爲犬戎所殺 平王東徙洛邑 秦襄公以兵救 因送平王至洛 故平王封襄公

> 48년, 희후釐侯가 죽고 아들 공후共侯 흥興이 계승했다.
> 공후가 2년에 죽고 아들 대후戴侯가 계승했다.
> 대후가 10년에 죽고 아들 선후宣侯 조보措父가 계승했다.①
> 선후宣侯 28년, 노나라의 은공隱公이 처음 즉위했다.
> 35년, 선후가 죽고 아들 환후桓侯 봉인封人이 계승했다.
> 환후 3년, 노나라에서 그의 군주 은공을 시해했다.
> 20년, 환후가 죽고 아우인 애후哀侯 헌무獻舞가 계승했다.
>
> 四十八年 釐侯卒 子共侯興立 共侯二年卒 子戴侯立 戴侯十年卒 子宣侯措父立① 宣侯二十八年 魯隱公初立 三十五年 宣侯卒 子桓侯封人立 桓侯三年 魯弑其君隱公 二十年 桓侯卒 弟哀侯獻舞立

① 宣侯措父선후조보

신주 《사기지의》에 따르면 조보가 아니라 고보考父라고 한다.

애후 11년의 일이다. 이보다 전에 애후는 진陳나라의 (공녀公女에게) 장가들었다. 식후息侯[①]도 진陳나라에 장가들었다. 식부인息夫人이 진陳나라로 돌아가는 중에 채나라를 지나가는데, 채나라 애후哀侯가 예의를 표하지 않았다. 이에 식후息侯가 노해서 초나라 문왕文王에게 청했다.

"초나라에서 우리나라를 치면 우리나라는 채나라에 구원을 요청할 것입니다. 채나라는 반드시 구원하러 올 것이므로, 초나라에서 이를 계기로 그들을 치면 전공이 있을 것입니다."

초나라 문왕이 이를 따랐고, 채나라 애후哀侯를 사로잡아서 돌아갔다. 애후는 억류된 지 9년에 초나라에서 죽었다. 채후가 즉위한 지 대략 20년이었다.[②] 채나라 사람들은 그의 아들 힐肸을 군주로 세웠으니, 이이가 목후繆侯다.

哀侯十一年 初 哀侯娶陳 息侯[①]亦娶陳 息夫人將歸 過蔡 蔡侯不敬 息侯怒 請楚文王 來伐我 我求救於蔡 蔡必來 楚因擊之 可以有功 楚文王從之 虜蔡哀侯以歸 哀侯留九歲 死於楚 凡立二十年卒[②] 蔡人立其子肸是爲繆侯

① 息侯식후

집해 두예가 말했다. "식국息國은 여남군 신식현에 있었다."

杜預曰 息國 汝南新息縣

② 死於楚 凡立二十年卒사어초 범립이십년졸

신주 《사기지의》에 따르면 〈초세가〉에서는 억류했다가 풀어주었다고 한다.

(채나라) 목후는 그의 여동생을 제나라 환공桓公의 부인으로 삼아 주었다.

18년, 제환공이 채희와 배 안에서 유희를 하는데, 채부인이 배를 흔들었다. 환공이 그만두라고 했지만 채희가 듣지 않았다. 환공이 화가 나서 채희를 채나라로 돌려보냈으나 혼인 관계를 끊지는 않았다. 채후도 화가 나서 그의 여동생① 을 개가시켰다. 제환공이 화가 나서 채나라를 정벌하니 채나라는 무너졌다. 마침내 (환공은) 목후를 포로로 잡고 남쪽으로 초나라의 소릉召陵에 이르렀다. 제후들이 채나라를 위해 제나라에 사죄하자, 제환공은 채후를 돌려보냈다.

29년, 목후가 죽고 그의 아들 장후莊侯 갑오甲午가 계승했다.

繆侯以其女弟爲齊桓公夫人 十八年 齊桓公與蔡女戲船中 夫人蕩舟 桓公止之 不止 公怒 歸蔡女而不絶也 蔡侯怒 嫁其弟① 齊桓公怒 伐蔡 蔡潰 遂虜繆侯 南至楚召陵 已而諸侯爲蔡謝齊 齊侯歸蔡侯 二十九年 繆侯卒 子莊侯甲午立

① 弟제

색은 제弟는 여동생이며, 곧 (환공의) 배를 흔든 여자다.

弟 女弟 即蕩舟之姬

장후 3년, 제환공이 죽었다.

14년, 진문공晉文公이 초나라를 성복에서 무찔렀다.

20년, 초 태자 상신商臣이 그의 아버지 성왕成王을 시해하고 대신 즉위했다.

25년, 진목공秦穆公이 죽었다.

33년, 초나라 장왕莊王이 즉위했다.

34년, 장후가 죽고 아들 문후文侯 신申이 계승했다.

문후 14년, 초장왕이 진陳나라를 정벌하고 하징서夏徵舒를 살해했다.

15년, 초나라가 정나라를 포위했는데, 정나라가 초나라에 항복했다. 초나라에서 다시 포위를 풀었다.①

20년, 문후가 죽고 아들 경후景侯 고固가 계승했다.

莊侯三年 齊桓公卒 十四年 晉文公敗楚於城濮 二十年 楚太子商臣弑其父成王代立 二十五年 秦穆公卒 三十三年 楚莊王即位 三十四年 莊侯卒 子文侯申立 文侯十四年 楚莊王伐陳 殺夏徵舒 十五年 楚圍鄭 鄭降楚 楚復醳①之 二十年 文侯卒 子景侯固立

① 醳 역

정의 醳의 발음은 '석釋'이다.

醳音釋

경후景侯 원년, 초장왕이 죽었다.
49년, 경후는 태자 반般을 위해 초나라에서 며느리를 얻어 장가들였다. 경후가 며느리와 통간하자 태자는 경후를 시해하고 스스로 즉위했는데, 이이가 영후靈侯다.
景侯元年 楚莊王卒 四十九年 景侯爲太子般娶婦於楚 而景侯通焉 太子弑景侯而自立 是爲靈侯

영후 2년, 초나라 공자 위圍가 그의 왕인 겹오郟敖①를 시해하고 스스로 즉위하여 영왕靈王이 되었다.
9년, 진陳나라 사도司徒 초招②가 그의 군주 애공哀公을 시해했다. 초나라는 공자 기질棄疾을 시켜 진陳나라를 멸망시키고 그 땅을 차지했다.
12년, 초나라 영왕은 영후가 그의 아버지를 시해했으므로 채영후를 신申③ 땅으로 유인했다. 갑옷 입은 군사를 매복시켜 놓고 술을 마시게 했는데, 취하자 살해하고 그의 사졸 70명을 처형했다. 공자 기질을 시켜서 채나라를 포위하게 했다. 11월, 채나라를 멸하고 기질을 채공蔡公④으로 삼았다.
靈侯二年 楚公子圍弑其王郟敖①而自立 爲靈王 九年 陳司徒招②弑其君哀公 楚使公子棄疾滅陳而有之 十二年 楚靈王以靈侯弑其父 誘蔡靈侯于申③ 伏甲飮之 醉而殺之 刑其士卒七十人 令公子棄疾圍蔡 十一月 滅蔡 使棄疾爲蔡公④

① 郟敖겹오

정의 郟의 발음은 '급[紀治反]'이다. 敖의 발음은 '오[五高反]'이다.

郟 紀治反 敖 五高反

② 招초

색은 어떤 판본에는 '소昭'로 되어 있고, 어떤 판본에는 '소韶'로 되어 있다. 모두 '쇼[時遙反]'로 발음한다.

或作昭 或作韶 竝時遙反

신주 <진기세가>에 따르면 초招는 진陳나라 애공哀公의 아우다. 나중에 애공을 공격하여 자살하게 만든다. '초'와 '소'는 발음이 비슷하니 함께 썼을 것이다.

③ 申신

정의 옛 신성은 등주에 있다.

故申城在鄧州

④ 蔡公채공

정의 채나라의 대부이다.

蔡之大夫也

> 초나라가 채나라를 멸망시킨 지 3년, 초나라 공자 기질棄疾이 그의 군주 영왕靈王을 시해하고 대신 즉위하여 평왕平王이 되었다.

이에 평왕은 채나라 경후景侯의 막내아들 여廬를 찾아서 채나라 군주로 옹립했는데, 이이가 평후平侯[①]다. 이해에 초나라가 진陳나라를 부활시켰다. 초평왕이 비로소 즉위하여 제후들과 친하게 지내고자 했으므로 다시 진陳과 채의 후예[②]를 세워서 그 나라를 부활시켰다.

楚滅蔡三歲 楚公子棄疾弑其君靈王代立 爲平王 平王乃求蔡景侯少子廬 立之 是爲平侯[①] 是年 楚亦復立陳 楚平王初立 欲親諸侯 故復立陳蔡後[②]

① 平侯평후

집해 송충이 말했다. "평후는 봉국을 하채下蔡로 옮겼다."

宋忠曰 平侯徙下蔡

색은 지금의 《세본》에는 (평후가 봉국을 하채로 옮겼다는 말이) 없는데, 근래에 없어졌을 뿐이다.

今系本無者 近脫耳

신주 평후가 옮겨간 곳은 신채新蔡이지 하채下蔡가 아니기 때문에 송충의 의견은 잘못이다. 앞서 호胡가 신채에 자리 잡았다는 것도 잘못이다. 《한서》 〈지리지〉에 따르면 여남군에 신채현이 있다. 하채현은 패군沛郡 속현인데, 이미 〈오태백세가〉에서 살펴보았다. 뒤에 이어지듯이 하채는 채나라 소후昭侯가 나중에 오나라의 도움을 받고자 옮겨간 곳이다. 역시 〈지리지〉에 따르면 여남군에 상채현이 있는데, 그곳이 원래의 채나라 봉지다.

② 後후

집해 《세본》에서 말한다. "평후平侯는 영후靈侯 반般의 손자고, 태자 우友의 아들이다."

世本曰 平侯者 靈侯般之孫 太子友之子

신주 이어지는 《사기》의 기사로 보면, 《세본》의 설은 잘못일 가능성이 크다. 《사기》의 기사처럼 평후는 경후의 막내아들 려廬가 맞을 것이며, 권력 때문에 경쟁자인 영후 반般의 아들인 장조카 우友를 살해했을 가능성이 크다. 평후가 죽자 이번에는 우友의 아들 동국東國이 평후의 아들을 내쫓고 도후悼侯가 되었다고 보는 것이 타당하다.

평후가 9년에 죽었다. 영후 반般의 손자인 동국東國이 평후의 아들을 공격해서 스스로 즉위했는데, 이이가 도후悼侯다. 도후의 아버지는 은태자隱太子 우友이다.
은태자 우는 영후靈侯의 태자인데, 평후가 즉위하자 은태자 우를 살해했다. 그러므로 평후가 죽자 은태자 우의 아들 동국이 평후의 아들을 공격해서 대신 즉위했는데, 이이가 도후다.
도후는 3년에 죽고[①] 아우 소후昭侯 신申이 계승했다.

平侯九年卒 靈侯般之孫東國攻平侯子而自立 是爲悼侯 悼侯父曰隱太子友 隱太子友者 靈侯之太子 平侯立而殺隱太子 故平侯卒而隱太子之子東國攻平侯子而代立 是爲悼侯 悼侯三年卒[①] 弟昭侯申立

① 悼侯三年卒도후삼년졸

신주 《사기지의》에 따르면 소공 21년 평후의 아들 주朱가 즉위했는데, 채나라 사람들이 초나라를 두려워해 주를 내치고 동국을 옹립했다고 한다. 즉 주나라 경왕 24년(서기전 521)이 주朱 원년인데, 그해 초나라로 달아났다. 그렇다면 재위 기간은 주가 1년이고 도후 동국이 2년이다.

> 소후 10년, 초나라 소왕昭王에게 조회를 갔는데, 아름다운 갖옷 두 벌을 가지고 가서 그 하나는 소왕에게 바치고 다른 하나는 자신이 입었다. 초나라 재상 자상子常이 (채나라) 소후의 갖옷을 가지고 싶어 했는데 주지 않았다. 그러자 자상이 채후를 참소해서 초나라에 3년 동안 억류시켰다. 채후가 이를 알고 그의 갖옷을 자상에게 바쳤다. 자상이 받고 채후를 돌려보내야 한다고 말했다. 채후는 돌아와서 진晉나라에 가서 진晉나라와 더불어 초나라를 정벌할 것을 청했다.
>
> 昭侯十年 朝楚昭王 持美裘二 獻其一於昭王而自衣其一 楚相子常欲之 不與 子常讒蔡侯 留之楚三年 蔡侯知之 乃獻其裘於子常 子常受之 乃言歸蔡侯 蔡侯歸而之晉 請與晉伐楚

> 13년 봄, 위衛나라 영공靈公과 함께 소릉召陵에서 회맹했다. 그때 채후는 주나라 장홍萇弘과 사사롭게 지내며 위나라보다 상석을 요구했다.① 위나라는 사추史鰌를 시켜서 강숙康叔의 공덕을 말하고, 이에 위나라가 상석이 되어야 한다고 했다.

여름, 진晉나라를 위해 심沈나라②를 멸망시키자, 초나라가 노해서 채나라를 공격했다. 채소후蔡昭侯는 그의 아들을 오나라에 인질③로 보내고 함께 초나라를 쳤다.
겨울, 오왕 합려闔閭와 함께 마침내 초나라를 쳐부수고 영郢(초나라 수도)으로 쳐들어갔다. 채나라에서 자상을 원망했기에 자상은 두려워서 정나라로 달아났다.
十三年春 與衛靈公會召陵 蔡侯私於周萇弘以求長於衛① 衛使史鰌言康叔之功德 乃長衛 夏 爲晉滅沈② 楚怒 攻蔡 蔡昭侯使其子爲質③於吳以共伐楚 冬 與吳王闔閭遂破楚入郢 蔡怨子常 子常恐 奔鄭

① 蔡侯私於周萇弘以求長於衛채후사어주장홍이구장어위

집해 복건이 말했다. "채나라가 위나라보다 위에 있도록 기록해서 실으려는 것이다."
服虔曰 載書使蔡在衛上

② 沈심

집해 두예가 말했다. "여남군 평여현 북쪽에 심정沈亭이 있다."
杜預曰 汝南平輿縣北有沈亭

③ 質질

정의 質의 발음은 '치致'이다.
質音致

14년, 오나라가 철수하자 초소왕이 나라에 복귀할 수 있었다.

16년, 초나라 영윤令尹이 그의 백성을 위해 눈물을 흘리며 채나라를 정벌하는 일을 도모하려고 하자, 채소후는 두려워했다.

26년, 공자가 채나라에 갔다.① 초소왕이 채나라를 치자, 채나라가 두려워하며 위급함을 오나라에 알렸다. 오나라는 채나라와 너무 멀기 때문에 (채나라의) 도읍을 옮겨 오나라 가까이 둠으로써 서로 구원하기 쉽게 하려고 했다. 소후가 사사롭게 허락했지만, 대부들과 그 계획을 함께 의논하지는 않았다. 오나라 사람들이 와서 채나라를 구원하자 이를 기회로 채나라 도읍을 주래州來②로 옮겼다.

28년, 소후가 장차 오나라에 조회하려고 하자, 대부들이 다시 나라를 옮길까 두려워 이에 도적 리利③를 시켜 소후를 살해하게 했다. 그리고 나서 도적 리利를 죽이고 죄를 변명하며 소후의 아들 삭朔을 군주로 세웠는데, 이이가 성후成侯④다.

十四年 吳去而楚昭王復國 十六年 楚令尹爲其民泣以謀蔡 蔡昭侯懼 二十六年 孔子如蔡① 楚昭王伐蔡 蔡恐 告急於吳 吳爲蔡遠 約遷以自近 易以相救 昭侯私許 不與大夫計 吳人來救蔡 因遷蔡于州來② 二十八年 昭侯將朝于吳 大夫恐其復遷 乃令賊利③殺昭侯 已而誅賊利以解過 而立昭侯子朔 是爲成侯④

① 孔子如蔡공자여채

신주 〈십이제후연표〉에는 그런 말이 없다. 〈공자세가〉에 따라 계산하면 공자는 노애공 4년에 채나라에 가는데, 이는 소후 28년에 해당한다.

채나라는 이미 2년 전에 오나라 땅 주래로 옮긴 뒤였다. 따라서 공자가 간 곳은 원래 채나라 땅이던 상채上蔡나 신채新蔡이지 주래의 다른 이름인 하채가 아니다. 따라서 공자는 옛 채 땅에 간 것이지, 채나라에 가지 않았다. 자세한 것은 〈공자세가〉에 있다.

② 州來주래

색은 주래는 회남군 하채현에 있다.

州來在淮南下蔡縣

신주 원래 전한시대는 예주 패군 소속이었으나, 후한시대에 양주楊州 회남군으로 소속이 바뀌었다. 즉 채나라 말기는 원래 있던 회수淮水 중류 지역에서 회수 하류 지역으로 옮겼다가 끝내 초나라에게 망했다. 〈십이제후연표〉에는 주래로 옮길 것을 요청했다고 한다. 〈공자세가〉에는 겨울에 주래로 옮겼다고 한다.

③ 利리

색은 살펴보니 리利는 도적 이름이다.

案利賊名也

신주 《사기지의》에 따르면 《좌전》에는 도적의 이름이 공손편公孫翩이라고 되어 있다. 〈공자세가〉에 그것을 기록했다고 한다.

④ 成侯성후

집해 서광이 말했다. "어떤 판본에는 '경景'으로 되어 있다."

徐廣曰 或作景

성후 4년, 송나라는 조曹나라를 멸했다.

10년, 제나라 전상田常은 그의 군주 간공簡公을 시해했다.

13년, 초나라는 진陳나라를 멸했다.

19년, 성후가 죽고 아들 성후聲侯 산産이 계승했다.

성후가 15년에 죽고 아들 원후元侯가 계승했다.

원후가 6년에 죽고 아들 후제侯齊가 계승했다.

후제 4년, 초나라 혜왕惠王이 채나라를 멸하자, 채나라 후제는 도망치고 채나라는 마침내 제사가 끊겼다. 진陳나라가 없어진 지 33년 뒤였다.①

成侯四年 宋滅曹 十年 齊田常弑其君簡公 十三年 楚滅陳 十九年 成侯卒 子聲侯產立 聲侯十五年卒 子元侯立 元侯六年卒 子侯齊立 侯齊四年 楚惠王滅蔡 蔡侯齊亡 蔡遂絶祀 後陳滅三十三年①

① 後陳滅三十三年후진멸삼십삼년

색은 노애공 17년에 초나라가 진陳나라를 멸망시켰고, 그 초나라가 채나라를 멸망시키고 제사를 단절시켰다. 또 진陳나라를 멸망시킨 후 33년이 곧 춘추 후 23년이다.

魯哀十七年楚滅陳 其楚滅蔡絶其祀 又在滅陳之後三十三年 即在春秋後二十三年

신주 《사기지의》에 따르면 31년 뒤라고 한다. 진나라는 서기전 478년, 채나라는 서기전 447년에 망했으니, 31년이 맞다.

백읍고伯邑考(문왕의 장자)는 그의 후예가 봉해진 곳을 알지 못한다.

무왕 발發은 그의 후예가 주나라 왕이 되었다. 〈본기〉에 그 이야기가 있다.

관숙管叔 선鮮은 난을 일으켰다가 처형되어 후사가 없어졌다.

주공周公 단旦은 그의 후예가 노나라 제후가 되었다. 〈노주공세가〉에 그 이야기가 있다.

채숙蔡叔 도度는 그의 후예가 채나라 제후가 되었다. 〈관채세가〉에 그 이야기가 있다.

조숙曹叔 진탁振鐸은 그의 후예가 조曹나라 제후가 되었다. 〈관채세가〉에 그 이야기가 있다.

성숙成叔 무武는 그의 후세가 보이지 않는다.

곽숙霍叔 처處는 그의 후예가 진晉나라 헌공獻公 때 곽霍을 멸했다.

강숙康叔 봉封은 그의 후예가 위衛나라 제후가 되었다. 〈위강숙세가〉에 그 이야기가 있다.

남계冉季 재載는 그의 후세가 보이지 않는다.

伯邑考 其後不知所封 武王發 其後爲周 有本紀言 管叔鮮作亂誅死 無後 周公旦 其後爲魯 有世家言 蔡叔度 其後爲蔡 有世家言 曹叔振鐸 有後爲曹 有世家言 成叔武 其後世無所見 霍叔處 其後晉獻公時滅霍 康叔封 其後爲衛 有世家言 冉季載 其後世無所見

태사공은 말한다.

관숙과 채숙은 난을 일으켰으므로 기록할 만한 것(사업이나 공적)이 없다. 그러나 주무왕이 붕어하고 성왕成王이 어렸으므로 천하가 의심했다. (주 왕실은) 동모同母의 아우 성숙成叔과 남계冉季 재載 등 10명에게 보필을 받았다. 그래서 제후들은 끝내 주나라 왕실을 앙모했다. 그러므로 그것(관·채의 이야기)을 세가의 기록으로 덧붙였다.

太史公曰 管蔡作亂 無足載者 然周武王崩 成王少 天下既疑 賴同母之弟成叔冉季之屬十人爲輔拂 是以諸侯卒宗周 故附之世家言

제三장

조숙 진탁 세가①

① 曹叔 振鐸조숙 진탁

신주 조숙 진탁은 희성姬姓이고 이름은 진탁振鐸이다. 주문왕과 태사太姒 사이에서 태어난 여섯째 아들이자, 무왕의 친동생이다. 주나라 제후국 조국曹國에 처음 봉해져 조성曹姓의 시조가 된다. 그가 봉해진 조국의 도읍이 도구陶丘인데 지금 산동성 정도定陶로 비정한다. 이 땅은 서쪽으로는 성주成周와 접하고, 동쪽으로는 제齊·노魯와 연접했으며, 북쪽으로는 하수河水와 제수濟水에 임했고, 강회江淮를 끌어당겼으므로 사마천이 "천하의 중심"이라고 했던 비옥한 지역이었다.

서기전 487년 조폐공曹廢公이 송경공에게 멸망하면서 제사가 끊겼다.

조나라 군주 세계

조숙 진탁曹叔 振鐸 → 조태백曹太伯 → 조중군曹仲君 → 조궁백曹宮伯 → 조효백曹孝伯 → 조이백曹夷伯 → 조유백曹幽伯 → 조대백曹戴伯 → 조혜백曹惠伯 → 조폐백曹廢伯 → 조목공曹穆公 → 조환공曹桓公 → 조장공曹莊公 → 조희공曹僖公 → 조소공曹昭公 → 조공공曹共公 → 조문공曹文公 → 조선공曹宣公 → 조성공曹成公 → 조무공曹武公 → 조평공曹平公 → 조도공

曹悼公 → 조성공曹聲公 → 조은공曹隱公 → 조정공曹靖公 → 조폐공曹廢公

조숙 진탁振鐸[①]은 주나라 무왕의 아우다. 무왕이 은나라의 주紂를 이기고 나서 숙진탁叔振鐸을 조曹나라[②]에 봉했다.

曹叔振鐸[①]者 周武王弟也 武王已克殷紂 封叔振鐸於曹[②]

① 叔振鐸숙진탁

색은 살펴보니 위 문장에서 "숙진탁은 그의 후예가 조나라가 되었고 세가에 이야기가 있어야 한다."라고 했는데, 이는 곧 조나라도 (조)세가로 제목을 달았어야 합당하다는 말이다. 지금 〈관채세가〉의 끝에 덧붙이고 제목을 붙이지 않은 것은 아마 조나라가 작고 사적事跡이 적은 관계로, 관채의 끝에 붙이고 따로 제목을 써서 편제하지 않았을 뿐일 것이다. 또 관숙이 비록 후사가 없으나 거듭 채蔡와 조曹의 형이므로 관채라고 제목을 쓰고 조曹를 생략한 것이다.

按 上文叔振鐸 其後爲曹 有系家言 則曹亦合題系家 今附管蔡之末而不出題者 蓋以曹微小而少事跡 因附管蔡之末 不別題篇爾 且又管叔雖無後 仍是蔡曹之兄 故題管蔡而略曹也

② 曹조

집해 송충이 말했다. "제음군 정도현이다."

宋忠曰 濟陰定陶縣

숙진탁이 죽자 아들 태백太伯 비脾[①]가 계승했다.
태백이 죽고 아들 중군仲君 평平이 계승했다.
중군 평이 죽고 아들 궁백宮伯 후侯가 계승했다.
궁백 후가 죽고 아들 효백孝伯 운雲이 계승했다.
효백 운이 죽고 아들 이백夷伯 희喜가 계승했다.
이백夷伯 23년, 주나라 여왕厲王이 체彘 땅으로 달아났다.
叔振鐸卒 子太伯脾[①]立 太伯卒 子仲君平立 仲君平卒 子宮伯侯立 宮伯侯卒 子孝伯雲立 孝伯雲卒 子夷伯喜立 夷伯二十三年 周厲王奔于彘

① 太伯脾태백비

신주 《사기지의》에 따르면 비脾는 베끼는 과정에서 잘못된 글자이며 '비髀'가 되어야 한다고 했다.

이백이 30년에 죽고 아우 유백幽伯 강彊이 계승했다.
유백 9년, 아우 소蘇가 유백을 살해하고 대신 즉위했는데, 이이가 대백戴伯이다.
대백 원년, 주나라의 선왕宣王이 이미 왕이 된 지 3년이었다.
30년, 대백이 죽고 아들 혜백惠伯 시兕가 계승했다.[①]
三十年卒 弟幽伯彊立 幽伯九年 弟蘇殺幽伯代立 是爲戴伯 戴伯元年 周宣王已立三歲 三十年 戴伯卒 子惠伯兕立[①]

① 子惠伯兕立자혜백시립

집해 손검이 말했다. "兕는 발음이 '사[徐子反]'이다. 조혜백曹惠伯은 어떤 판본에는 이름을 '치雉'라고 하고, 어떤 판본에는 이름을 '제弟'라고 하며, 어떤 판본에는 다시 이름을 '제시弟兕'라고 한다."

孫檢曰 兕音徐子反 曹惠伯或名雉 或名弟 或復名弟兕也

색은 살펴보니 〈십이제후연표〉에는 '혜공백치惠公伯雉'라고 했는데, 손검이 인용한 주석은 어느 시대 사람인지 자세하지 않다. 어떤 이는 제나라 사람이라고 하는데, 또한 그 사람이 《사기》에 주석하지는 않았을 것이다. 지금 왕검王儉(남조 제나라 문학가, 452~489)의 《칠지七志》와 완효서阮孝緖(남북조시대 양나라 사람, 497~536)의 《칠록七錄》에는 나란히 없는데, 또 이를 배인이 기록했는지 안 했는지 모르겠다.

按 年表作惠公伯雉 注引孫檢 未詳何代 或云齊人 亦恐其人不注史記 今以王儉七志阮孝緖七錄竝無 又不知是裴駰所錄否

혜백 25년, 주나라 유왕幽王이 견융犬戎에게 살해당하고, 동쪽으로 도읍을 옮기자 더욱 낮아져서 제후들이 이반했다. 진秦나라가 처음으로 제후의 반열이 되었다.

36년, 혜백이 죽고 아들 석보石甫가 계승했는데 그의 아우 무武가 살해하고 대신 즉위했으니. 이이가 목공繆公이다.

목공이 3년에 죽고 아들 환공桓公 종생終生①이 계승했다.

惠伯二十五年 周幽王爲犬戎所殺 因東徙 益卑 諸侯畔之 秦始列爲諸侯 三十六 惠伯卒 子石甫立 其弟武殺之代立 是爲繆公 繆公三年卒 子

桓公終生[①]立

① 終生종생

집해 손검이 말했다. "다른 판본에서는 '종생終湦'이라고 했다. 湦의 발음은 '생生'이다."

孫檢云 一作終湦 湦音生

환공 35년, 노나라 은공隱公이 계승했다.

45년, 노나라에서 그의 군주 은공을 시해했다.

46년,[①] 송나라 화보독華父督이 그의 군주 상공殤公을 시해했는데, 재앙이 공보孔父에게 미쳤다.

55년, 환공이 죽고 아들 장공莊公 역고夕[②]姑가 계승했다.

桓公三十五年 魯隱公立 四十五年 魯弑其君隱公 四十六年[①] 宋華父督弑其君殤公 及孔父 五十五年 桓公卒 子莊公夕[②]姑立

① 四十六年사십육년

신주 〈십이제후연표〉와 〈송미자세가〉에 따르면 47년이다.

② 夕역

색은 夕의 발음은 '역亦'이다. 곧 역고射姑다. 같은 발음은 '역亦'이다.

上音亦 即射姑也 同音亦

장공 23년, 제환공이 처음으로 패자가 되었다.

31년, 장공이 죽고 아들 희공釐公 이夷가 계승했다.

희공이 9년에 죽고 아들 소공昭公 반班이 계승했다.

소공 6년, 제환공이 채나라를 무찌르고 마침내 초나라 소릉에 이르렀다.

9년, 소공이 죽고 아들 공공共公 양襄이 계승했다.

공공 16년, 당초에 진晉나라 공자 중이重耳가 망명하면서 조曹나라를 지나가는데, 조나라 군주가 무례하게 그의 통갈비뼈①를 보자고 했다. 희부기釐②負羈가 간언해 말렸으나 듣지 않았는데 희부기는 개인적으로 중이에게 잘 대해 주었다.

21년, 진晉나라 문공文公 중이가 조나라를 쳐서 공공을 사로잡아 돌아갔지만, 군사들에게 명해 희부기의 종족이나 마을에는 쳐들어가지 말라고 했다. 어떤 이가 진문공을 설득하며 말했다.

"옛날 제환공은 제후들과 회맹하면서 다른 성씨들도 회복시켰는데, 지금 군주께서는 조나라 군주를 가두고 동성을 멸망시켰으니 무엇으로 제후들에게 명령하시겠습니까?"

진晉나라에서 이에 공공을 복귀시켰다.

莊公二十三年 齊桓公始霸 三十一年 莊公卒 子釐公夷立 釐公九年卒 子昭公班立 昭公六年 齊桓公敗蔡 遂至楚召陵 九年 昭公卒 子共公襄立 共公十六年 初 晉公子重耳其亡過曹 曹君無禮 欲觀其駢①脅 釐負羈②諫 不聽 私善於重耳 二十一年 晉文公重耳伐曹 虜共公以歸 令軍毋入釐負羈之宗族閭 或說晉文公曰 昔齊桓公會諸侯 復異姓 今君囚曹君 滅同姓 何以令於諸侯 晉乃復歸共公

① 騈변

집해 위소가 말했다. "변騈이란 뼈대가 붙은 것이다.(갈비뼈가 나란히 붙어 통뼈로 이루어진 구조)"

韋昭曰 騈者 幷幹也

정의 騈의 발음은 '변[白邊反]'이다. 脅의 발음은 '협[許業反]'이다.

騈 白邊反 脅 許業反

② 釐희

정의 釐의 발음은 '희僖'이다. 조나라 대부이다.

釐音僖 曹大夫

25년, 진문공이 죽었다.

35년, 공공이 죽고 아들 문공文公 수壽가 계승했다.

문공이 23년에 죽고 아들 선공宣公① 강彊이 계승했다.

선공이 17년에 죽고 아우 성공成公 부추負芻가 계승했다.②

二十五年 晉文公卒 三十五年 共公卒 子文公壽立 文公二十三年卒 子宣公①彊立 宣公十七年卒 弟成公負芻立②

① 宣公선공

색은 《좌전》을 살펴보니 선공의 이름은 '려廬'이다.

按左傳 宣公名廬

② 弟成公負芻立제성공부추립

신주 《사기지의》에 따르면 《좌전》 성공 13년 두예의 주석에서는 선공의 서자라 했다고 하는데, 그 주석이 옳다고 했다.

성공 3년, 진晉나라 여공厲公이 조나라를 쳐서 성공을 포로로 잡아 돌아갔다가 다시 석방해 주었다.①

5년, 진晉나라 난서欒書와 중항언中行偃이 정활程滑을 시켜 그의 군주 여공厲公을 시해하게 했다.

23년, 성공이 죽고 아들 무공武公 승勝이 계승했다.

무공 26년, 초나라 공자 기질棄疾이 그의 군주 영왕靈王을 시해하고 대신 즉위했다.

27년, 무공이 죽고 아들 평공平公 수須가 계승했다.

평공이 4년에 죽고 아들 도공悼公 오午가 계승했다. 이해에 송宋, 위衛, 진陳, 정鄭나라에 모두 화재가 있었다.

成公三年 晉厲公伐曹 虜成公以歸 已復釋之① 五年 晉欒書中行偃使程滑弒其君厲公 二十三年 成公卒 子武公勝立 武公二十六年 楚公子棄疾弒其君靈王代立 二十七年 武公卒 子平公(頃)[須]立 平公四年卒 子悼公午立 是歲 宋衛陳鄭皆火

① 已復釋之이복석지

색은 살펴보니 《좌전》 성공 15년에 진晉나라 여공厲公이 부추負芻를 잡아서 경사京師로 보냈다. 진나라에서는 선공宣公의 아우 자장子臧을 군주로 세우려고 했는데 자장이 말했다.

"성인聖人은 절도에 통달하고, 그다음 가는 사람은 절도를 지키고, 못난 사람은 절도를 잃는다고 했습니다. 군주가 된다는 것은 나의 절도가 아닙니다."

그리고 마침내 송나라로 달아났다. 조나라 사람들이 진나라에 청했다. 진나라 사람이 자장에게 일컬었다.

"나라로 돌아가면 우리는 (부추를) 돌려보내 군주로 삼을 것이다."

자장이 조나라로 돌아가자, 진나라에서는 이에 부추를 돌려보냈다.

按 左傳成十五年 晉厲公執負芻 歸于京師 晉立宣公弟子臧 子臧曰聖達節 次守節 下失節 爲君非吾節也 遂逃奔宋 曹人請于晉 晉人謂子臧反國 吾歸而君 子臧反 晉於是歸負芻

신주 《사기지의》에 따르면 성공 3년이 아니라 2년이어야 한다고 했다.

도공 8년, 송나라 경공景公이 계승했다.

9년, 도공이 송나라에 조회하러 갔는데 송나라에서 그를 가두었다. 그래서 조나라에서 그의 아우 야野를 군주로 세웠는데, 이이가 성공聲公이다. 도공은 송나라에서 죽어 조나라로 돌아와 장례를 지냈다.

성공 5년, 평공平公의 아우 통通(성공의 숙부)이 성공을 시해하고 대신 즉위했는데, 이이가 은공隱公①이다.

은공 4년, 성공聲公의 아우 로露가 은공을 시해하고 대신 즉위했는데, 이이가 정공靖公이다.

정공이 4년에 죽고 아들 조백양曹伯陽이 계승했다.
悼公八年 宋景公立 九年 悼公朝于宋 宋囚之 曹立其弟野 是爲聲公 悼公死於宋 歸葬 聲公五年 平公弟通弑聲公代立 是爲隱公[①] 隱公四年 聲公弟露弑隱公代立 是爲靖公 靖公四年卒 子伯陽立

① 隱公은공

색은 살펴보니 초주가 말했다. "《춘추》에는 그런 사실이 기록되어 있지 않다. 지금 《세본》과 《춘추》를 검토하니 도백悼伯이 죽고 아우 로露가 즉위했는데 시호를 정공靖公이라고 했다. 실제로 성공聲公과 은공隱公은 없는데, 아마 이는 저 문장이 스스로 소통하게 되었을 것이다."
按 譙周云春秋無其事 今檢系本及春秋 悼伯卒 弟露立 謚靖公 實無聲公隱公 蓋是彼文自疏也

조백양 3년, 나라 사람이 꿈을 꾸었는데 군자君子들이 사궁社宮[①]에 서서 조나라를 망하게 하려고 모의하고 있었다. 이때 조숙曹叔 진탁振鐸이 중지시키면서 공손강公孫彊을 기다려 달라고 청하자 허락하겠다고 했다. 아침에 조나라에서 찾았으나 이런 사람이 없었다. 꿈을 꾼 자가 그의 아들을 경계하여 말했다.
"우리는 망한다. 너는 공손강이 정치를 한다는 소문을 듣거든 반드시 조나라를 떠나 조나라에서 재앙을 입는 일[②]이 없도록 하라."

조백양이 즉위하자 사냥하고 주살을 쏘는 일을 좋아했다.

6년, 조나라 야인野人 공손강公孫彊은 또한 사냥하고 주살을 쏘는 것을 좋아했는데, 흰 기러기를 잡아서 조백양에게 바치고 또 사냥과 주살에 관하여 말하자 이를 계기로 정사를 물었다. 조백양은 크게 달가워하고 총애했으며 사성司城으로 삼아서 정사를 듣도록 했다. 꿈을 꾼 자의 아들이 이에 도망갔다.

伯陽三年 國人有夢衆君子立于社宮① 謀欲亡曹 曹叔振鐸止之 請待公孫彊 許之 旦 求之曹 無此人 夢者戒其子曰 我亡 爾聞公孫彊爲政 必去曹 無離曹禍② 及伯陽即位 好田弋之事 六年 曹野人公孫彊亦好田弋 獲白鴈而獻之 且言田弋之說 因訪政事 伯陽大說之 有寵 使爲司城以聽政 夢者之子乃亡去

① 社宮사궁

집해 가규가 말했다. "사궁社宮은 사社이다." 정중이 말했다. "사궁은 가운데 실옥室屋이 있다."

賈逵曰 社宮 社也 鄭衆曰 社宮 中有室屋者

② 離이

색은 이離는 곧 '이罹'이다. 이罹는 뒤집어쓰다는 뜻이다.

離即罹 罹 被也

공손강은 패업霸業에 관해 말하며 조백을 설득했다.

14년, 조백은 이를 따라 곧 진晉나라를 배신하고 송나라를 침범했다.① 송나라 경공景公이 공격해도 진晉나라 사람들은 조백양을 구원하지 않았다.

15년, 송나라가 조나라를 멸망시키고 조백양과 공손강을 붙잡아 돌아가서 살해했다. 조나라는 마침내 그 제사가 끊겼다.

公孫彊言霸說於曹伯 十四年 曹伯從之 乃背晉干宋① 宋景公伐之 晉人不救 十五年 宋滅曹 執曹伯陽及公孫彊以歸而殺之 曹遂絶其祀

① 背晉干宋배진간송

집해 가규가 말했다. "작은 것으로 큰 것에 더하는 것이다."

賈逵曰 以小加大

색은 간干은 범犯을 이른다. 조나라가 진晉나라를 버리고 송나라를 범하면 마침내 멸망하게 될 것이라고 말한 것이다. 배인은 가규의 "작은 것으로 큰 것에 더하다."라는 주석을 인용했는데, 가加는 능멸하는 일이고, 소小는 곧 조曹이며, 대大는 진晉과 송宋이다.

干謂犯也 言曹因棄晉而犯宋 遂致滅也 裴氏引賈逵注云以小加大者 加陵也 小即曹也 大謂晉及宋也

태사공은 말한다.①
나는 조나라 공공共公이 희부기僖負羈의 간언을 채용하지 않고, 대부용 수레를 탄 사람이 300명이나 있었던 사실②을 살펴보니, 그가 '덕을 세우지 못한 군주'였음을 알았다. 진탁振鐸이 꿈에 나타난 것이 어찌 조나라의 제사를 늘리고 싶지 않아서였겠는가. 만약 공손강公孫彊이 그러한 정치를 하지 않았다면 조숙진탁의 제사가 갑자기 끊어졌겠는가.③
太史公曰① 余尋曹共公之不用僖負羈 乃乘軒者三百人② 知唯德之不建 及振鐸之夢 豈不欲引曹之祀者哉 如公孫彊不脩厥政 叔鐸之祀忽諸③

① 太史公曰태사공왈

색은 여러 판본을 살펴보니 어떤 판본에는 이 논설이 없다.

檢諸本或無此論

② 乘軒者三百人승헌자삼백인

정의 〈진세가〉에 진晉나라 군사가 조나라에 쳐들어간 것이 여러 번이었는데, 희부기의 말을 채용하지 않고 미녀가 대부용 수레를 탄 사람이 300명이었다.

晉世家云 晉師入曹 數之 以其不用僖負羈言 而美女乘軒三百人也

③ 叔鐸之祀忽諸숙탁지사홀제

정의 만약 공손강이 패도霸道의 정치를 닦지 않았다면, 백양伯陽의 아들이 군주로 섰을 것이고 숙진탁이 오히려 제사를 흠향했을 것이니 어찌 갑자기 단절되었겠는가.

至如公孫彊不脩霸道之政 而伯陽之子立 叔鐸猶尙饗祭祀 豈合忽絶之哉

색은술찬 사마정이 펼쳐서 밝히다.

무왕의 아우는 관管, 채蔡, 곽霍이다. 주공이 재상이 되자 유언비어가 시작되었다. 낭발狼跋(이리가 나아감)의 어려움에 이르렀지만 치효鴟鴞로 악을 토벌했다.[①] 호胡는 행동을 고쳐 그 작위를 회복했다. 헌무獻舞는 초나라로 잡혀갔는데, 이는 식息나라를 대우함에 예禮가 얄팍했기 때문이다. 목후穆侯가 제나라 포로가 된 것은 배를 흔든 어긋난 희롱 때문이다. 조나라 공공은 진晉나라를 능멸했지만 희부기는 앞서 깨우쳤다. 조백양과 사社의 꿈에서 복은 진탁振鐸에서 기울어졌구나.

武王之弟 管蔡及霍 周公居相 流言是作 狼跋致艱 鴟鴞討惡[①] 胡能改行 克復其爵 獻舞執楚 遇息禮薄 穆侯虜齊 蕩舟乖謔 曹共輕晉 負羈先覺 伯陽夢社 祚傾振鐸

① 狼跋致艱 鴟鴞討惡낭발치간 치효토악

신주 〈낭발狼跋〉과 〈치효鴟鴞〉는 모두 《시경》 〈국풍〉에 나오는 시다. 후대의 주석과 해설에 따르면 주공의 충정과 관계가 깊다. 사마정 역시 그 설명을 따랐다.

[지도 4] 관채세가(조세가 포함)

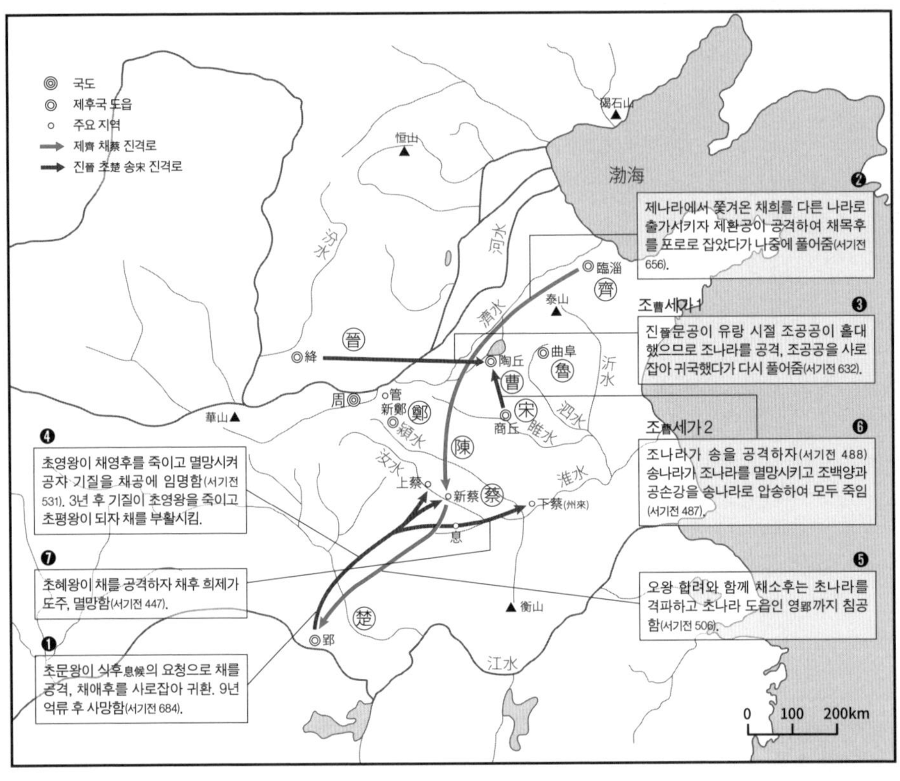

국도
제후국 도읍
주요 지역
제齊 채蔡 진격로
진晉 초楚 송宋 진격로
渤海
❷
제나라에서 쫓겨온 채희를 다른 나라로 출가시키자 제환공이 공격하여 채목후를 포로로 잡았다가 나중에 풀어줌(서기전 656).
조曹세가 1
❸
진晉문공이 유랑 시절 조공공이 홀대했으므로 조나라를 공격, 조공공을 사로잡아 귀국했다가 다시 풀어줌(서기전 632).
조曹세가 2
❻
조나라가 송을 공격하자(서기전 488) 송나라가 조나라를 멸망시키고 조백양과 공손강을 송나라로 압송하여 모두 죽임(서기전 487).
❺
오왕 합려와 함께 채소후는 초나라를 격파하고 초나라 도읍인 영郢까지 침공함(서기전 506).
❹
초영왕이 채영후를 죽이고 멸망시켜 공자 기질을 채공에 임명함(서기전 531). 3년 후 기질이 초영왕을 죽이고 초평왕이 되자 채를 부활시킴.
❼
초혜왕이 채를 공격하자 채후 희제가 도주, 멸망함(서기전 447).
❶
초문왕이 식후息侯의 요청으로 채를 공격, 채애후를 사로잡아 귀환. 9년 억류 후 사망함(서기전 684).
碣石山
恒山
汾水
河水
濟水
臨淄
齊
泰山
晉
絳
陶丘
曹
曲阜
魯
沂水
周
管
新鄭
鄭
宋
商丘
泗水
華山
潁水
睢水
陳
汝水
淮水
上蔡
新蔡
蔡
下蔡(州來)
息
衡山
楚
郢
江水
0 100 200km

사기 제36권 史記卷三十六

진기세가 陳杞世家

사기 제36권 진기세가 제6
史記卷三十六 陳杞世家第六

신주 진陳나라 시조인 진호공陳胡公은 규성嬀姓에 이름은 만滿이다. 진호공을 우호공虞胡公이라고도 하는데, 우虞는 곧 순舜임금이니 순임금의 후예라는 뜻이다. 맹자는 순임금을 동이족이라고 했으므로 진陳나라도 동이족이 세운 국가다. 진호공 규만嬀滿은 제순帝舜의 33대 후손이라고 하는데, 제요帝堯가 두 딸을 순에게 시집보내고 규예嬀汭에 거처하게 하여 규성嬀姓이 시작한다. 제순이 천하를 우禹에게 선양하자 제우帝禹는 하조夏朝를 건립하고 제순의 아들 상균商均을 우국虞國에 봉해 제후로 삼았다고 하는 규만은 상균의 후손이다. 주무왕이 상조商朝를 멸망시키고 동성同姓과 공신들을 제후로 봉하는 봉건제를 실시했는데 무왕은 장녀 대희大姬를 제순의 후예 우만虞滿(규만)에게 시집보내고 규만을 진陳에 봉해 제순의 제사를 받들게 했다. 그래서 진씨陳氏의 시조가 되었다. 진호공은 작위가 후작侯爵이었는데 주성왕 9년 세상을 떠나자 호공胡公이라는 시호를 내렸다.

규성의 국가로는 진국陳國 외에 전제田齊가 차지한 제국齊國과 수국遂國이 있는데, 이들 모두 동이족 국가들이다.

1. 진국陳國 선조 계보

황제黃帝 → 창의昌意 → 전욱顓頊 → 궁선窮蟬 → 경강敬康 → 구망句望 → 교우橋牛 → 고수瞽叟 — 제순帝舜 → 상균商均 → 알보遏父 → 진호공陳胡公

2. 진국 군주 계보

진호공陳胡公 → 진신공陳申公 → 진상공陳相公 → 진효공陳孝公 → 진신공陳申公 → 진유공陳幽公 → 진희공陳釐公 → 진무공陳武公 → 진이공陳夷公 → 진평공陳平公 → 진문공晉文公 → 진환공陳桓公 → 진폐공陳廢公 → 진여공陳厲公 → 진장공陳莊公 → 진선공陳宣公 → 진목공陳穆公 → 진공공陳共公 → 진영공陳靈公 → 하징서夏徵舒 → 진성공陳成公 → 진애공陳哀公 → 진군류陳君留 → (초평왕楚平王)(서기전 533～서기전 529 진 멸망) → 진혜공陳惠公 → 진회공陳懷公 → 진민공陳湣公(서기전 478년 초에게 멸망함)

순임금의 후예

진陳나라 호공胡公 만滿은 우제순虞帝舜의 후예다. 옛날 순舜이 서인庶人이었을 때, 요堯가 두 딸을 순의 아내로 삼아주고 규예嬀汭에 살게 했다. 그 후세가 이로 인해 씨성으로 삼아① 성을 규嬀라고 했다. 순이 붕어하고 우禹에게 천하를 전하자, 순의 아들 상균商均은 봉국封國의 신분이 되었다.② 하후夏后 시대에 혹은 지위를 잃기도 하고 혹은 잇기도 했다.③

주나라 무왕이 은나라 주紂를 이기고 다시 순의 후예를 찾았는데,④ 규만嬀滿을 얻어서 진陳에 봉하여⑤ 제순의 제사를 받들게 했다. 이이가 호공胡公이다.

陳胡公滿者 虞帝舜之後也 昔舜爲庶人時 堯妻之二女 居于嬀汭 其後因爲氏姓① 姓嬀氏 舜已崩 傳禹天下 而舜子商均爲封國② 夏后之時 或失或續③ 至于周武王克殷紂 乃復求舜後④ 得嬀滿 封之於陳⑤ 以奉帝舜祀 是爲胡公

① 其後因爲氏姓기후인위씨성

신주 《사기지의》에서 말한다. "순임금의 성은 요姚인데, 주나라가 호공을 봉하기에 이르러 성을 내려 규媯라고 했다. 《사기》에서 호공의 이전 성을 '규'라고 한 것은 어긋난 증거가 없지 않으니, 아래 문장에서 '호공에 이르러 주나라에서 성을 내려주었다.'라고 한 것과 상반된다. 공중달과 정어중鄭漁仲(송나라 정초鄭樵)은 모두 그 잘못을 따졌다. 《한서》 〈왕망전〉에 실린 왕망이 '순임금은 앞서 요姚라는 성을 받고 도당(요임금) 시대에 있어 규媯라고 했으며 주나라에 있어 진陳이라고 했다.'라고 한 말은 더욱 망령되는데, 어찌 《사기》의 잘못에 닿아 꾸며 늘린 것인가."

제순은 규성媯姓이라고도 하고, 요성姚姓이라고도 한다. 제순이 규수媯水 가에서 살았기 때문에 규를 성으로 한 것이고, 또 요姚의 옛 터전에서 태어났으므로 요姚를 성姓으로 한 것이다. 시대가 오래되었기 때문에 그 정확한 사실을 파악하기는 쉽지 않다.

② 舜子商均爲封國순자상균위봉국

색은 살펴보니 상균商均을 봉한 우虞는 곧 지금 양국 우성이 이곳이다.

按 商均所封虞 即今之梁國虞城是也

③ 夏后之時 或失或續하후지시 혹실혹속

색은 살펴보니 하대夏代에 오히려 우사虞思와 우수虞遂에 봉했다고 한 것이 이것이다.

按 夏代猶封虞思虞遂是也

④ 復求舜後복구순후

색은 알보遏父는 주나라 도정陶正이 되었다. 알보는 우수虞遂의 후예다. 도정은 관직 이름이다. 알보가 규만媯滿을 낳았다.

遏父爲周陶正 遏父 遂之後 陶正 官名 生滿

신주 《사기지의》에서 말한다. "《좌전》 양공 25년에서 자산子産이 말한 '우虞의 알보는 주나라 도정이 되어 우리 선왕을 섬겼는데, 우리 선왕이 원녀 태희를 호공의 배필로 삼아 진陳에 봉했다.'라고 하니, 구하여 얻은 것이 아니다. 호공은 알보의 아들이니, 《당서》 〈세계표〉에서 무왕이 원녀를 알보의 처로 삼게 하여 호공을 낳았다고 한 것은 망령된 것이다. 또 《대대례》 〈소간〉에서 '우임금이 천명을 받고 요성을 진陳에 옮겨 도읍하게 했다.'라고 하고, 아래 색은 에서 송충을 인용하여 '탕임금은 우수를 진陳에 봉했다.'라고 한다. 그런즉 호공은 참으로 봉국을 이은 것인가? 대체로 믿지못하겠다."

⑤ 封之於陳봉지어진

색은 《좌전》에서 말한다. "무왕은 원녀(장녀) 태희太姬를 우虞 호공의 배필로 삼아 진陳에 봉하고, 세 가지 삼갈 것을 갖추게 했다."
左傳曰 武王以元女太姬配虞胡公而封之陳 以備三恪

호공이 죽고 아들 신공申公 서후犀侯가 계승했다.
신공이 죽고 아우 상공相公 고양皐羊이 계승했다.
상공이 죽자 신공의 아들 돌突을 군주로 세웠는데, 이이가 효공孝公이다.
효공이 죽고 아들 신공愼公 어융圉戎이 계승했다. 신공은 주나라 여왕厲王 때에 해당한다.

신공이 죽자 아들 유공幽公 녕寧이 계승했다.

유공 12년, 주나라 여왕厲王이 체 땅으로 달아났다.[①]

胡公卒 子申公犀侯立 申公卒 弟相公皐羊立 相公卒 立申公子突 是爲孝公 孝公卒 子愼公圉戎立 愼公當周厲王時 愼公卒 子幽公寧立 幽公十二年 周厲王奔于彘[①]

① 幽公十二年 周厲王奔于彘유공십이년 주여왕분우체

신주 《사기지의》에 따르면 이 사건은 유공 13년의 일이라 한다. 〈십이제후연표〉에서 추산하면 그 말이 맞다.

23년, 유공이 죽고 아들 희공釐公 효孝가 계승했다.

희공 6년, 주나라 선왕宣王이 즉위했다.[①]

36년, 희공이 죽고 아들 무공武公 령靈이 계승했다.

무공이 15년에 죽고 아들 이공夷公 설說이 계승했다. 이해에 주나라 유왕이 즉위했다.[②]

이공이 3년에 죽고 아우 평공平公 섭燮[③]이 계승했다.

평공 7년, 주나라 유왕이 견융犬戎에게 피살되고 주나라는 동쪽으로 수도를 옮겼다. 진秦나라가 처음으로 제후의 반열이 되었다.

二十三年 幽公卒 子釐公孝立 釐公六年 周宣王即位[①] 三十六年 釐公卒 子武公靈立 武公十五年卒 子夷公說立 是歲 周幽王即位[②] 夷公三年卒 弟平公燮[③]立 平公七年 周幽王爲犬戎所殺 周東徙 秦始列爲諸侯

① 六年 周宣王即位육년 주선왕즉위

신주 《사기지의》에 따르면 희공 6년이 아니라 5년이라고 한다. 〈십이제후연표〉에 보면 그 말이 맞다.

② 是歲 周幽王即位시세 주유왕즉위

신주 《사기지의》에 따르면 이때는 유왕 2년이라고 한다. 〈십이제후연표〉에서 보면 그 말이 맞다.

③ 燮섭

정의 燮의 발음은 '섭[先牒反]'이다.

燮 先牒反

23년, 평공이 죽고 아들 문공文公 어圉가 계승했다.

문공 원년, 채나라 여자에게 장가들어 아들 타佗①를 낳았다.

10년, 문공이 죽고 맏아들 환공桓公 포鮑가 계승했다.

환공 23년, 노나라 은공이 처음 즉위했다.

26년, 위衛나라에서 그의 군주 주우州吁를 살해했다.

33년, 노나라에서 그의 군주 은공을 시해했다.

二十三年 平公卒 子文公圉立 文公元年 取蔡女 生子佗① 十年 文公卒 長子桓公鮑立 桓公二十三年 魯隱公初立 二十六年 衛殺其君州吁 三十三年 魯弒其君隱公

① 佗타

정의 佗의 발음은 '다[徒何反]'이다.

徒何反

신주 《사기지의》에 따르면 문공은 채나라 여자를 취하지 않았고 타佗의 어머니에 대해서는 들은 적이 없다고 한다.

38년 정월 갑술 기축일[①]에 환공 포가 죽었다.
환공의 아우 타佗는 그의 어머니가 채나라의 딸이었다. 그러므로 채나라 사람이 타佗를 위해 오보五父와 환공의 태자 면免을 살해하고 타를 군주로 세웠는데,[②] 이이가 여공厲公이다. 환공이 병이 들자 난亂이 일어나 나라 사람들이 뿔뿔이 흩어졌기 때문에 거듭 부고했다.[③]
三十八年正月甲戌己丑[①] 桓公鮑卒 桓公弟佗 其母蔡女 故蔡人爲佗殺五父及桓公太子免而立佗[②] 是爲厲公 桓公病而亂作 國人分散 故再赴[③]

① 正月甲戌己丑정월갑술기축

색은 진陳나라가 혼란스러운 까닭에 거듭 그 (죽은) 날짜를 부고했다.

陳亂 故再赴其日

정의 갑술과 기축 사이는 무릇 16일이다.

甲戌己丑凡十六日

② 蔡人爲佗殺五父及桓公太子免而立佗채인위타살오부급환공태자면이립타

집해 초주가 말했다. "《춘추전》에서는 타佗는 곧 오보五父라고 일컬었는데 〈진기세가〉와 《춘추전》이 어긋난다."

譙周曰 春秋傳謂佗即五父 世家與傳違

색은 초주가 말하길 "《춘추전》에서는 타他를 곧 오보五父라고 일컬었는데, 이곳과는 다르다."라고 했다. 이곳의 타他는 여공厲公이 되고, 태자 면免의 아우 약躍은 이공利公이 된다. 그런데 《좌전》에서는 여공의 이름을 약躍이라고 했다. 타他가 군주로 섰지만 해를 넘기지 못해서 시호가 없다. 그러므로 채나라 사람이 진陳나라 타他를 살해했다고 했다. 또 장공 22년, 《좌전》에서 "진陳나라 여공은 채나라 여자가 낳았다. 채나라 사람이 오보를 죽이고 그를 군주로 세웠다."라고 한다. 곧 타他와 오보五父는 함께 채나라 사람이 죽였는데 그 사건이 다르지 않으니 이는 한 사람인 것이 명백하다. 《사기》에서 이미 타他를 여공이라 했고, 마침내 약躍을 이공利公이라고 했다. 살펴보니 여厲와 이利는 발음이 서로 비슷해서 마침내 타他를 여공이라 하고, 오보五父를 다른 사람이라고 했다. 이는 태사공이 착오했을 따름이다. 반고班固가 또 여공 약을 환공桓公의 아우라 했는데, 또 잘못이다.

譙周曰春秋傳謂他即五父 與此違者 此以他爲厲公 太子免弟躍爲利公 而左傳以厲公名躍 他立未踰年 無謚 故蔡人殺陳他 又莊二十二年傳云陳厲公 蔡出也 故蔡人殺五父而立之 則他與五父俱爲蔡人所殺 其事不異 是一人明矣 史記旣以他爲厲公 遂以躍爲利公 尋厲利聲相近 遂誤以他爲厲公 五父爲別人 是太史公錯耳 班固又以厲公躍爲桓公弟 又誤

③ 國人分散 故再赴국인분산 고재부

집해 서광이 말했다. "반고는 여공 약躍을 환공의 아우라고 했다."
徐廣曰 班氏云厲公躍者 桓公之弟也

신주 《춘추》 노환공 12년에, 진陳군주 약躍이 세상을 떠났다고 하니, 여공의 이름은 '약'이 확실해 보인다. 그렇다면 뒤를 이은 이공利公의 이름이 문제인데, 《춘추》와 《좌전》에 딱히 나오지 않아서 특정하기 불가능하다. 또 여공이 환공의 아우인지 아들인지 정하기도 어렵다. 그렇지만 환공의 긴 재위기간으로 볼 때 여공은 환공의 아우가 아니라 아들일 가능성이 더 높다. 참고로 우리나라 조선시대에 간행된 《춘추세계도》에는 타佗를 환공의 아우로, 여공 약을 환공의 아들로 나타내고 있다.

여공 2년, 아들 경중敬中 완完을 낳았다. 주나라 태사太史가 진陳나라를 지나가자, 진나라 여공이 《주역》으로 완에 대해 점을 치게 했는데, 점괘에서 관觀괘와 비否괘를 얻었다.①
"이는 국가의 광명을 보는 것이니, 왕에게 손님 대접을 받는 것이 이롭습니다.② 이는 그가 진陳을 대신해 나라를 가질 것인가? 이곳에 있지 않고 다른 나라③에서 있을 것인가? 이것이 그 자신에게 있지 않다면 그의 자손④에게 있을 것입니다. 만약 다른 나라에 있다면 반드시 강성姜姓⑤일 것입니다. 강성은 태악太嶽의 후손입니다.⑥ 사물이란 양쪽에서 성대할 수 없으니 진陳이 쇠약해지면 이 사람이 창대할 것입니다.⑦"
厲公二年 生子敬仲完 周太史過陳 陳厲公使以周易筮之 卦得觀之否①
是爲觀國之光 利用賓于王② 此其代陳有國乎 不在此 其在異國③ 非此

其身 在其子孫[④] 若在異國 必姜姓[⑤] 姜姓 太嶽之後[⑥] 物莫能兩大 陳衰 此其昌乎[⑦]

① 卦得觀之否괘득관지부

집해 가규가 말했다. "곤坤[☷]이 아래에 있고 손巽[☴]이 위에 있는 것이 관괘觀卦고, 곤坤[☷]이 아래에 있고 건乾[☰]이 위에 있는 것이 비괘否卦다. 관괘의 효는 64효에서 변화하여 비괘로 가는 것이다."

賈逵曰 坤下巽上觀 坤下乾上否 觀爻在六四 變而之否

② 利用賓于王이용빈우왕

집해 두예가 말했다. "이는 《주역》 관괘 64효의 효사爻辭다. 《주역》의 글이 있는데, 6효가 모두 변상變象이 있고 또 호체互體가 있어 성인이 그 뜻을 따라 논했다."

杜預曰 此周易觀卦六四爻辭也 易之爲書 六爻皆有變象 又有互體 聖人隨其義而論之

③ 異國이국

정의 64효가 변한다. 내괘는 중국中國이 되고, 외괘는 이국異國이 된다고 한다.

六四變 內卦爲中國 外卦爲異國

④ 子孫자손

정의 내괘는 자신이 되고, 외괘는 자손이 된다. 변화하면 밖에 있게 되므로, 자손에게 (영광이 있다는 것을) 안 것이다.
內卦爲身 外卦爲子孫 變在外 故知在子孫也

⑤ 姜姓강성

정의 64효가 변화하면 이 효는 곧 신미辛未이며, 관괘 위에 체體가 손괘이니, 미未는 양羊이 되고 손巽은 여자가 되어 여자가 양羊을 타므로 강姜이 된다. 강姜은 제나라의 성씨이므로 제나라에 있을 것을 안 것이다.
六四變 此爻是辛未 觀上體巽 未爲羊 巽爲女 女乘羊 故爲姜 姜 齊姓 故知在齊

⑥ 太嶽之後태악지후

집해 두예가 말했다. "강성의 선조는 요임금 때 사악四嶽이 된다."
杜預曰 姜姓之先爲堯四嶽

⑦ 陳衰 此其昌乎진쇠 차기창호

정의 주경왕敬王 41년(서기전 479), 초혜왕楚惠王이 진민공陳湣公을 살해했다. 제간공齊簡公은 주경왕 39년에 전상田常에게 죽임을 당했다.
周敬王四十一年 楚惠王殺陳湣公 齊簡公 周敬王三十九年被田常殺之

여공은 채나라 여인에게 장가들었는데, 채나라 여인이 채나라 사람과 간통했고 여공도 자주 채나라로 가서 음란한 짓을 했다.
7년, 여공은 환공의 태자 면免의 세 아우에게 죽임을 당했다. 큰 아우가 약躍이고 가운데는 림林이며 막내는 저구杵臼였는데, 함께 채나라 사람으로 하여금 여공이 여색을 좋아하는 것을 이용하여 꾀어서 채나라 사람과 함께 여공을 살해하고① 약을 군주로 세웠는데, 이이가 이공利公이다. 이공은 환공의 아들이다.
이공이 즉위한 지 5개월 만에 죽자 가운데 아우 림林이 계승했는데, 이이가 장공莊公이다.
장공이 7년에 죽고(서기전 693) 막내아우 저구가 계승했는데, 이이가 선공宣公이다.
厲公取蔡女 蔡女與蔡人亂 厲公數如蔡淫 七年 厲公所殺桓公太子免之三弟 長曰躍 中曰林 少曰杵臼 共令蔡人誘厲公以好女 與蔡人共殺厲公①而立躍 是爲利公 利公者 桓公子也 利公立五月卒 立中弟林 是爲莊公 莊公七年卒 少弟杵臼立 是爲宣公

① 與蔡人共殺厲公여채인공살여공

집해 《공양전》에서 말한다. "채나라에서 음란한 짓을 하여 채나라 사람이 살해했다."

公羊傳曰 淫于蔡 蔡人殺之

선공 3년, 초나라 무왕이 죽고 초나라가 비로소 강성해졌다.
17년, 주나라 혜왕惠王이 진陳나라 여자를 취해서 후로 삼았다.
21년, 선공은 후궁 중에서 총애한 여인이 있어서 아들 관款을 낳았다. 관을 태자로 세우고자 그의 태자인 어구禦寇를 살해했다.

어구는 평소 여공의 아들 완完을 아꼈는데, 완은 화가 자신에게 미칠 것이 두려워 이에 제나라로 달아났다.(제환공 14년, 서기전 672) 제환공이 진완陳完을 제나라 경卿으로 삼으려 하자, 완이 말했다.

"나그네 신세의 신하로[①] 다행히 처마 밑에 기대는 신세에서 벗어난 것도 군주의 은혜인데, 감히 높은 지위를 감당할 수 없습니다."

그러자 환공은 그를 공정工正[②]으로 삼도록 했다.

宣公三年 楚武王卒 楚始彊 十七年 周惠王娶陳女爲后 二十一年 宣公後有嬖姬生子款 欲立之 乃殺其太子禦寇 禦寇素愛厲公子完 完懼禍及己 乃奔齊 齊桓公欲使陳完爲卿 完曰 羈旅之臣[①] 幸得免負檐 君之惠也 不敢當高位 桓公使爲工正[②]

① 羈旅之臣기려지신

집해 가규가 말했다. "기羈는 '붙어 있다'는 뜻이고, 여旅는 '나그네'라는 뜻이다."

賈逵曰 羈 寄 旅 客也

신주 기려지신은 타향이나 타국에 우거寓居하는 신하를 뜻한다.

② 工正공정

정의 《주례》에서 말한다. "동관冬官을 고공考工이라고 하는데 기계를 만드는 것을 주관한다."

周禮云冬官爲考工 主作器械

제나라 의중懿仲이 진경중陳敬仲에게 (딸을) 아내로 주려고① 점을 치게 했는데, 점괘에서 말했다.

"이는 봉황 한 쌍이 날아올라 장장한 울림으로 화답하는 격이다.②

유규有嬀(순임금)의 후예는 장차 강씨의 나라에서 길러질 것이다.③

5세에 번창해 정경正卿과 나란히 하리라.④ 8세 후에는 경京⑤과 함께 할 사람이 없을 것이다."

齊懿仲欲妻陳敬仲① 卜之 占曰 是謂鳳皇于飛 和鳴鏘鏘② 有嬀之後 將育于姜③ 五世其昌 竝于正卿④ 八世之後 莫之與京⑤

① 齊懿仲欲妻陳敬仲제의중욕처진경중

신주 《사기지의》에서 말한다. "《좌전》에서는 '의씨懿氏'라고 했는데, 두예는 주석하여 진부인陳夫人이라고 했다. '仲중'이라고 한 것도 잘못이고 '齊제'는 더욱 잘못이다. 당연히 '懿氏의씨'라고 해야 한다. '齊제'를 고쳐서 '初초'라고 해야 합당하니, 아마 이는 앞의 일을 추가로 기록한 것이다."

《좌전》의 기록이나 양옥승의 의견이 합당할 것이다. 진완은 이때 장년이었는데 제나라로 달아나 결혼했다는 것은 상식에 맞지 않기 때문이다.

② 鳳皇于飛 和鳴鏘鏘봉황우비 화명장장

집해 두예가 말했다. "수컷은 봉鳳이고, 암컷은 황凰이다. 암수가 함께 날아 서로 화락하고 지저귀는 모양을 장장연鏘鏘然하다고 한다. 진경중陳敬仲 부처夫妻가 명성과 명예를 가짐과 같다."

杜預曰 雄曰鳳 雌曰皇 雄雌俱飛 相和而鳴 鏘鏘然也 猶敬仲夫妻有聲譽

③ 有嬀之後 將育于姜유규지후 장육우강

집해 두예가 말했다. "규嬀는 진陳나라 성이고 강姜은 제齊나라 성이다."
杜預曰嬀 陳姓 姜 齊姓

④ 五世其昌 竝于正卿오세기창 병우정경

집해 복건이 말했다. "진완의 후예 5대에 경卿과 아울러 반열한다는 말이다."
服虔曰 言完後五世與卿竝列

⑤ 京경

집해 가규가 말했다. "경京은 대大다."
賈逵曰 京 大也

정의 살펴보니 진경중陳敬仲의 8대손은 전상田常의 아들 양자襄子 반磐이다. 두예가 전상을 8대손이라고 한 것은 환자桓子 무우無宇가 무자武子 개開를 낳았는데, 희자釐子 기乞와 함께 모두 서로 계승해 제나라를 섬겼기 때문에 전상을 8대손으로 삼았다.
按 陳敬仲八代孫 田常之子襄子磐也 而杜以常爲八代者 以桓子無宇生武子開與釐子乞皆相繼事齊 故以常爲八代

신주 가규는 경京을 대大라고 했는데, 잘못된 것이다. '경'이란 음운에 '크다'라는 뜻은 없다. '경'이란 음운은 '끝, 꼭대기, 지극함, 마침'이란 뜻을 담고 있다. 따라서 경京이란 최고권력자(지배자 혹은 임금)를 말한다.

또 원래는 왕(천자)의 거처를 경京, 제후의 거처를 도都, 대부의 거처를 읍邑이라고 한다. 따라서 경을 더불어 할 사람이 없다는 것은 하나의 봉국封國을 가진 제후가 되어 경으로 가서 왕을 알현할 권리를 가진다는 뜻이다. 여기서는 아마 후자일 것이다.

37년, 제나라 환공이 채나라를 공격했는데 채나라가 패했다. 환공은 남쪽으로 초나라를 침범하고 소릉召陵에 이르렀다가 진陳나라를 지나서 돌아갔다.
진陳대부 원도도轅濤塗는 환공이 진나라를 지나가는 것을 싫어해 거짓으로 제나라에게 동쪽 길로 나가라고 했다. 동쪽 길이 좋지 않자 환공이 노하여 진나라의 원도도를 체포했다. 이해에 진晉나라 헌공獻公이 그의 태자 신생申生을 살해했다.
45년, 선공이 죽고 아들 관款이 계승했는데, 이이가 목공穆公이다.
목공 5년(서기전 643), 제나라 환공이 죽었다.
16년, 진晉나라 문공文公이 초나라 군사를 성복城濮에서 물리쳤다. 이해에 목공이 죽고 아들 공공共公 삭朔이 계승했다.
공공 6년, 초나라 태자 상신商臣이 그의 아버지 성왕成王을 시해하고 대신 왕이 되었는데, 이이가 목왕穆王이다.
11년, 진秦나라 목공穆公이 죽었다.
18년, 공공이 죽고 아들 영공靈公 평국平國이 계승했다.
영공① 원년, 초나라 장왕莊王이 즉위했다.
6년, 초나라에서 진陳나라를 정벌했다.
10년, 진陳나라가 초나라와 화평했다.
三十七年 齊桓公伐蔡 蔡敗 南侵楚 至召陵 還過陳 陳大夫轅濤塗惡其過陳 詐齊令出東道 東道惡 桓公怒 執陳轅濤塗 是歲 晉獻公殺其太子

申生 四十五年 宣公卒 子款立 是爲穆公 穆公五年 齊桓公卒 十六年 晉文公敗楚師于城濮 是歲 穆公卒 子共公朔立 共公六年 楚太子商臣弑其父成王代立 是爲穆王 十一年 秦穆公卒 十八年 共公卒 子靈公平國立 靈公[①]元年 楚莊王即位 六年 楚伐陳 十年 陳及楚平

① 靈公영공

정의 《시법》에서 말한다. "혼란스러워도 덜어내지 않는 것을 영靈이라고 한다."

諡法云亂而不損曰靈

14년, 영공이 그의 대부 공녕孔寧과 의행보儀行父와 함께 모두 하희夏姬[①]와 간통하고서는 하희의 옷을 속에 입고[②] 조정에서 희롱했다. 이에 설야泄冶가 간언했다.

"군주와 신하가 음란하면 백성이 무엇을 본받겠습니까?"

영공이 두 사람에게 알리자, 두 사람은 설야를 죽이기를 청했다. 영공이 금지하지 않자 마침내 설야를 죽였다.[③]

十四年 靈公與其大夫孔寧儀行父皆通於夏姬[①] 衷其衣以戲於朝[②] 泄冶諫曰 君臣淫亂 民何效焉 靈公以告二子 二子請殺泄冶 公弗禁 遂殺泄冶[③]

① 夏姬하희

정의 《열녀전》에서 말한다. "진陳나라 여인 하희夏姬는 진나라 대부인 하징서夏徵舒의 어머니고 어숙御叔의 아내다. 세 번 왕후가 되었고, 일곱 번 부인이 되었다. 공후들이 (그녀 때문에) 다투었는데, 미혹되어 정신을 잃지 않는 사람이 없었다." 두예가 말했다. "하희는 정鄭목공穆公의 딸이고 진나라 대부인 어숙의 아내다." 《좌전》에서 말한다. "어숙을 죽이고 영후靈侯를 시해하고 하남夏南(하징서)을 죽이고 공녕孔寧과 의행보儀行父를 내쫓고 진나라를 잃게 했다."

列女傳云 陳女夏姬者 陳大夫夏徵舒之母 御叔之妻也 三爲王后 七爲夫人 公侯爭之 莫不迷惑失意 杜預云 夏姬 鄭穆公女 陳大夫御叔之妻 左傳云 殺御叔 弑靈侯 戮夏南 出孔儀 喪陳國

신주 하희가 세 번이나 왕후가 되고 일곱 번이나 부인이 되는 것은 불가능하다. 이 말은 과장법에 의한 비유일 것이다. 후后는 후侯와 통하니, 그녀가 세 명의 왕후王侯에게 위함을 받았다고 해석할 수 있다. 즉 이복오라비인 정鄭나라 영공靈公을 비롯하여 진陳나라 영공靈公과 초楚나라 장왕莊王이 그들이다. 일곱 번 부인이 되었다는 것은 일곱 명의 대부에게 위함을 받았다는 뜻이다. 정나라 자공子公과 진陳나라 하어숙과 공녕과 의행보, 초나라 양로襄老와 흑요黑要와 신공무신申公巫臣에게 사랑받았다. 앞서 〈오태백세가〉에도 나온다.

② 衷충

집해 《좌전》에서 말한다. "충衷은 그 여자의 속옷이다." 《곡량전》에서 말한다. "혹은 그 옷을 입고 혹은 그 속옷을 걸쳤다."

左傳曰 衷其衵服 谷梁傳曰 或衣其衣 或中其襦

③ 殺泄冶살설야

집해 《춘추》에서 말한다. "진나라에서 그 대부 설야를 죽였다."

春秋曰 陳殺其大夫泄冶

15년, 영공이 공녕과 의행보 두 사람과 함께 하씨夏氏의 집에서 술을 마셨다. 영공이 두 사람을 놀리며 말했다.

"징서徵舒가 너를 닮았다."

공녕과 의행보 두 사람이 말했다.

"또한 공公도 닮았습니다."①

하징서가 노했다. 영공이 술자리를 파하고 나왔는데, 하징서가 쇠뇌를 객사客舍 문에 숨겼다가 영공을 쏘아 죽였다.② 공녕과 의행보는 모두 초나라로 달아났고, 영공의 태자 오午는 진晉나라로 달아났다. 하징서가 스스로 즉위하여 진후陳侯가 되었다.③

하징서는 옛 진陳나라 대부다. 하희는 어숙御叔의 아내였으며 하징서의 어머니다.

十五年 靈公與二子飮於夏氏 公戱二子曰 徵舒似汝 二子曰 亦似公① 徵舒怒 靈公罷酒出 徵舒伏弩廄門射殺靈公② 孔寧儀行父皆奔楚 靈公太子午奔晉 徵舒自立爲陳侯③ 徵舒 故陳大夫也 夏姬 御叔之妻 舒之母也

① 亦似公역사공

집해 두예가 말했다. "영공이 즉위한 지 15년이었는데, 하징서는 이미 경卿이 되고 나이를 먹었으니 영공의 아들이라고 의심할 수 없다. 대개 하희가 음란하고 방탕한데 그의 아들이 비슷한 점이 많았으므로 놀린 것을 이른다."

杜預曰 靈公即位十五年 徵舒已爲卿 年大 無嫌是公子也 蓋以夏姬淫放 故謂其子多似以爲戱也

② 射殺靈公사살영공

집해 《좌전》에서 말한다. "영공이 그의 객사에서 나왔다."

左傳曰 公出自其廐

③ 太子午奔晉 徵舒自立爲陳侯태자오분진 징서자립위진후

신주 《사기지의》에서 말한다. "《고사고》에서 '태자는 일찍이 진晉으로 달아나지 않았고 하징서는 일찍이 군주가 되지 않았다. 대개 초나라가 진陳으로 쳐들어온 다음에 진후가 진晉으로 달아났을 뿐이다.'라고 하는데, 그 주석에서는 진후는 이때 진晉에 있었지 진晉으로 달아난 것이 아니라고 한다. 《경사문답》에서 '《사기》에 하징서가 군주를 시해하고 스스로 섰으며, 성공은 태자 신분으로 진晉으로 달아났는데, 초나라에서 그를 맞아들여 세웠다고 한다. 하지만 《좌전》에는 이런 내용이 보이지 않으니 이는 《사기》의 잘못이다. 하징서는 일찍이 스스로 군주가 되지 않았고 성공은 미리 (초나라와) 진릉辰陵에서 맹세했는데 어찌 일찍이 태자 신분으로 달아났겠는가. 하징서 스스로 군주로 섰다고 여겼다면, 즉 진릉의 맹세에서 공자孔子께서 어찌 (성공을) 진후陳侯라고 인정하여 기록했을 것인가. 변명할 것 없이 명백하다."

제二장

초나라가 진나라를 멸하다

성공成公 원년 겨울, 초나라 장왕莊王은 하징서가 영공을 살해하자 제후들을 거느리고 진陳나라를 정벌했다. 장왕은 진陳나라에 일렀다.

"놀랄 것 없다. 우리는 하징서를 처단할 뿐이다."

하징서를 죽이고 나서 진陳나라를 현縣으로 삼아 이를 차지하자 신하들이 하례했다. 신숙시申叔時①는 제나라에 사신으로 갔다 돌아와서 홀로 하례하지 않았다. 장왕이 그 까닭을 묻자, 신숙시가 대답했다.

"속담에 있습니다. 소를 끌고 남의 밭을 지나는데 밭주인이 소를 빼앗았다고 합니다. 밭을 지나는 죄를 지었다고 소를 빼앗은 것 또한 심하지 않습니까. 지금 왕께서는 하징서가 군주를 시해한 역적이기 때문에 제후들의 군사를 모집해 의로써 정벌했으니, 그것으로 끝내야 하는데 그 땅을 취해 이익을 누리려 하시니, 뒤에 무엇으로 천하에 명령하겠습니까. 이 때문에 하례하지 않은 것입니다."

장왕이 말했다.

"좋은 말이다."

成公元年冬 楚莊王爲夏徵舒殺靈公 率諸侯伐陳 謂陳曰 無驚 吾誅徵舒而已 已誅徵舒 因縣陳而有之 群臣畢賀 申叔時[①]使於齊來還 獨不賀 莊王問其故 對曰 鄙語有之 牽牛徑人田 田主奪之牛 徑則有罪矣 奪之牛 不亦甚乎 今王以徵舒爲賊弑君 故徵兵諸侯 以義伐之 已而取之 以利其地 則後何以令於天下 是以不賀 莊王曰 善

① 叔時숙시

집해 가규가 말했다. "숙시叔時는 초나라 대부다."

賈逵曰 叔時 楚大夫

이에 진陳나라 영공의 태자 오午를 진晉나라에서 맞이해 다시 군주로 복귀시켜서 진陳나라를 옛날과 같게 했다. 이이가 성공成公이다. 공자가 역사 기록을 읽고 초나라가 진陳나라를 복원시킨 대목에 이르러서 말했다.

"어질다! 초장왕이여! 천승千乘(제후)의 나라를 가볍게 여기고 한마디의 말을 무겁게 여겼다."[①]

乃迎陳靈公太子午於晉而立之 復君陳如故 是爲成公 孔子讀史記至楚復陳 曰 賢哉楚莊王 輕千乘之國而重一言[①]

① 輕千乘之國而重一言경천승지국이중일언

색은 신숙시의 말을 이른 것이다.

謂申叔時之語

정의 《공자가어》에서 말한다. "공자께서 역사 기록을 읽을 때 초나라가 진陳나라를 회복시켰다는 대목에 이르자 감탄하면서 '어질다. 초장왕이여! 천승(제후)의 나라를 가볍게 여기고 한마디 말의 진실을 무겁게 여겼다. 신숙시의 충성이 아니었다면 그 의를 세우지 못했을 것이다. 초나라 장왕의 현명함이 아니었다면 그 가르침을 받아들이지 못했을 것이다.' 라고 하셨다."

家語云 孔子讀史記至楚復陳 喟然曰 賢哉楚莊王 輕千乘之國而重一言之信 非申叔時之忠 弗能建其義 非楚莊王之賢 不能受其訓也

28년, 초장왕이 죽었다.

29년, 진陳나라가 초나라와 회맹을 배반했다.

30년, 초나라 공왕共王이 진陳나라를 정벌했다. 이해에 성공成公이 죽고 아들 애공哀公 약弱이 계승했다. 초나라가 진陳나라의 상喪 때문에 군사를 물리고 떠나갔다.

애공 3년, 초나라가 진陳나라를 포위했다가 다시 풀어주었다.

28년, 초나라 공자 위圍가 그의 군주 겹오郟敖를 시해하고 스스로 즉위하여 영왕靈王이 되었다.

(二十)八年 楚莊王卒 二十九年 陳倍楚盟 三十年 楚共王伐陳 是歲 成公卒 子哀公弱立 楚以陳喪 罷兵去 哀公三年 楚圍陳 復釋之 二十八年 楚公子圍弑其君郟敖自立 爲靈王

34년, 당초에 애공이 정나라 여자를 취했는데 장희長姬는 도태자悼太子 사師를 낳았고, 소희少姬는 언偃을 낳았다.① 총애하는 두 명의 첩妾 중에서 장첩長妾은 류留를 낳았고, 소첩少妾은 승勝을 낳았다. 류留는 애공에게 총애를 받았다. 애공은 그의 아우 사도司徒 소招②에게 류를 부탁했다.

애공이 병든 지 3개월이 되었을 때, 소招가 도태자悼太子를 살해하고 류를 세워서 태자로 삼았다. 애공이 노여워 소招를 죽이고자 했는데, 소招가 군사를 일으켜 애공을 포위하자 애공이 스스로 목매어 죽었다.③ 소는 끝내 류留를 세워 진군陳君으로 삼았다.(서기전 534)

三十四年 初 哀公娶鄭 長姬生悼太子師 少姬生偃① 二嬖妾 長妾生留 少妾生勝 留有寵哀公 哀公屬之其弟司徒招② 哀公病 三月 招殺悼太子 立留爲太子 哀公怒 欲誅招 招發兵圍守哀公 哀公自經殺③ 招卒立留爲陳君

① 哀公娶鄭～少姬生偃애공취정～소희생언

색은 살펴보니 소공 8년《춘추경》에 진나라 후작의 아우 소招가 진陳나라 세자 언사偃師를 죽였다고 한다.《좌전》에서 진陳나라 애공哀公의 원비 정희鄭姬는 도태자 언사偃師를 낳았다고 한다. 지금 여기에서 두 사람의 희姬를 말하고 또 언사를 나누어 두 사람으로 삼았으니, 또한 아마 이곳이 잘못일 것이라.

按 昭八年經云陳侯之弟招殺陳世子偃師 左傳陳哀公元妃鄭姬生悼太子偃師 今此云兩姬 又分偃師爲二人 亦恐此非

② 招소

신주 앞서 〈관채세가〉에서 지적한 것처럼, 현대 우리 발음으로는 '초招'가 맞지만, 옛 사료에서는 '소'로 발음하니 '소'로 읽는다.

③ 哀公自經殺애공자경살

집해 서광이 말했다. "35년의 시기다."

徐廣曰 三十五年時

신주 서광의 말이 맞다. 본문에서는 아마 '35년'이 탈락되었다고 보인다.

4월, 진陳나라에서 사신을 보내 초나라에 알렸다. 초영왕은 진陳나라가 어지러워졌다는 소식을 듣고 이에 진나라의 사신을 살해하고① 공자 기질에게 군사를 일으켜 진陳나라를 공격하게 하자, 진陳나라 군주 류留는 정나라로 달아났다.

9월, 초나라가 진陳나라를 포위했다. 11월, 진陳나라를 멸했다. 기질棄疾을 시켜 진공陳公으로 삼았다.②

四月 陳使使赴楚 楚靈王聞陳亂 乃殺陳使者① 使公子棄疾發兵伐陳 陳君留奔鄭 九月 楚圍陳 十一月 滅陳 使棄疾爲陳公②

① 殺陳使者살진사자

색은 곧 사도司徒 소招다. 다른 판본에는 '초苕'로 되어 있다.

即司徒招也 一作苕也

신주 《춘추》와 《좌전》에 따르면 이때 간 사신은 간징사干徵師이다. 새 군주를 옹립한 실권자가 사신으로 갈 리는 만무하다. 《사기지의》에서도 주석이 심히 그릇되다고 지적했다.

② 使棄疾爲陳公사기질위진공

신주 《사기지의》에 따르면 진공이 된 것은 《좌전》에서 천봉술穿封戌이라 한다고 했다. 〈초세가〉에서는 기질이 채나라를 멸한 다음에 진공과 채공이 되었다고 나온다. 〈관채세가〉에는 초공자楚公子 기질이 채를 멸망시키고 채공이 되었다가 초평왕이 되자 채와 진을 회복해주었다고 나오는데, 〈사기표〉와 〈초세가〉도 같다.

소招가 도태자를 살해했다. 도태자의 아들 이름은 오吳다. 오吳가 진晉나라로 달아나자 진나라 평공平公이 태사 조趙에게 물었다.

"진나라가 끝내 망하겠는가?"

태사가 대답했다.

"진나라는 전욱顓頊①의 종족입니다. 진씨陳氏가 제나라의 정사를 차지하면 곧 마침내 망할 것입니다.② 막幕으로부터 고수瞽瞍(순임금의 아버지)에 이르도록 천명을 어기지 않았습니다.③ 순임금은 밝은 덕을 중히 여겼습니다. 수遂에 이르러④ 대대로 지켰습니다. 호공胡公⑤에 이르러 주나라에서 성姓을 하사해 우제虞帝(순임금)에게 제사를 지내도록 했습니다. 또 성대한 덕의 후예이니 반드시 100대의 제사를 누릴 것입니다. 우虞의 후세는 끝나지 않을 것이며 아마 제나라에 있게 될 것입니다."

招之殺悼太子也 太子之子名吳 出奔晉 晉平公問太史趙曰 陳遂亡乎 對曰 陳 顓頊[①]之族 陳氏得政於齊 乃卒亡[②] 自幕至于瞽瞍 無違命[③] 舜重之以明德 至於遂[④] 世世守之 及胡公[⑤] 周賜之姓 使祀虞帝 且盛德之後 必百世祀 虞之世未也 其在齊乎

① 顓頊전욱

집해 복건이 말했다. "진陳나라 조상은 우순虞舜이고, 순은 전욱顓頊에서 나왔으므로 전욱의 종족이라고 한다."

服虔曰 陳祖虞舜 舜出顓頊 故爲顓頊之族

신주 제전욱은 황제와 누조 사이에서 태어난 둘째 아들 창의의 아들이다. 사마천의 계보도에 따르면 전욱 → 궁선 → 경강 → 구망 → 교우 → 고수 → 제순이 된다. 황제와 누조 사이의 큰아들 소호가 동이족이니 그 친동생 창의 역시 동이족이다. 맹자가 순은 동이족이라고 한 내용이 맞다는 것이 다시 확인된다.

② 乃卒亡내졸망

집해 가규가 말했다. "사물은 양쪽에서 성대할 수가 없다는 뜻이다."

賈逵曰 物莫能兩盛

③ 自幕至于瞽瞍 無違命자막지우고수 무위명

집해 가규가 말했다. "막幕은 순의 후손인 우사虞思다. 고수瞽瞍에 이르기까지 천명을 어겨서 없어져 끊어진 것을 들어본 적이 없다." 정중鄭衆이 말했다. "막幕은 순임금의 선조다."《국어》를 살펴보니 가규의 뜻이 좋다.

賈逵曰 幕 舜後虞思也 至于瞽瞍 無聞違天命以廢絶者 鄭衆曰 幕 舜之先也 駰案國語 賈義爲長

색은 살펴보니 가규가 막幕을 우사虞思라고 한 것은 잘못이다. 《좌전》에서는 막幕으로부터 고수에 이르렀다고 말했다. 막은 고수 앞에 있음을 알 수 있으니, 반드시 우사가 아니라는 것이 명백하다.

按 賈逵以幕爲虞思 非也 左傳言自幕至瞽瞍 知幕在瞽瞍之前 必非虞思明矣

④ 舜重之以明德 至於遂순중지이명덕 지어수

집해 두예가 말했다. "수遂는 순의 후손이다. 대개 은나라가 발흥하여 순의 후손을 보존해 수遂를 봉했는데, 순의 덕이 수遂에 이르렀음을 말한 것이다."

杜預曰 遂 舜後 蓋殷之興 存舜之後而封遂 言舜德乃至於遂也

색은 重의 발음은 '중[持用反]'이다. 살펴보니 두예는 순임금이 밝은 덕이 있다고 여겼고, 수遂에 이르러 국가를 가지게 된 의리가 또한 그러한 것이라고 여겼다. 또 문장에서 "막幕으로부터 고수에 이르도록 천명을 어기지 않았습니다. 순임금은 밝은 덕을 중히 여겼습니다."라고 했는데, 이는 순이 밝은 덕을 지녀서 천자가 되었음을 말한 것이다. 이에 은나라에서 수를 봉하고 대대로 지킨 것은 또한 순임금의 덕이라고 말했다. 살펴보니 《세본》에서 "진陳은 순임금의 후손이다."라고 했다. 송충이 말했다. "우사虞思의 후예인 기백箕伯과 직병直柄이 중간에 쇠약해지자, 은나라의 탕湯임금이 수를 진陳에 봉하고 순임금을 제사하게 했다."

重音持用反 按 杜預以爲舜有明德 乃至遂有國 義亦然也 且文云自幕至瞽瞍無違命 舜重之以明德 是言舜有明德爲天子也 乃云殷封遂 代守之 亦舜德也 按 系本云陳 舜後 宋忠云虞思之後 箕伯直柄中衰 殷湯封遂於陳以祀舜

⑤ 胡公호공

집해 두예가 말했다. "호공 만滿은 수遂의 후손이다. 주무왕을 섬겼는데 성을 하사하여 규嬀라 하고 진陳에 봉했다."

杜預曰 胡公滿 遂之後也 事周武王 賜姓曰嬀 封之陳

초나라 영왕이 진陳나라를 멸망시킨 지 5년, 초나라 공자 기질이 영왕을 시해하고 대신 즉위했는데, 이이가 평왕平王이다.

평왕은 즉위 초, 제후들에게 화친을 맺으려고 했다. 이에 옛 진陳나라 도태자悼太子 사師의 아들 오吳를 찾아 진후陳侯로 세웠으니, 이이가 혜공惠公이다. 혜공이 즉위하자 애공哀公이 죽은 해를 이어 원년으로 삼고 5년을 공백으로 기록했다.[①]

楚靈王滅陳五歲 楚公子棄疾弒靈王代立 是爲平王 平王初立 欲得和諸侯 乃求故陳悼太子師之子吳 立爲陳侯 是爲惠公 惠公立 探續哀公卒時年而爲元 空籍五歲矣[①]

① 空籍五歲矣공적오세의

색은 혜공惠公은 애공이 초나라에서 죽은 것을 찾아서 취하고 진나라가 없어진 후년을 원년으로 삼았으므로, 지금 5년을 공백으로 기록했다. 일설에 '적籍'은 차借(빌려줌)인데, 나라를 잃어버린 후년을 5년으로 삼아 빌려줬다고 일렀다.

惠公探取哀公死楚 陳滅之後年爲元年 故今空籍五歲矣 一云籍 借也 謂借失國之後年爲五年

10년, 진陳나라에 화재가 있었다.
15년, 오왕 료僚가 공자 광光을 시켜 진陳나라를 정벌하게 하고, 호胡 땅과 심沈 땅을 빼앗아갔다.①
28년, 오왕 합려가 오자서伍子胥와 함께 초나라를 무찌르고 영郢에 입성했다. 이해에 혜공이 죽고 아들 회공懷公 류柳가 계승했다.
十年 陳火 十五年 吳王僚使公子光伐陳 取胡沈而去① 二十八年 吳王闔閭與子胥敗楚入郢 是年 惠公卒 子懷公柳立

① 取胡沈而去취호심이거

색은 《세본》에서 말한다. "호胡는 귀성歸姓이고, 심沈은 희성姬姓이다." 심국沈國은 여남군 평여현에 있었고, 호胡도 여남군에 있었다.
系本云胡 歸姓 沈 姬姓 沈國在汝南平輿 胡亦在汝南

신주 이 기사는 다른 기록들과 충돌한다. 《춘추》와 《좌전》에 따르면 이때 오나라가 정벌한 곳은 회수를 끼고 있는 주래州來다. 훗날 채나라가 나라를 옮긴 하채下蔡가 바로 이곳이며, 전국시대 말기 초나라 수도 수춘壽春이 바로 이웃이다. 《한서》 〈지리지〉에 따르면 수춘은 한漢나라 때 구강군의 중심지다. 또 이는 당시 초나라와 오나라 국경이며, 진陳나라와 채蔡나라는 그보다 한참 서쪽에 있었다. 오나라에서 이들을 치려면 초나라 동쪽 영토를 통과해야 한다. 심과 호는 진陳나라 주변의 소국들이다. 〈오태백세가〉에는 공자 광이 초나라를 치고 돌아오면서 진과 채를 정벌했다는 기사가 나오고, 《사기》 〈표〉에도 진陳을 무찌르고 호와 심을 빼앗았다고 나온다.

오나라가 공격하자 초나라는 회수 유역의 소국들을 대거 동원하여 함께 오나라를 막는다. 《춘추》와 《좌전》에 따르면 오나라는 돈頓, 호胡, 심沈, 진陳, 채蔡, 허許의 군사를 무찔렀는데, 호나라 군주 곤髡과 심나라 군주 영逞과 진나라 대부 하설夏齧은 죽었다. 오나라는 결국 주래를 빼앗는다. 〈오태백세가〉와 〈초세가〉 주석에 나온다.

회공 원년, 오나라가 초나라를 쳐부수고 영郢에 있으면서 진후陳侯를 불렀다. 진후가 가려고 하자 대부가 말했다.

"오나라가 새롭게 진陳나라를 쳐부수고 득의에 차 있습니다. 초나라 왕은 비록 도망 중이지만, 진陳나라는 초나라와 오래전부터 교분이 있습니다. 그것을 거슬러서는 안 됩니다."

회공은 이에 병을 핑계대고 오나라의 청을 사양했다.

4년, 오나라에서 다시 회공을 불렀다. 회공은 두려워하면서 오나라로 갔다. 오나라는 그 전에 오지 않은 것에 화를 내며 억류시켰다. 이로 인해 오나라에서 죽었다.① 진나라는 이에 회공의 아들 월越을 군주로 세웠는데, 이이가 민공湣公②이다.

懷公元年 吳破楚 在郢 召陳侯 陳侯欲往 大夫曰 吳新得意 楚王雖亡 與陳有故 不可倍 懷公乃以疾謝吳 四年 吳復召懷公 懷公恐 如吳 吳怒其前不往 留之 因卒吳① 陳乃立懷公之子越 是爲湣公②

① 懷公元年 因卒吳회공원년 인졸오

신주 이 기사는 〈십이제후연표〉와 비교하면 그릇되었다. 이때 오나라는 이미 동쪽으로 물러났으니 진陳군주를 부를 까닭이 없고 또 진나라 군주가 초나라에 둘러싸인 상태에서 오나라를 두려워해 갈 이유도 없다. 아울러 회공 원년부터 그 죽음까지 《춘추》와 《좌전》의 기록과는 다르니 의심할 만하다.

《사기지의》에서 말한다. "회공 원년 네 글자는 덧붙여진 것이다. 대부가 말했다는 것을 헤아리면, 봉활逢滑(진陳나라 대부)의 대답과 일치하지 않는다. 병을 핑계로 오나라에 사양한 것은 진晉을 핑계로 사양한 것이니, 또한 일치하지 않는다. 《좌전》 애공哀公 원년에서 '오나라 사람이 초나라로 쳐들어갔을 때(노나라 정공 4년), 진회공을 불렀는데 봉활의 말에 따라 진晉을 핑계대고 오나라에 가는 것을 사양했다.'라고 한다. 어찌 오나라로 가서 죽은 일이 있었겠는가. 또 정공 4년은 진혜공 28년인데, 또 어찌 회공 4년이라고 할 수 있는가. 〈십이제후연표〉에 '오나라에 가서 억류되어 죽었다.'라는 기사도 잘못되었다. 여기서는 잘못이 더욱 심하니, 대개 다시 소공을 불렀다는 설은 허망하여 근거가 없다. 혜공은 정공 4년 2월에 죽었고, 오나라가 초나라로 쳐들어간 것은 이때 11월이니, 회공을 부른 것은 초나라로 들어간 후에 있는 일로서 12월에 해당한다. 비록 회공은 지위를 이었으나 아직 해를 넘겨 개원한 것은 아닌데, 오나라가 회공을 부른 것을 회공 원년이라 했으니 잘못되었다. 오나라가 회공을 부른 것은 한 번뿐이었고, 진후는 일찍이 오나라에 간 적이 없다. 양쪽 말은 결렬되었다."

② 湣公민공

색은 《좌전》을 살펴보니 민공湣公의 이름은 주周다. 이는 사관의 기록이 같지 않은 것이다.

按左傳 湣公名周 是史官記不同

신주 《사기지의》에 따르면 《좌전》이 아니라 《맹자》에 나온다고 한다. 실제 《좌전》에는 나오지 않는다.

> 민공 6년, 공자가 진나라에 들렀다.①
> (8년), 오왕 부차夫差가 진나라를 공격해 3개의 읍을 빼앗고 물러갔다.②
> 13년, 오나라가 다시 와서 진나라를 공격하자, 진나라에서 위급함을 초나라에 알렸다. 초나라 소왕昭王이 와서 구원하고 성보城父에 진을 치자 오나라 군대는 떠나갔다. 이해에 초나라 소왕이 성보에서 죽었다. 이때 공자는 진나라에 있었다.③
> 湣公六年 孔子適陳① 吳王夫差伐陳 取三邑而去② 十三年 吳復來伐陳 陳告急楚 楚昭王來救 軍於城父 吳師去 是年 楚昭王卒於城父 時孔子在陳③

① 孔子適陳공자적진

신주 《사기지의》에 따르면 〈공자세가〉에서는 공자가 진나라에 간 것이 민공 7년이라고 하는데 그 말이 맞을 수도 있다. 민공 6년은 노정공 14년으로 공자가 노나라를 떠나 위나라로 간 해다. 민공 7년에 공자는 광匡과 포蒲 땅에서 곤란을 당하고 다시 위나라 수도로 돌아왔다. 한 달 후에 조나라에 잠깐 머물다가 송나라에 들렀으며, 그곳에서 환퇴를 피해 정나라로 갔다. 도중에 제자들을 잃어버려 정나라 사람들에게 상갓집 개 같다는 소리를 들었다. 그러다가 진나라에 도착했다.

② 吳王夫差伐陳 取三邑而去오왕부차벌진 취삼읍이거

신주 《사기지의》에서 말한다. "《사전史詮》에서는 '吳오' 위에 당연히 '八年' 두 글자가 있어야 한다고 했으니, 옳다. 다만 《춘추》와 《좌전》 애공 원년 및 〈십이제후연표〉를 고찰하면 모두 세 읍을 빼앗았다는 말이 없는데, 이것은 〈공자세가〉와 더불어 잘못일 것이다." 이 의견대로라면 이는 부차가 월왕 구천을 회계산에서 굴복시킨 뒤에 일어난 사건으로 보인다. 《좌전》에서는 월나라를 굴복시키고 가을에 진나라를 쳐서 묵은 원한을 풀었다고 했다. 앞서 언급했듯이 오나라와 진나라는 국경을 맞대지 않았고 당시 초나라 동부지역이 오나라와 진나라 사이에 있었다. 초나라에 잠깐 합세한 진나라를 쳤을 수는 있지만 진나라 땅을 빼앗기는 어렵다. 진나라 땅을 빼앗았다는 기사를 믿기에는 의심스러운 점이 너무 많다.

③ 時孔子在陳시공자재진

색은 살펴보니 공자는 노정공 14년(서기전 496)에 진陳나라로 갔다. 이는 진나라 민공 6년에 해당하니 위 문장의 설명이 옳다. 여기 13년에 공자가 오히려 진나라에 있었다면 무려 8년이 지났는데, 어찌 그리 오래 있었는가?

按 孔子以魯定公十四年適陳 當陳湣公之六年 上文說是 此十三年 孔子仍在陳 凡經八年 何其久也

신주 세세한 부분에 차이가 있다. 공자는 민공 6년에 처음 위나라로 갔다. 거기서 진나라로 가려다가 위나라 광匡 땅에서 고난을 당하고 위나라로 돌아간다. 다시 민공 7년에 조曹나라를 거쳐 송나라에 갔다가 또 환퇴에게 고난을 당하고 정나라를 거쳐 진나라로 갔다. 이때가 노나라 정공 말년인 15년이다. 다시 민공 9년에 진나라에서 위나라 포蒲 땅을 거쳐 위나라 수도로 갔다. 민공 10년에 다시 진나라에 있었다. 12년에 초나라 채蔡 땅으로 갔다가 초나라 섭葉으로 갔다. 〈공자세가〉에 나오는 것처럼 진과 채 사이에서 고난을 당하고 진나라로 들어간다. 그리고 〈십이제후연표〉에 나오는 것처럼 민공 13년부터 17년 초까지 진나라에 머물렀을 것이다. 공자의 주유 순서와 방향, 연도는 뒤에 게재한 〈공자세가〉 지도를 참조할 수 있다.

15년, 송나라가 조曹나라를 멸망시켰다.
16년, 오왕 부차가 제나라를 공격하여 애릉艾陵에서 무찌르고[①] 사람을 보내 진후陳侯를 불렀다. 진후는 두려워하며 오나라에 갔다. 초나라가 진陳나라를 공격했다.
21년, 제나라 전상田常이 그의 군주 간공簡公을 시해했다.
23년, 초나라 백공白公 승勝이 영윤 자서子西와 자기子綦를 살해하고 혜왕惠王을 습격했다. 섭공葉公이 백공을 공격해 무찌르자 백공은 자살했다.
24년, 초혜왕이 나라를 다시 되찾은 다음에 군사들을 이끌고 북쪽을 정벌해 진나라 민공을 죽였다. 마침내 진나라를 멸하고 그 땅을 차지했다. 이해에 공자가 세상을 떠났다.[②]
十五年 宋滅曹 十六年 吳王夫差伐齊 敗之艾陵[①] 使人召陳侯 陳侯恐 如吳 楚伐陳 二十一年 齊田常弑其君簡公 二十三年 楚之白公勝殺令尹子西子綦 襲惠王 葉公攻敗白公 白公自殺 二十四年 楚惠王復國 以兵北伐 殺陳湣公 遂滅陳而有之 是歲 孔子卒[②]

① 敗之艾陵패지애릉

신주 애릉 전투는 2년 뒤의 일로 진민공 18년에 해당한다.

② 滅陳而有之 是歲 孔子卒멸진이유지 시세 공자졸

신주 사마천의 〈십이제후연표〉에는 민공 23년(서기전 479)에 초나라에 멸망한 것으로 나온다. 공자가 서기전 479년에 죽었는데, 그 죽음에 맞추다 보니 발생한 착오로 보인다. 민공 24년이라면 공자가 세상을 떠난 이듬해이다. 《춘추》와 《좌전》에서도 노애공 17년인 진민공 24년에 초나라에 망한 것으로 나온다. 공자는 한 해 앞서 죽었다.

기나라와 현인의 후예들

기杞나라 동루공東樓公[①]은 하나라 우禹임금의 후예다. 은나라 시대에는 어떤 때는 봉국이 있고 어떤 때는 봉국이 끊어졌다. 주나라 무왕이 은나라 주紂를 이기고 우임금의 후예를 찾다가 동루공을 발견하여 기杞[②] 땅에 봉하고 하후씨夏后氏의 제사를 받들게 했다.

杞東樓公者[①] 夏后禹之後苗裔也 殷時或封或絶 周武王克殷紂 求禹之後 得東樓公 封之於杞[②] 以奉夏后氏祀

① 杞東樓公者기동루공자

색은 기杞는 나라 이름이다. 동루공東樓公이란 호칭은 시호다. 이름을 쓰지 않은 것은 역사서에 앞서 잃어버렸기 때문이다. 송충이 말했다. "기는 지금의 진류군 옹구현이다." 그러므로 〈지리지〉에서 옹구현은 옛날 기국杞國이고, 주무왕이 우의 후예를 봉해 동루공으로 삼았다고 한 것이 이것이다.

대개 주나라에서 기나라를 봉해 옹구에 살게 했다. 춘추시대에 이르러 기나라는 이미 동국東國으로 옮겼다. 그러므로 《좌씨》 은공 4년의

전傳에서 말하길 "거나라 사람이 기나라를 쳐서 모루牟婁를 빼앗았다."라고 했다. 모루는 조나라의 동쪽 읍이다. 《좌전》 희공 14년에서는 "기나라가 연릉緣陵으로 옮겼다."라고 했다.

〈지리지〉에서는 북해군에 영릉이 있는데, 순우공淳于公의 현이라고 했다. 신찬이 말하기를 "《춘추》의 연릉은 순우공이 도읍한 곳이다."라고 했다. 또 주州는 나라 이름이다. 기나라에서 뒤에 나라 이름을 고쳐서 '주州'라 하고, 순우공이라 일컬었다. 그러므로 《춘추》 환공 5년 경문經文에서 "주州나라 공이 조나라로 갔다."라고 했고, 《좌전》에서도 "순우공이 조나라로 갔다."라고 한 것이 이것이다.

그러나 기나라가 후대에 또 '자子'라고 한 것은 작아져서 후미진 동이東夷에 거처했기 때문이다. 그래서 양공 29년 경문에서 "기나라 자작이 노나라에 와서 동맹을 맺었다."라고 했고, 전傳에서 "경문에 자작이라고 기록하여 천하게 여겼다."라고 한 것이 이것이다.

杞 國名也 東樓公號諡也 不名者 史先失耳 宋忠曰杞 今陳留雍丘縣 故地理志云雍丘縣 故杞國 周武王封禹後爲東樓公是也 蓋周封杞而居雍丘 至春秋時杞已遷東國 故左氏隱四年傳云莒人伐杞 取牟婁 牟婁 曹東邑也 僖十四年傳云杞遷緣陵 地理志北海有營陵 淳于公之縣 臣瓚云即春秋緣陵 淳于公所都之邑 又州 國名 杞後改國曰州而稱淳于公 故春秋桓五年經云州公如曹 傳曰淳于公如曹 是也 然杞後代又稱子者 以微小又僻居東夷 故襄二十九年經稱杞子來盟 傳曰書曰子 賤之 是也

② 杞기

집해 송충이 말했다. "기杞는 지금(한나라 시대)의 진류군 옹구현이다."

宋忠曰 杞 今陳留雍丘縣也

신주 진류군은 한漢나라 시대부터 연주兗州 소속이었고, 중원에서도 한가운데를 차지했다. 낙양洛陽의 동쪽이며, 훗날 송나라 수도였던 개봉이 진류군에 속했었다.

> 동루공東樓公은 서루공西樓公을 낳았고, 서루공은 제공題公을 낳았고, 제공은 모취공謀①娶②公을 낳았다. 모취공은 주나라 여왕厲王 때에 해당한다.
> 모취공은 무공武公을 낳았다.
> 무공은 즉위한 지 47년에 죽고 아들 정공靖公이 계승했다.
> 정공이 23년에 죽고 아들 공공共公이 계승했다.
> 공공이 8년에 죽고 아들 덕공德公③이 계승했다.
> 東樓公生西樓公 西樓公生題公 題公生謀①娶②公 謀娶公當周厲王時 謀娶公生武公 武公立四十七年卒 子靖公立 靖公二十三年卒 子共公立 共公八年卒 子德公③立

① 謀모

집해 서광이 말했다. "모謀는 다른 판본에는 '모謨'로 되어 있다."
徐廣曰 謀 一作謨

색은 주석에서는 다른 판본에는 '첩諜'이고, 발음은 '첩牒'이라고 했다.
注一作諜 音牒

② 娶취

색은 娶의 발음은 '쥬[子臾反]'이다.

娶音子臾反

③ 德公덕공

집해 서광이 말했다. "《세본》에서는 혜공惠公이라고 했다."

徐廣曰 世本曰惠公

색은 《세본》과 초주는 나란히 '혜공惠公'이라고 했다. 또 이르기를 혜공이 성공成公과 환공을 낳았다고 했는데 이 세가에서는 성공成公 1대가 빠졌다. 그러므로 "아우 환공 고용姑容이 계승했다."라고 한 것은 잘못이다. 또 성공은 《춘추경전》에 나타나 있다. 그러므로 《좌전》 장공 25년에 이르기를 "기나라 성공成公이 노나라 여인에게 장가들어 혼인의 즐거움이 있었다."라고 했다. 희공 22년(서기전 638)에 죽어서 처음으로 부고를 알렸다고 기록했으며, 《좌전》에서는 성공成公이라고 했다. 동맹을 하지 않아 이름을 기록하지 않았다. 이는 기나라에 성공이 있는 것이니, 필경 초주가 설명한 바가 맞을 것이다.

系本及譙周竝作惠公 又云惠公生成公及桓公 是此系家脫成公一代 故云弟桓公姑容立 非也 且成公又見春秋經傳 故左傳莊二十五年云杞成公娶魯女 有婚姻之好 至僖二十二年卒 始赴而書 左傳云成公也 未同盟 故不書名 是杞有成公 必當如譙周所說

신주 실제 《춘추》에는 희공 22년이 아니라 23년으로 기록되어 있다. 22년이란 기록은 아마 전사 과정의 착오이거나 애초부터 잘못이었을 개연성이 높다. '《좌전》 장공 25년'의 기록도 '《춘추》 장공 25년'이다. 아울러 기나라 성공을 기록하지 않았다. 장공 25년에 노나라 딸을 맞이한 것은, 주석에 따라 계산하면 성공이 아니라 혜공惠公이다.

> 덕공이 18년에 죽고① 아우 환공桓公(서기전 636~567) 고용姑容이 계승했다.
> 환공이 17년에 죽고 아들 효공孝公(서기전 566~550) 개匄②가 계승했다.
> 효공이 17년에 죽고 아우 문공文公(서기전 549~536) 익고益姑가 계승했다.
> 문공이 14년에 죽고 아우 평공平公(서기전 535~518) 울鬱③이 계승했다.
> 德公十八年卒① 弟桓公姑容立 桓公十七年卒 子孝公匄②立 孝公十七年卒 弟文公益姑立 文公十四年卒 弟平公鬱③立

① 德公十八年卒덕공십팔년졸

집해 서광이 말했다. "《세본》에 따르면 '혜공이 재위한 것은 18년인데 성공과 환공을 낳았다. 성공이 재위한 것은 18년이고 환공이 재위한 것은 17년이다."

徐廣曰 世本曰惠公立十八年 生成公及桓公 成公立十八年 桓公立十七年

신주 《춘추》에 따르면 성공은 노나라 희공 23년에 죽고 환공은 노나라 양공 6년에 죽었다. 그러므로 환공의 재위는 70년에 달한다. '칠십七十'을 잘못 '십칠十七'로 썼다. 《사기지의》에서 "옛날부터 환공만큼 오래도록 국가를 누린 자가 없었다."라고 했다.

② 匄개

색은 발음은 '개蓋'다. 개匄는 이름이다.

音蓋 匄名

③ 欝울

색은 다른 판본에는 '욱리郁釐'로 되어 있다. 초주는 이름을 욱래郁來라고 했다. 아마 울欝, 욱리郁釐, 욱래郁來는 모두 소리가 서로 비슷하지만, 글자가 다를 뿐이다.

一作郁釐 譙周云名郁來 蓋欝 郁 釐 來 竝聲相近 遂不同耳

신주 《춘추》에도 '욱리郁釐'라 했다.

평공이 18년에 죽고 아들 도공悼公(서기전 517~506) 성成이 계승했다. 도공이 12년에 죽고[①] 아들 은공隱公 걸乞이 계승했다. 7월, 은공의 아우 수遂[②]가 은공을 시해하고 스스로 즉위했는데, 이이가 희공釐公(서기전 505~487)이다.

희공이 19년에 죽고 아들 민공湣公 유維가 계승했다.

민공 15년, 초혜왕이 진陳나라를 멸했다.[③]

平公十八年卒 子悼公成立 悼公十二年卒[①] 子隱公乞立 七月 隱公弟遂[②]弑隱公自立 是爲釐公 釐公十九年卒 子湣公維立 湣公十五年 楚惠王滅陳[③]

① 悼公十二年卒도공십이년졸

신주 《춘추》에서는 회會 땅에서 죽었다고 했다. 아마 쫓겨나서 죽었기 때문에 시호를 '도공'이라고 한 것으로 보인다.

② 隱公弟遂은공제수

신주 《춘추》에서는 희공의 이름을 과過라고 했다. 여기와 다르다.

③ 湣公十五年 楚惠王滅陳민공십오년 초혜왕멸진

신주 초혜왕이 진나라를 멸한 것은 그 11년이다. 그러므로 서기전 478년이고 기나라 민공 9년에 해당한다. 하지만 기나라가 망한 초혜왕 44년에 따라 앞뒤로 계산하면, 기나라에 4년이 모자라게 된다. 뒷 문장에 애공哀公이 나오지만 그는 실제 의공懿公으로 생각된다. 아마 민공 앞에 애공 1대 4년이 탈락한 듯하다. 그러면 민공 15년이 아니라 그 5년에 초혜왕이 진나라를 멸한 것이 되는데, 여기에 '십十' 자가 덧붙여진 것으로 추산하면 문제가 해결된다.

16년, 민공의 아우 알로閼路가 민공을 시해하고 대신 즉위했는데 이이가 애공哀公① 이다.
애공은 즉위한 지 10년 만에 죽고 민공의 아들 칙敕②이 계승했는데, 이이가 출공出公이다.
출공이 12년에 죽고 아들 간공簡公 춘春이 계승했다.
간공이 즉위한 지 1년, 초혜왕 44년(서기전 445)에 기나라를 멸했다.
기나라는 진陳나라가 망한 뒤 34년 만에 망했다.③ 기나라는 작고 미약해서 그 사적事跡을 서술하기에는 부족하다.

十六年 湣公弟閼路弑湣公代立 是爲哀公① 哀公立十年卒 湣公子敕② 立 是爲出公 出公十二年卒 子簡公春立 立一年 楚惠王之四十四年 滅杞 杞後陳亡三十四年③ 杞小微 其事不足稱述

① 哀公애공

색은 閼의 발음은 '알遏'이다. 애공이 형인 민공을 죽이고 즉위했는데, 시호를 애哀라고 했다. 초주는 시호를 의懿라고 했다.

閼音遏 哀公殺兄湣公而立 謚哀 譙周云謚懿也

신주 형을 죽이고 즉위하였으니 자신이 죽인 군주의 시호를 애哀라고 칭한 것은 사리에 맞지 않는다. 오히려 초주가 말한 의懿가 맞겠다. 민공 앞에 애공 1대가 탈락한 것으로 보인다.

② 敕칙

집해 서광이 말했다. "칙敕은 다른 판본에는 '속遬'으로 되어 있다."

徐廣曰 敕 一作遬

③ 杞後陳亡三十四年기후진망삼십사년

신주 진나라가 망한 다음 기나라가 망한 것은 34년이 아니라 33년 이후가 된다.

순임금의 후예를 주나라 무왕이 진陳나라에 봉했는데 초나라 혜왕惠王에게 멸망했다. 〈진기세가〉에 이 이야기가 있다.
우禹임금의 후예를 주나라 무왕이 기杞나라에 봉했는데 초나라 혜왕에게 멸망했다. 〈진기세가〉에 이 이야기가 있다.
설契의 후예는 은나라를 만들었다. 〈은본기〉에 이 이야기가 있다.
은나라가 망하고 주나라가 그의 후예를 송나라에 봉했는데 제나라 민왕湣王에게 멸망했다. 〈송미자세가〉에 이 이야기가 있다.
후직后稷의 후예는 주나라를 만들었는데 진秦나라 소왕昭王에게 멸망했다. 〈주본기〉에 이 이야기가 있다.
고요皐陶의 후예를 혹은 영英과 육六① 땅에 봉했는데 초나라 목왕穆王에게 멸망했다. 계보가 전하지 않는다.
舜之後 周武王封之陳 至楚惠王滅之 有世家言 禹之後 周武王封之杞 楚惠王滅之 有世家言 契之後爲殷 殷有本紀言 殷破 周封其後於宋 齊湣王滅之 有世家言 后稷之後爲周 秦昭王滅之 有本紀言 皐陶之後 或封英六① 楚穆王滅之 無譜

① 英六영육

색은 요蓼와 육六은 다른 판본에는 영英과 육六으로 되어 있기도 하다. 모두 통한다. 그러나 요蓼와 육六은 모두 구요咎繇의 후예다. 《세본》에 의거하면 두 나라는 모두 성이 언偃이다. 그러므로 《춘추》 문공 5년과 《좌전》에서는 초나라 사람이 육六나라를 멸했다고 했다. 장문중臧文仲은 육六나라와 요蓼나라가 멸망했다는 말을 듣고 말하기를 "고요와 정견庭堅이 홀연히 모두 제사를 받지 못하겠구나."라고 했다. 두예는 "요蓼와 육六은 모두 구요의 후예다."라고 했다.

〈지리지〉에서는 육六은 옛 나라이고 고요의 후예이며 성은 언偃인데, 초나라에 멸망했다고 한다. 또 희공 17년에 "제나라 사람과 서徐나라 사람이 영씨英氏를 정벌했다."라고 한다. 두예는 또 이르기를 "영英과 육六은 모두 고요의 후예고 나라 이름이다."라고 했다. 영英과 요蓼가 있는데, 실제는 자세하지 못하다. 어떤 이는 영英이 뒤에 호칭을 고쳐서 요蓼라고 했다고 한다.

蓼六 本或作英六 皆通 然蓼六皆咎繇之後也 據系本 二國皆偃姓 故春秋文五年左傳云楚人滅六 臧文仲聞六與蓼滅曰皐陶庭堅不祀忽諸 杜預曰蓼與六皆咎繇後 地理志云六 故國 皐陶後 偃姓 爲楚所滅 又僖十七年齊人徐人伐英氏 杜預又曰英六皆皐陶後 國名 是有英蓼 實未能詳 或者英後改號曰蓼也

백이伯夷의 후예는 주나라 무왕에 이르러 다시 제나라에 봉해졌는데, 태공망太公望이라고 했다. 진씨陳氏에게 멸망했다. 〈제태공세가〉에 이 이야기가 있다.

백예伯翳[①]의 후예는 주나라 평왕平王 때에 봉해져 진秦나라가 되었는데 항우項羽에게 멸망했다. 〈진본기〉에 이 이야기가 있다.

수垂와 익益과 기夔와 용龍은 그 후예가 어디에 봉해졌는지 알 수 없는데, 기록에 보이지 않기 때문이다.

이상 11명은 모두 당唐과 우虞 사이에 공덕이 있는 신하로 명성이 있었다. 그중 5명의 후예는 모두 제왕이 되었고,[②] 나머지는 제후가 되었다. 등滕, 설薛, 추騶는 하, 은, 주 사이에 봉해졌지만,[③] 소국으로 반열을 서술하기에는 부족하니 논하지 않는다.

伯夷之後 至周武王復封於齊 曰太公望 陳氏滅之 有世家言 伯翳[①]之後 至周平王時封爲秦 項羽滅之 有本紀言 垂益夔龍 其後不知所封 不見也 右十一人者 皆唐虞之際名有功德臣也 其五人之後皆至帝王[②] 餘乃爲顯諸侯 滕薛騶 夏殷周之閒封也[③] 小 不足齒列 弗論也

① 伯翳백예

색은 진秦나라 시조는 백예다. 해설하자면 예익翳益으로, 즉 한 사람이다. 지금 11명이라고 말했는데, 백예를 서술하고 또다시 수垂와 익益을 말했으니, 곧 두 사람이다. 〈순본기〉를 살펴보니 10명의 차례를 매겼는데 예翳는 없지만 팽조彭祖는 있다. 팽조는 《분전墳典》(삼분오전三墳五典)에는 실려 있지 않다. 태사공의 뜻이 무엇인지를 알지 못하겠으며 아마 많이 잘못된 듯하다. 그러나 〈진본기〉에 의거하면 예翳의 공로를 서술하여 이르기를 "순舜을 보좌해 새와 짐승을 잘 길들였다."라고 했다. 《상서》 〈순전〉에서 "익益에게 명해 우虞를 일으켜 나의 상하 초목과 조수를 잘 관리하겠는가?"라는 문장과 같으니, 즉 한 사람인 것이 필연적인데, 지금 그 말미암은 바가 자세하지 못하다.

秦祖伯翳 解者以翳益 則一人 今言十一人 敍伯翳而又別言垂益 則是二人也 且按舜本紀敍十人 無翳而有彭祖 彭祖亦墳典不載 未知太史公意如何 恐多是誤 然據秦本紀敍翳之功 云佐舜馴調鳥獸 與舜典命益作虞 若予上下草木鳥獸 文同 則爲一人必矣 今未詳其所由也

신주 사마정의 말은 백예가 곧 익益이라는 말이다. 사마천이 두 사람으로 한 것은 잘못이라는 뜻이다. 백예는 대업大業의 아들로 영성嬴姓이다. 대업은 전욱의 외손으로 고요皐陶의 자리를 계승해 오형五刑을 관장했다. 영성은 동이족으로 진국秦國, 양국梁國, 조국趙國이 모두 같은 핏줄이다.

② 五人之後皆至帝王오인지후개지제왕

색은 순舜과 우禹는 자신이 제왕이 되었고, 직稷과 설契과 예翳는 후대가 모두 제왕이 되었다.

舜禹身爲帝王 其稷契及翳則後代皆爲帝王也

③ 滕薛騶 夏殷周之閒封也등설추 하은주지한봉야

색은 등滕은 본래 봉해졌는지 알지 못한다. 아마 헌원씨軒轅氏의 아들 중에 등성滕姓이 있는데, 이이가 그의 조상일 것이다. 뒤에 주나라에서 문왕의 아들 조숙수錯叔繡를 등滕에 봉했다. 그러므로 송충이 이르기를 "지금 패국沛國의 공구公丘가 곧 등국이다."라고 했다. 설薛은 해중奚仲의 후예이고 임성任姓이다. 대개 하나라와 은나라에서 봉한 것이다. 그러므로 《춘추》에 등후滕侯와 설후薛侯가 있다. 주邾는 조성曹姓의 나라이고 육종씨陸終氏의 아들 회인會人의 후예다. 주국邾國은 지금 노나라 추현이 이곳이다. 그러나 세 나라는 작고 미력하여, 춘추시대에 회맹에 참여했더라도, 대개 역사에서 빠져 서열할 수 없었다.

滕不知本封 蓋軒轅氏子有滕姓 是其祖也 後周封文王子錯叔繡於滕 故宋忠云 今沛國公丘是滕國也 薛 奚仲之後 任姓 蓋夏殷所封 故春秋有滕侯薛侯 邾 曹姓之國 陸終氏之子會人之後 邾國 今魯國騶縣是也 然三國微小 春秋時亦預會盟 蓋史欠無可敍列也

주나라 무왕 때는 후작과 백작이 오히려 1,000여 명이었다. 유왕幽王과 여왕厲王 이후에 이르러서는 제후들이 힘으로 공격해서 합하고 병탄해서 합했다. 강江이나 황黃①이나 호胡나 심沈 같은 소국들이 셀 수 없을 정도였으므로 채록해서 본서에 적을 수 없었다.

周武王時 侯伯尚千餘人 及幽厲之後 諸侯力攻相幷 江黃①胡沈之屬 不可勝數 故弗采著于傳(上)[云]

① 江黃강황

색은 《세본》을 살펴보니 강江과 황黃 두 나라는 나란히 영씨嬴氏 성이다. 또 〈지리지〉에는 강나라는 여남군 안양현에 있다고 했다.

按系本 江黃二國竝嬴姓 又地理志江國在汝南安陽縣

신주 강국江國과 황국黃國 또한 영성의 동이족 국가다.

태사공은 말한다.

순임금의 덕은 지대하다고 해야 한다. 천자의 지위를 하나라에 양도하고 나서도 후세까지 희생의 공물을 드리며 제사를 지내는 자가 3대(하, 은, 주)를 거쳤다. 초나라가 진陳나라를 멸하게 되자 전상田常이 제나라의 정권을 잡아 마침내 나라를 세우게 되었고, 백대百代 동안 끊이지 않았으며, 후예들이 증식해서 번영하고, 봉토를 영유해서 제후가 된 자가 적지 않았다. 우임금에 이르러서는 주나라에서 기杞나라에 봉해졌지만, 아주 미약해서 헤아리기에는 부족하다. 드디어 초나라 혜왕이 기나라를 멸망시켰다. 그 후 월왕 구천句踐이 흥했다. (그리고 또 우임금의 후예가 성대하게 되었다.)

太史公曰 舜之德可謂至矣 禪位於夏 而後世血食者歷三代 及楚滅陳 而田常得政於齊 卒爲建國 百世不絶 苗裔茲茲 有土者不乏焉 至禹 於周則杞 微甚 不足數也 楚惠王滅杞 其後越王句踐興

색은술찬 사마정이 펼쳐서 밝히다.

성대한 덕의 제사가 백 대에 미쳤으니 필연이로다. 순과 우의 훌륭한 공적을 진陳나라와 기杞나라가 곧 이었도다. 규만은 봉국을 받고 동루공은 계보를 모았다. 알로閼路는 찬역簒逆하고, 하희夏姬는 음탕하게 사랑받았다. 두 나라는 쇠미했으며, 흥하기도 침체하기도 했다. (진은) 앞서 병탄되었고 (기는) 뒤에 포로가 되었는데, 모두 초나라 혜왕에게 망했다. 구천句踐이 발흥하고, 전화田和가 (제나라를) 삼켰다. 대대로 이어진 제사는 대개 그들 후예로다.

盛德之祀 必及百世 舜禹餘烈 陳杞是繼 嬀滿受封 東樓纂系 閼路篡逆 夏姬淫嬖 二國衰微 或興或替 前幷後虜 皆亡楚惠 句踐勃興 田和呑噬 蟬聯血食 豈其苗裔

[지도 5] 진기세가

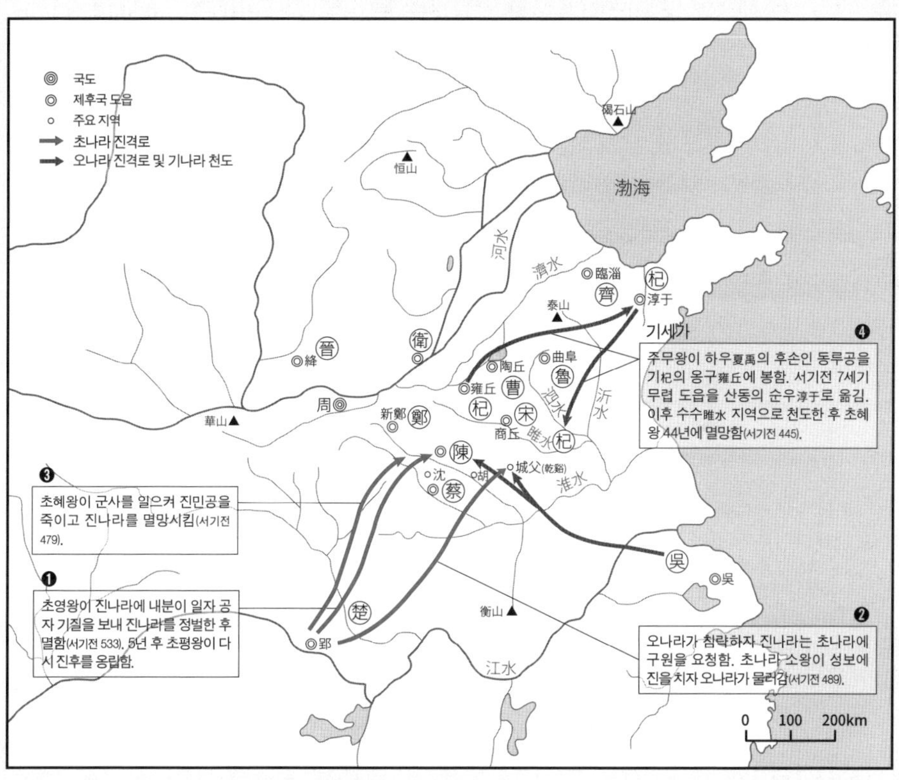

국도
제후국 도읍
주요 지역
초나라 진격로
오나라 진격로 및 기나라 천도
碣石山
恒山
渤海
河水
濟水
臨淄
杞
齊
淳于
泰山
기세가
❹
주무왕이 하우夏禹의 후손인 동루공을 기杞의 옹구雍丘에 봉함. 서기전 7세기 무렵 도읍을 산동의 순우淳于로 옮김. 이후 수수睢水 지역으로 천도한 후 초혜왕 44년에 멸망함(서기전 445).
晉
絳
衛
陶丘
曲阜
魯
雍丘
曹
杞
泗水
沂水
周
新鄭
鄭
宋
商丘
睢水
杞
華山
陳
城父(乾谿)
沈
胡
蔡
淮水
❸
초혜왕이 군사를 일으켜 진민공을 죽이고 진나라를 멸망시킴(서기전 479).
❶
초영왕이 진나라에 내분이 일자 공자 기질을 보내 진나라를 정벌한 후 멸함(서기전 533). 5년 후 초평왕이 다시 진후를 옹립함.
楚
郢
衡山
吳
吳
江水
❷
오나라가 침략하자 진나라는 초나라에 구원을 요청함. 초나라 소왕이 성보에 진을 치자 오나라가 물러감(서기전 489).
0 100 200km

사기 제37권 史記卷三十七

위강숙세가 衛康叔世家

사기 제37권 위강숙세가 제7
史記卷三十七 衛康叔世家第七

신주 위강숙은 주문왕 희창姬昌과 태사太姒 사이의 아홉째 아들이자 무왕의 친동생이다. 당초 기내畿內의 강국康國에 봉해졌으므로 강숙康叔이라고 부르는데, 강국은 지금 하남성 우주禹州 서북쪽으로 비정한다. 주 성왕이 어려서 즉위하고 주공 희단姬旦이 섭정을 하자 주공의 형제들인 관숙, 채숙, 곽숙 등의 삼감三監이 상나라 주왕의 아들인 무경과 손잡고 군사를 일으켰는데, 이것이 '삼감의 난'이다. 이 골육상쟁의 난에 강숙은 주공의 편을 들어 무경 및 다른 형제들을 진압했는데 그 공으로 현재의 하남성 기현淇縣인 상나라 고도 조가朝歌에 봉해져서 위국衛國을 세웠다. 그래서 위강숙은 희성姬姓 위씨衛氏의 시조가 되었다.

위군 세계 및 연대(전국시대 때부터 표기)

위강숙衛康叔 → 위강백衛康伯 → 위효백衛孝伯(위고백 衛考伯) → 위사백衛嗣伯 → 위첩백衛疌伯(위지백衛摯伯) → 위정백衛靖伯 → 위정백衛貞伯(위기백衛箕伯) → 위경후衛顷侯 → 위희후衛釐侯 → 위공백衛共伯 → 위무공衛武公 → 위장공衛莊公 → 위환공衛桓公 → 위주우衛州吁 → 위선공衛宣公 → 위혜공衛惠公 → 위검모衛黔牟 → 위혜공복위 → 위의공衛懿公 → 위대공衛戴公 → 위문공衛文公 → 위성공衛成公 → 위군하衛君瑕 → 위목공衛穆公 → 위정공衛定公 → 위헌공衛獻公 → 위상공衛殤公 → 위헌공복위 → 위양공衛襄公 → 위영공衛靈公 → 위출공衛出公 → 위장공衛莊公(위간공衛簡公) → 위반사衛斑師 → 위군기衛君起 → 위출공복위(476~456) → 위도공衛悼公(455~451) → 위경공衛敬公(450~432) → 위소공衛昭公(431~426) → 위회공衛懷公(425~415) → 위신공衛愼公(414~372) → 위성공衛聲公(372~362) → 위성후衛成侯(361~333) → 위평후衛平侯(332~325) → 위사군衛嗣君(324~283) → 위회군衛懷君(282~253) → 위원군衛元君(252~230) → 위군각衛君角(229~209)

제一장

강숙의 후예

위강숙衛康[①]叔의 이름은 봉封이고 주나라 무왕武王과 동복 아우이다. 그 다음은 또 남계冉季가 있었는데, 남계가 가장 어렸다.
衛康[①]叔名封 周武王同母少弟也 其次尙有冉季 冉季最少

① 康강

색은 강康 땅은 기내畿內의 나라이름이다. 송충이 말했다. "강숙은 강康에서 옮겨 위衛나라에 봉해졌다. 위나라는 곧 은허殷墟이며 정창定昌의 땅이다. 기내의 강康 땅이 있었던 곳이 어딘지 모르겠다."
康 畿內國名 宋忠曰 康叔從康徙封衛 衛卽殷墟定昌之地 畿內之康 不知所在

무왕은 은나라 주紂를 이기고 나서, 다시 은나라의 남은 백성을 모은 토지에 주왕의 아들 무경녹보武庚祿父를 봉해 제후와 같은 반열에 올리고, 그의 선조들 제사를 받들어 끊이지 않게 했다. 무경武庚이 아직 (주나라에) 친화하지[①] 못했으므로 그에게 반역의 마음이 있을 것을 우려해서 무왕은 곧 그의 아우 관숙管叔과 채숙蔡叔에게 무경녹보를 도와 은나라 백성을 달래게 했다.

무왕이 붕어했는데 성왕成王은 나이가 어렸다. 주공 단이 성왕을 대신해 나라를 다스리고 국정을 담당했는데, 관숙과 채숙이 주공을 의심했다. 이에 무경녹보와 함께 난을 일으켜 성주成周②를 공격하고자 했다. 주공 단은 성왕의 명으로 군사를 일으켜 은나라를 정벌해서 무경녹보와 관숙을 죽이고,③ 채숙을 추방했다. 무경이 관할하던 은나라의 남은 백성을 강숙康叔에게 봉해 위衛나라 군주로 삼고, 하수河水와 기수淇水 사이의 옛날 상허商墟④에 거주하게 했다.

武王已克殷紂 復以殷餘民封紂子武庚祿父 比諸侯 以奉其先祀勿絶 爲武庚未集① 恐其有賊心 武王乃令其弟管叔蔡叔傅相武庚祿父 以和其民 武王旣崩 成王少 周公旦代成王治 當國 管叔蔡叔疑周公 乃與武庚祿父作亂 欲攻成周② 周公旦以成王命興師伐殷 殺武庚祿父管叔③ 放蔡叔 以武庚殷餘民封康叔爲衛君 居河淇間故商墟④

① 集집

색은 집集은 화和와 같다.

集猶和也

② 成周성주

색은 성주成周는 낙양洛陽이다. 그 당시 주공은 성왕을 도와 낙읍을 경영했었는데, 서주西周의 호경鎬京에 사는 것과 같았다. 관숙과 채숙이 난리를 엮고자 먼저 성주를 공격했다. 이에 주공은 동쪽 낙읍에 거주하면서 관숙과 채숙을 정벌했다.

成周 洛陽 其時周公相成王 營洛邑 猶居西周鎬京 管蔡欲搆難 先攻成周 於是周公東居洛邑 伐管蔡

③ 殺武庚祿父管叔살무경록부관숙

신주 무경은 이름이고 녹보는 자字다. 《사기지의》에 따르면 주공이 관숙을 죽인 것은 아니라고 한다. 자세한 것은 〈관채세가〉에 있다.

④ 商墟상허

색은 송충이 말했다. "지금의 정창이다."

宋忠曰 今定昌也

신주 송충이 말한 정창이 어디인지는 분명하지 않다. 은나라 마지막 수도는 현재의 조가朝歌다. 그 북쪽에 은허 안양安陽이 있다. 일부 기록들은 위나라가 한漢나라 하내군 동쪽인 당나라 회주懷州 일대에 자리했다고 하는데, 자세한 것은 알지 못한다.

주공 단은 강숙이 젊은 것을 걱정해서, 반복해서 강숙에게 훈계했다.

"반드시 은나라의 현인賢人과 군자君子와 뛰어난 자들을 찾아서 먼저 은나라가 흥하고 망한 까닭을 묻고 힘써 백성을 사랑하라."

그리고 주紂가 망한 것은 술에 빠져 음란했기 때문인데 술에 자신을 잃게 했고 부인婦人의 말만 받아들였기 때문이다. 그래서 주紂의 어지러움은 여기(술과 여자)에서 비롯되었다는 것을 알려 나아가 재재梓材[①]를 지어 군자君子의 법칙으로 삼아야 한다는 것을 보여주었다. 그러므로 《서경》 〈강고康誥〉(덕을 밝히는 것), 〈주고酒誥〉(술을 경계하는 것), 〈재재梓材〉(법칙을 지어 살피는 것)를 지어 명령으로 일컬었다.
강숙은 봉국으로 가서 이 주공의 명에 따라 그 백성을 잘 진정하고 안심시켰다. 백성들이 매우 흡족하게 여겼다.
周公旦懼康叔齒少 乃申告康叔曰 必求殷之賢人君子長者 問其先殷所以興 所以亡 而務愛民 告以紂所以亡者以淫於酒 酒之失 婦人是用 故紂之亂自此始 爲梓材[①] 示君子可法則 故謂之康誥酒誥梓材以命之 康叔之國 旣以此命 能和集其民 民大說

① 梓材재재

정의 목수[梓人]가 재목을 만들 듯 군자가 법칙을 지어 살피는 것이다. 재梓는 장인이다.
若梓人爲材 君子觀爲法則也 梓 匠人也

성왕이 장성해서 정사를 담당하자 (주공은) 강숙을 추천해 주나라의 사구司寇로 삼게 했다. 그리고 위衛나라에 보배로운 제기[①]를 하사해 유덕을 표창했다.

成王長 用事 擧康叔爲周司寇 賜衛寶祭器① 以章有德

① 祭器제기

집해 《좌전》에서 말한다. "강숙에게 대로大路, 대기大旂, 소백少帛, 천패綪茷(붉은 비단 깃발), 전정旃旌, 대려大呂를 나누어 주었다." 가규가 말했다. "대로는 전로全路다. 소백은 잡백雜帛이다. 천패는 대적大赤이다. 비단을 통해서 전旃(깃발)을 만들고 깃을 쪼개서 정旌(깃발)을 만든다. 대려는 종 이름이다." 정중이 말했다. "천패는 깃발 이름이다."
左傳曰 分康叔以大路大旂少帛綪茷旃旌大呂 賈逵曰 大路 全路也 少帛 雜帛也 綪茷 大赤也 通帛爲旃 析羽爲旌 大呂 鍾名 鄭衆曰 綪茷 旃名也

강숙이 죽자 아들 강백康伯①이 대신 즉위했다.
강백이 죽고 아들 고백考伯②이 계승했다.
고백이 죽고 아들 사백嗣伯이 계승했다.
사백이 죽고 아들 첩백庢③伯이 계승했다.④
첩백이 죽고 아들 정백靖伯이 계승했다.
정백이 죽고 아들 정백貞伯⑤이 계승했다.
정백이 죽고 아들 경후頃侯(서기전 866~855)가 계승했다.
康叔卒 子康伯①代立 康伯卒 子考伯②立 考伯卒 子嗣伯立 嗣伯卒 子庢③伯立④ 庢伯卒 子靖伯立 靖伯卒 子貞伯立⑤ 貞伯卒 子頃侯立

① 康伯강백

색은 《세본》에서는 강백康伯의 이름을 곤髡이라고 했다. 송충이 이르기를, 곧 왕손모王孫牟인데, 주나라 강왕康王을 섬겨 대부가 되었다고 한다. 살펴보니 《좌전》에서 이르는 왕손모보王孫牟父가 이 사람이다. (모보는) 모곤牟髡과 발음이 서로 비슷하지만 같지 않다. 초주는 《고사고》에서 강백康伯은 없고 아들 모백牟伯이 군주로 즉위했다고 일렀다. 대개 부자가 함께 강康이라 시호한 것은 맞지 않다. 그러므로 이름을 모백이라고 일렀을 것이다.

系本康伯名髡 宋忠曰 即王孫牟也 事周康王爲大夫 按 左傳所稱王孫牟父是也 牟髡聲相近 故不同耳 譙周古史考無康伯 而云子牟伯立 蓋以不宜父子俱諡康 故因其名云牟伯也

② 考伯고백

신주 〈삼대세표〉에서는 효백孝伯이라고 한다.

③ 疌첩

집해 《사기음은》에서 말한다. "발음은 '첩捷'이다."

史記音隱曰 音捷

신주 〈삼대세표〉에서는 섭疌이라고 한다.

④ 疌伯立첩백립

색은 《세본》에서는 지백摯伯으로 되어 있다.

系本作摯伯

⑤ 貞伯정백

색은 《세본》에서는 기백箕伯으로 되어 있다.

系本作箕伯

경후頃侯가 주나라 이왕夷王에게 뇌물을 후하게 주자, 이왕이 위衛나라에 명해 제후로 벼슬을 올렸다.[①]

경후가 즉위 12년에 죽고 아들 희후釐侯(서기전 854~813)가 계승했다.

頃侯厚賂周夷王 夷王命衛爲侯[①] 頃侯立十二年卒 子釐侯立

① 夷王命衛爲侯이왕명위위후

색은 살펴보니 《상서》 〈강고〉에서 "너를 동토東土에 제후로 임명한다."라고 일렀다. 또 이르기를 "맹후인 나의 동생 소자 봉封아!"라고 하였으니, 곧 강숙康叔이 처음 봉해 이윽고 후작이 된 것이다. 아들 강백康伯이 곧 백伯이라고 이르는 것에 견주어보면, 방백方伯의 백伯을 말할 따름이다. 아들에 이르러 곧 작위가 강등되어 백작이 된 것이 아니다.

그러므로 공안국이 이르기를 "맹孟은 우두머리다. 오후五侯의 우두머리를 방백이라고 일컫는다."라고 했다. 방백方伯은 주목州牧이므로 5대손 조상까지 늘 방백이 되었을 뿐이다. 경후에 이르러 (주나라)의 덕이 쇠약해져 제후들을 감시하지 못해서 이에 본래 작위를 따라 후라고 칭한 것이지, 아들에 이르러 곧 작위가 삭감되었다가 경후에 이르러 이왕夷王에게 뇌물을 주고 후라고 칭한 것은 아니다.

按 康誥稱命爾侯于東土 又云孟侯 朕其弟 小子封 則康叔初封已爲侯也 比子

康伯即稱伯者 謂方伯之伯耳 非至子即降爵爲伯也 故孔安國曰孟 長也 五侯之長 謂方伯 方伯 州牧也 故五代孫祖恆爲方伯耳 至頃侯德衰 不監諸侯 乃從本爵而稱侯 非是至子即削爵 及頃侯賂夷王而稱侯也

신주 위 주석처럼 서주시대 위나라는 제후들의 우두머리였다. 그들이 약화된 것은 적인狄人의 공격을 받아 황하 남쪽으로 쫓겨가면서부터다.

희후 13년, 주나라 여왕厲王이 체彘 땅으로 달아났다. 공화共和의 정치를 행했다.①

28년, 주나라 선왕宣王이 즉위했다.

42년, 희후가 죽고 태자 공백共伯 여餘가 계승해서 군주가 되었다. 공백의 아우 화和는 희후에게 총애를 받고 있어 사람들이 많은 뇌물을 주었다. 화는 그 뇌물을 사인士人들에게 주고 회유해서 공백을 희후의 묘지에서 습격하게 했다. 공백은 희후의 묘지 안의 길②로 들어가 자살했다. 위나라 사람들은 그래서 그를 희후의 묘 곁에 장례를 치르고 시호를 공백이라고 했다. 화를 세워 위후衛侯로 삼았으니, 이이가 무공武公③(서기전 812~758)이다.

釐侯十三年 周厲王出奔于彘 共和行政焉① 二十八年 周宣王立 四十二年 釐侯卒 太子共伯餘立爲君 共伯弟和有寵於釐侯 多予之賂 和以其賂賂士 以襲攻共伯於墓上 共伯入釐侯羡②自殺 衛人因葬之釐侯旁 諡曰共伯 而立和爲衛侯 是爲武公③

① 共和行政焉공화행정언

신주 주나라 여왕厲王이 체 땅으로 달아난 후 주공과 소공 두 공이 섭정한 14년의 기간을 공화라고 한다. 〈주본기〉에 나온다. 임금 없이 두 공公이 공동으로 집정했기에 공화라고 했다. 공화 원년은 서기전 841년이다.

② 羨선

색은 羨의 발음은 '연延'이다. 연延은 묘지 안의 길이다. 또 발음은 '언[以戰反]'이다. 공백恭伯의 이름은 여餘이다.
音延 延 墓道 又音以戰反 恭伯名餘也

③ 武公무공

색은 화和가 공백恭伯을 죽이고 대신 군주로 섰다고 하는데, 이곳의 설명은 아마 잘못된 것 같다. 살펴보니 (오나라 공자) 계찰季札이 강숙康叔과 무공武公의 덕을 아름답게 여겼다. 또 《국어》에서는 무공의 나이가 95세인데도 칭찬하여, 오히려 나라에서는 경계함이 있고, 조정에서는 공손히 삼가며, 궤几에 의지해 의논하고, 죽음에 이르러서도 슬기롭고 성스러웠다고 일컬었다. 또 《시경》에서는 위나라 세자 공백恭伯이 일찍 죽었다고 드러냈지 피살되었다고 하지 않았다. 만약 무공이 형을 죽이고 군주로 섰다면, 어찌 교훈으로 여겨서 국사國史에 모범으로 삼았겠는가. 아마 태사공이 잡설雜說을 채용해서 여기에 기록했으리라!
和殺恭伯代立 此說蓋非也 按 季札美康叔武公之德 又國語稱武公年九十五矣 猶箴誡於國 恭恪于朝 倚几有誦 至于没身 謂之叡聖 又詩著衛世子恭伯蚤卒 不云被殺 若武公殺兄而立 豈可以爲訓而形之于國史乎 蓋太史公採雜說而爲此記耳

신주 현재의 학자들 중에는《사기》보다는《죽서기년》을 신뢰하여 이른바 '공화共和'도 공백 화和가 왕을 대리했다고 보기도 한다.

> 무공武公이 즉위해 강숙의 정치를 베풀어 백성을 화합하게 했다. 42년, 견융이 주나라 유왕幽王을 살해하자, 무공이 군사를 이끌고 가서 주나라를 도와 견융을 평정하는 큰 공로를 세웠다. 주나라 평왕平王이 무공을 명해서 공작으로 벼슬을 올리게 했다.
> 55년, 무공이 죽고 아들 장공莊公(서기전 757~735) 양揚[①]이 계승했다.
> 武公即位 修康叔之政 百姓和集 四十二年 犬戎殺周幽王 武公將兵往佐周平戎 甚有功 周平王命武公爲公 五十五年卒 子莊公揚[①]立

① 莊公揚장공양

신주 〈십이제후연표〉에서는 장공의 이름을 양楊이라고 한다.

> 장공 5년, 제나라 여인을 얻어 부인으로 삼았다. 아름다웠지만 아들이 없었다. 또 진陳나라 여인을 얻어 부인으로 삼았다. 아들을 낳았지만 일찍 죽었다. 진나라 부인의 여동생[①]이 장공에게 총애를 받아 아들 완完을 낳았다. 완의 어머니가 죽자 장공은 제나라 부인에게 자식을 키우게[②] 명령하고, 이를 세워 태자로 삼았다.

장공에게는 총애하는 첩이 있었는데 아들 주우州吁를 낳았다.
18년, 주우가 장성해 군사 일을 좋아하자 장공이 장수를 시켰다.
석작石碏[③]이 장공에게 간언했다.
"서자庶子가 군사 일을 좋아한다고 장수를 시켰으니 변란이 이로부터 일어날 것입니다."
장공은 듣지 않았다.
23년, 장공이 죽고 태자 완完이 계승했는데, 이이가 환공桓公(서기전 734~719)이다.

莊公五年 取齊女爲夫人 好而無子 又取陳女爲夫人 生子 蚤死 陳女女弟[①]亦幸於莊公 而生子完 完母死 莊公令夫人齊女子之[②] 立爲太子 莊公有寵妾 生子州吁 十八年 州吁長 好兵 莊公使將 石碏[③]諫莊公曰 庶子好兵 使將 亂自此起 不聽 二十三年 莊公卒 太子完立 是爲桓公

① 女弟여제

색은 여동생은 대규戴嬀다. 아들 환공 완完이 주우州吁에게 죽임을 당하자, 대규는 진陳나라로 돌아갔다. 《시경》 '연연우비燕燕于飛'의 편이 이것이다.

女弟 戴嬀也 子桓公完爲州吁所殺 戴嬀歸陳 詩燕燕于飛之篇是

신주 《좌전》 은공 3년에 따르면 진나라 여자는 여규厲嬀라 하고, 그녀의 여동생을 대규戴嬀라고 한다. 죽은 사람은 완의 어머니 대규가 아니라 여규일 것이며, 대규는 자기 나라로 돌아간 것으로 추측된다.

② 子之자지

색은 자지子之는 키워서 자식으로 삼는 것을 일컫는다. 제나라 여자는 곧 장강莊姜이다. 《시경》 〈석인碩人〉에서 아름답다고 한 사람이 이 여인이다.

子之 謂養之爲子也 齊女即莊姜也 詩碩人篇美之是也

③ 石碏석작

집해 가규가 말했다. "석작은 위나라의 상경上卿이다."

賈逵曰 石碏 衛上卿

환공 2년, 아우 주우가 교만하고 사치하자 환공이 쫓아냈는데, 주우는 다른 나라로 달아났다.

13년, 정나라 백작의 아우 단段이 그의 형을 공격했지만 이기지 못하고 도망가니, 주우가 찾아가 그와 벗이 되었다.[①]

16년, 주우는 위衛나라에서 도망친 사람들을 거두어 모아 환공을 습격해 살해하고, 주우 스스로 즉위하여 위나라 군주가 되었다. 주우가 정나라 백작의 아우 단을 위해 정나라를 정벌하려고 송宋나라와 진陳나라와 채蔡나라에 함께하기를 청하자, 세 나라가 모두 주우에게 허락했다.

주우가 새로 즉위해서 군사 일을 좋아하고 환공을 시해했기 때문에 위나라 사람들은 아무도 그를 좋아하지 않았다. 석작도 이에 환공 어머니의 친정이 진나라에 있었던 까닭으로 주우에게 잘하는 척[②]만 했다. 위나라 군사가 정나라의 교외에 이르자 석작은 진후陳侯와 함께 모의하여 우재右宰 추醜에게 음식을 바치게 하고, 그것을 기회로 주우를 복濮 땅에서 죽였다.[③] 그리고 환공의 아우 진晉을 형邢나라[④]에서 맞이해 위나라 군주로 세웠는데, 이이가 선공宣公(서기전 718~700)이다.

桓公二年 弟州吁驕奢 桓公絀之 州吁出奔 十三年 鄭伯弟段攻其兄 不勝 亡 而州吁求與之友[①] 十六年 州吁收聚衛亡人以襲殺桓公 州吁自立爲衛君 爲鄭伯弟段欲伐鄭 請宋陳蔡與俱 三國皆許州吁 州吁新立 好兵 弑桓公 衛人皆不愛 石碏乃因桓公母家於陳 詳[②]爲善州吁 至鄭郊 石碏與陳侯共謀 使右宰醜進食 因殺州吁于濮[③] 而迎桓公弟晉於邢[④] 而立之 是爲宣公

① 鄭伯弟段~州吁求與之友정백제단~주우구여지우

신주 〈정세가〉에 따르면 단은 공共으로 달아나는데 그곳은 위나라 땅이다. 주우는 그를 찾아 뜻을 같이한 것이다.

② 詳상

신주 詳상은 '양佯(거짓)'과 같다.

③ 右宰醜進食 因殺州吁于濮사우재추진식 인살주우우복

집해 복건이 말했다. "우재 추醜는 위나라 대부다. 복濮은 진陳 땅이다."
服虔曰 右宰醜 衛大夫 濮 陳地

색은 가규가 말했다. "복濮은 진陳나라 땅이다." 살펴보니 복수濮水의 머리는 하수河水를 받아들이고(황하가 지류로 갈라진다는 말) 또 변수汴水를 받아들이며, 변수는 또한 하수河水를 받아들인다. 동북쪽 이호離狐에 이르러 두 갈래로 나뉘어 함께 동북쪽 거야鉅野에 이르러 제수濟水로 들어간다. 곧 복수는 조曹와 위衛 사이에 있으니 가규가 진陳 땅이라고 말한 것은 잘못이다. 〈지리지〉에 근거하면 진류군 봉구현封丘縣의 복수濮水는 제수泲水를 받아들이니, 마땅히 진나라 유수留水라고 말해야 한다.
賈逵曰 濮 陳地 按 濮水首受河 又受汴 汴亦受河 東北至離狐分爲二 俱東北至鉅野入濟 則濮在曹衛之間 賈言陳地 非也 若據地理志陳留封丘縣濮水受泲 當言陳留水也

신주 《좌전》에 따르면 석작은 주우에게 잘 보이려고 자기 아들 후厚를 진陳에 사신으로 보내고, 주우가 주왕(천자)을 조알할 수 있도록 외교적 노력을 한다. 이 기회에 다시 사자를 보내 진나라에서 자신의 아들을 죽였다. 앞서 아들이 자기의 충고를 무시하고 주우와 어울렸다는 이유에서였다. 《좌전》에서는 이를 '대의멸친大義滅親(대의를 위해서 핏줄을 죽임)이라고 칭송하고 있다.

④ 邢형

집해 가규가 말했다. "형邢은 주공周公의 자손이고 희성姬姓의 나라다."
賈逵曰 邢 周公之胤 姬姓國

> 선공 7년, 노나라에서 그 군주 은공隱公을 시해했다.
> 9년, 송나라 독督이 그의 군주 상공殤公을 시해하고 공보孔父를 죽였다.

10년, 진晉나라 곡옥曲沃의 장백莊伯이 그 군주 애후哀侯를 시해했다.①
宣公七年 魯弑其君隱公 九年 宋督弑其君殤公 及孔父 十年 晉曲沃莊伯弑其君哀侯①

① 曲沃莊伯弑其君哀侯곡옥장백시기군애후

신주 애후를 시해한 것은 곡옥의 무공武公이다.

18년, 당초에 선공은 부인 이강夷姜을 총애했다.① 이강이 아들 급伋을 낳자 태자로 삼고 우공자右公子를 스승으로 삼도록 명령했다. 우공자는 태자를 위해 제나라 여자에게 장가들었지만 아직 신방新房에 들이지 않았는데, 선공이 태자의 부인이 될 여자가 아름다운 것을 보고 욕심이 나서 그녀를 설득하여 자기가 취했다. 그리고 다시 태자를 다른 여자에게 장가들게 했다. 선공은 제나라 여자를 취해 아들 수壽와 삭子朔을 낳고 좌공자左公子를 스승으로 삼도록 명령했다.②
태자 급伋의 어머니가 죽자 선공의 정부인正夫人이 되었던 제나라 여자는 아들 삭朔과 함께 태자 급을 싫어해서 헐뜯었다. 선공 자신도 그 태자의 아내를 빼앗았으니 마음속에 태자를 미워해서 폐하고자 했다. 그런데 태자에 대한 나쁜 소문을 듣자 크게 화가 나서 태자 급을 제나라로 보내면서 도적에게 국경 부근에서 숨어 있다가 죽이라고 했다.[③] 태자에게 흰 모旄(깃발)[④]를 주고는 국경의 도적에게 흰 깃발을 가진 자가 보이면 죽이라고 알렸다.

十八年 初 宣公愛夫人夷姜[①] 夷姜生子伋 以爲太子 而令右公子傅之 右公子爲太子取齊女 未入室 而宣公見所欲爲太子婦者好 說而自取之 更爲太子取他女 宣公得齊女 生子壽子朔 令左公子傅之[②] 太子伋母死 宣公正夫人與朔共讒惡太子伋 宣公自以其奪太子妻也 心惡太子 欲廢之 及聞其惡 大怒 乃使太子伋於齊而令盜遮界上殺之[③] 與太子白旄[④] 而告界盜見持白旄者殺之

① 宣公愛夫人夷姜선공애부인이강

신주 《좌전》에 따르면 이강夷姜은 선공의 계모繼母로서 아버지 장공莊公의 첩이다. 선공이 이강과 통한 것을 '증烝'(윗사람과 간음함)이라고 표현했다. 이강은 나중에 총애를 받지 못하게 되자 자살한 것으로 나온다.

② 令左公子傅之영좌공자부지

집해 두예가 말했다. "좌우공자는 잉첩媵妾의 아들이다. 이로 인해서 호칭이 되었다."

杜預曰 左右媵之子 因以爲號

③ 使太子伋於齊而令盜遮界上殺之사태자급어제이영도차계상살지

정의 《좌전》에서 말한다. "위나라 선공宣公이 태자 급伋에게 제나라로 가게 했다고 일렀으며, 도적을 시켜서 신莘에서 기다렸다가 죽이라고 했다." 두예가 말했다. "신莘은 위나라 땅이다."

左傳云衛宣公使太子伋之齊 使盜待諸莘 將殺之 杜預云莘 衛地

④ 旄모

신주 군주가 사신에게 주는 신표로, 모旄는 깃대 끝에 다는 소의 꼬리털을 말한다.

장차 행하려는데 아들 삭朔의 형인 수壽가 태자와 이복동생인데도 삭이 태자를 미워하고, 또 군주가 죽이려는 것을 알고 곧 태자에게 일렀다.
"국경에서 도적이 태자의 흰 깃발을 보면 곧 태자를 죽일 것이니, 태자께서는 가지 마십시오."
태자가 말했다.
"아버지의 명령을 거역하고 삶을 구하는 것은 옳지 못하다."
마침내 갔다. 수壽는 태자가 그치지 않는 것을 보고, 이에 그 흰 깃발을 도둑질해 먼저 달려서 국경에 이르렀다. 국경의 도적이 증거를 보고, 곧 살해했다. 수壽가 이미 죽었는데, 태자 급伋이 또 이르러 도적에게 말했다.
"죽임을 당할 자는 바로 나다."
도적이 태자 급도 함께 죽이고 선공에게 보고했다. 선공이 이에 아들 삭朔을 태자로 삼았다.
19년, 선공이 죽고 태자 삭이 즉위했는데, 이이가 혜공惠公(서기전 699~696)이다.

좌우 공자들은 삭朔이 군주가 된 것을 불평했다.

혜공 4년, 좌우 공자들은 혜공이 지난날 태자 급을 헐뜯어 죽이고 대신 군주가 된 것을 원망하다가 이에 난을 일으켜서 혜공을 공격하고 태자 급의 아우 검모黔牟(서기전 695~688)를 세워 군주로 삼자 혜공은 제나라로 달아났다.

且行 子朔之兄壽 太子異母弟也 知朔之惡太子而君欲殺之 乃謂太子曰 界盜見太子白旄 即殺太子 太子可毋行 太子曰 逆父命求生 不可 遂行 壽見太子不止 乃盜其白旄而先馳至界 界盜見其驗 即殺之 壽已死而太子伋又至 謂盜曰 所當殺乃我也 盜并殺太子伋 以報宣公 宣公乃以子朔爲太子 十九年 宣公卒 太子朔立 是爲惠公 左右公子不平朔之立也 惠公四年 左右公子怨惠公之讒殺前太子伋而代立 乃作亂 攻惠公 立太子伋之弟黔牟爲君 惠公奔齊

위나라 군주 검모가 즉위한 지 8년, 제나라 양공襄公이 제후들을 거느리고 주나라의 왕명을 받들어① 함께 위나라를 정벌해서 위나라 혜공을 돌려보내고 좌우의 공자들을 죽였다. 위나라 군주 검모는 주나라로 달아나고, 혜공이 다시 군주의 자리를 되찾았다.②

혜공은 즉위한 지 3년에 탈출해서 도망갔다가③ 망명 8년 만에 다시 돌아왔으니, 지나간 해와 합하면 모두 13년이다.

衛君黔牟立八年 齊襄公率諸侯奉王命①共伐衛 納衛惠公 誅左右公子 衛君黔牟奔于周 惠公復立② 惠公立三年出亡③ 亡八年復入 與前通年凡十三年矣

① 奉王命봉왕명

신주 《사기지의》에 따르면 《춘추》에는 제후들이 왕명을 거스르고 혜공을 들였다고 했다. 왕명을 받들었다고 하는 《사기》와 어긋난다.

② 惠公復立혜공복립

신주 혜공이 복위한 것을 〈십이제후연표〉에서는 노나라 장공 7년이라고 했다. 그래서 양공 6년이라고 한 《춘추》의 기록과 어긋난다. 《춘추》의 기록과 맞으려면 본문의 '검모 8년'이 맞고, '혜공 13년'보다 1년 빠르다. 즉 검모 8년인 혜공 12년에 복위되었다고 해야 정확하니 〈십이제후연표〉가 1년 빠르다. 〈위강숙세가〉의 연대도 약간 잘못되었다.

③ 惠公立三年出亡혜공립삼년출망

신주 앞서 혜공이 제나라로 도망간 것은 어머니의 나라이므로, 외가의 도움을 얻고자 해서이다. 혜공 4년에 쫓겨났으니, 여기 3년이라고 쓴 것은 4년이 맞을 것이다. 《춘추》에서도 혜공은 4년에 제나라로 달아났다고 했다. 〈십이제후연표〉에서도 착오하여 혜공 3년에 제나라로 달아났다고 했다.

> 25년,[①] 혜공은 주나라에서 검모를 용서해 놓아준 것을 원망하고, 연나라와 함께 주나라를 쳤다.[②] 주나라 혜왕이 온溫 땅으로 달아나자, 위나라와 연나라가 함께 혜왕의 아우 퇴頹를 세워서 왕으로 삼았다.

29년,[③] 정나라에서 다시 혜왕을 돌려보냈다.

31년(서기전 669), 혜공이 죽고 아들 의공懿公(서기전 668~660) 적赤이 계승했다.

二十五年[①] 惠公怨周之容舍黔牟 與燕伐周[②] 周惠王奔溫 衛燕立惠王弟穨爲王 二十九年[③] 鄭復納惠王 三十一年 惠公卒 子懿公赤立

① 二十五年이십오년

신주 〈십이제후연표〉에서는 이 사건이 혜공 24년에 있었다고 한다. 〈주본기〉에서는 혜왕 2년의 일이고 〈정세가〉에는 여공 후 5년의 일이니 위나라 혜공 24년에 해당한다.

② 與燕伐周여연벌주

신주 이 연燕은 지리적으로나 정황으로 볼 때 소공召公 석奭이 봉해진 북연北燕이라기보다 주나라 가까이 위치한 남연南燕으로 볼 수 있다. 《한서》 〈지리지〉에 따르면 연주 동군에 남연현南燕縣이 있는데, 길성姞姓으로서 황제黃帝의 후손이라고 한다. 중국에서는 남연국의 위치를 하남성 신향시 관할의 연진현延津縣 동북쪽 45리 지점으로 본다.

③ 二十九年이십구년

신주 혜왕이 복위한 것은 위나라 혜공 27년이다.

의공은 즉위해서 학鶴을 좋아하고[1] 음란한 음악을 좋아하고 사치스러웠다.
9년, 적翟이 위나라를 치자 위나라 의공이 출병하려고 했는데, 군사들 중에는 등을 돌리는 자가 있었다. 대신이 말했다.
"군주께서 학을 좋아하시니 학을 시켜서 적翟을 공격하라고 명령하십시오."
적翟 사람들이 마침내 쳐들어와 의공을 살해했다.
懿公即位 好鶴[1]淫樂奢侈 九年 翟伐衛 衛懿公欲發兵 兵或畔 大臣言曰 君好鶴 鶴可令擊翟 翟於是遂入 殺懿公

① 好鶴호학

정의 《괄지지》에서 말한다. "옛날 학성鶴城은 활주 광성현 서남쪽 15리에 있다. 《좌전》에서 위나라 의공이 학을 좋아해 학에게 대부의 직책을 주고 헌거軒車에 태우고 다닌 일도 있었다. 적狄이 위나라를 치자 공公이 싸우고자 했는데, 나라 사람들 중 무기를 받은 자들이 모두 말하기를 '학을 시키십시오, 학이 실제로 녹을 받는 자리에 있는데 내가 어찌 싸울 수가 있겠습니까.'라고 했다고 한다. 세속에 전해지기를 의공이 이 성에서 학을 길렀다고 해서 이로 인해 이름이 된 것이다."
括地志云 故鶴城在滑州匡城縣西南十五里 左傳云 衛懿公好鶴[鶴]有乘軒者 狄伐衛 公欲戰 國人受甲者皆曰使鶴 鶴實有祿位 余焉能戰 俗傳懿公養鶴於此城 因名也

의공이 군주가 되었다. 백성과 대신들 모두가 복종하지 않았다. 의공의 아버지 혜공 삭朔이 태자 급伋을 참소하여 살해하고 대신 즉위했을 때부터 의공에 이르기까지 늘 그들을 무너뜨리려 했다. 끝내 혜공의 후손들을 멸족시키고, 다시 검모의 아우인 소백昭伯 완頑의 아들 신申을 세워 군주로 삼으니, 이이가 대공戴公이다.①

懿公之立也 百姓大臣皆不服 自懿公父惠公朔之讒殺太子伋代立至於懿公 常欲敗之 卒滅惠公之後而更立黔牟之弟昭伯頑之子申爲君 是爲戴公①

① 頑之子申爲君 是爲戴公완지자신위군 시위대공

신주 살해당한 선공宣公의 태자 급伋의 아우가 검모黔牟고, 검모의 아우가 완頑이니, 완 역시 선공의 아들이다. 선공이 차지한 며느리감이던 제나라 여자는 역사상 유명한 선강宣姜으로 혜공 삭朔의 어머니다.

완은 선공이 죽고 나서 제나라에서 계모인 선강과 통정할 것을 제의하자, 처음에는 거절했으나 어쩔 수 없이 통정하여 두 아들과 두 딸을 낳았다. 하지만 속내는 선강의 뛰어난 미색에 끌렸기 때문일 것이다. 이렇듯 계모와 배다른 자식 간에 결혼했지만 유학儒學사상이 지배하는 세상이 되어 비난하기 전까지는 그리 큰 흠이 아니었다. 그 두 아들이 대공戴公과 그 뒤를 이은 문공文公이다. 딸 하나는 송나라 환공桓公에게 시집가고, 하나는 허나라 목공穆公에게 시집갔다.

나라를 옮기다

대공 신申이 원년에 죽었다. 제환공은 위나라에 자주 변란이 일어나자, 이에 제후들을 거느리고 적翟 땅을 정벌했으며 위나라를 위해 초구楚丘[①]에 성을 쌓았다. 대공의 아우 훼燬를 세워 위나라 군주[②]로 삼았으니, 이이가 문공文公(서기전 659~635)이다. 문공이 난리 때문에 제나라로 달아나자, 제나라 사람들이 그를 위나라로 복귀시켰다.

戴公申元年卒 齊桓公以衛數亂 乃率諸侯伐翟 爲衛築楚丘[①] 立戴公弟燬爲衛君[②] 是爲文公 文公以亂故奔齊 齊人入之

① 楚丘초구

정의 《괄지지》에서 말한다. "성무현에 초구정이 있다."

括地志云 城武縣有楚丘亭

신주 《한서》〈지리지〉에 따르면 초구는 연주 산양군 성무현에 있는데, 제환공이 성을 쌓아 위문공을 이곳으로 옮겼다고 한다. 훗날 마지막 도읍인 복양 동남쪽에 있다. 후한시대에는 제음군 소속이 되었다.

위나라가 황하 남쪽으로 옮겨가자, 적족은 이후 약 65년간 진晉나라 동쪽에서 제나라 서쪽까지, 그리고 위衛와 노나라 북쪽까지 영유하면서 중원 한복판을 차지하게 된다. 당시 황하 북쪽과 동쪽에 있던 위나라 영토는 나중에 진晉과 제齊의 소유가 되어 두 나라가 더욱 강대해지는 계기가 된다. 서주시대에 패자[伯]였던 위나라는 몰락하게 되고, 이는 춘추시대에 한 획을 긋는 큰 사건이다. 적족의 발흥과 몰락은 〈노주공세가〉에 자세히 나온다.

② 衛君위군

집해 《가의서》에서 말한다. "위후衛侯가 주나라에 조회하는데, 주나라 행인이 그의 이름을 묻자 '위후 벽강辟疆'이라고 대답했다. 주나라 행인이 돌아와 이르기를 '강역을 열거나 강역을 물리치는 것은 천자의 호이니, 제후는 사용하지 못하는 것이다.'라고 했다. 위후가 그의 이름을 고쳐서 훼燬라고 한 연후에 받아주었다."

賈誼書曰 衛侯朝於周 周行人問其名 答曰衛侯辟疆 周行人還之 曰啓疆辟疆天子之號 諸侯弗得用 衛侯更其名曰燬 然後受之

정의 燬의 발음은 '훼毁'이다.

燬音毁

당초 적翟이 의공을 죽이자 위나라 사람들은 불쌍하게 여기고 선공보다 먼저 죽은 태자 급伋의 후예를 복위시키려고 생각했다. 그런데 급의 아들이 또 죽어서 급을 대신해 죽은 수壽에게도 아들이 없었다.

태자 급과 동복동생 2명이 있었다. 첫째는 검모다. 검모는 일찍이 혜공을 대신해 군주가 되었고, 재위 8년에 다시 주나라로 도망갔다. 다른 한 사람을 소백昭伯이라고 했다. 소백과 검모는 모두 이미 죽었다. 그러므로 소백의 아들 신申을 세워 대공戴公으로 삼았다. 대공이 죽자 다시 그의 아우 훼를 세워 문공文公으로 삼았다.
初 翟殺懿公也 衛人憐之 思復立宣公前死太子伋之後 伋子又死 而代伋死者子壽又無子 太子伋同母弟二人 其一曰黔牟 黔牟嘗代惠公爲君八年復去 其二曰昭伯 昭伯黔牟皆已前死 故立昭伯子申爲戴公 戴公卒 復立其弟燬爲文公

문공은 즉위한 당초에 세금을 가볍게 하며 형벌을 공평하게 하고,① 몸소 수고하면서 백성과 어려움을 같이하면서 위나라의 민심을 거두어 잡았다.
16년, 진晉나라 공자 중이重耳가 (망명 중에) 위나라를 지나가는데, (위나라 문공이) 무례하게 대했다.②
17년, 제환공이 죽었다.
25년, 문공이 죽고 아들 성공成公(서기전 634~600) 정鄭이 계승했다.
文公初立 輕賦平罪① 身自勞 與百姓同苦 以收衛民 十六年 晉公子重耳過 無禮② 十七年 齊桓公卒 二十五年 文公卒 子成公鄭立

① 輕賦平罪경부평죄

색은 부세賦稅를 가볍게 하고 형벌을 공평하게 단죄하는 것이다. 평平

을 어떤 판본에서는 '졸卒'이라고 했다. 졸卒은 사졸士卒을 이른다. 죄罪자를 아래에 잇대어 해석하면 아마도 일가一家라는 뜻일 뿐이다.

輕賦稅 平斷刑也 平 或作卒 卒謂士卒也 罪字連下讀 蓋亦一家之義耳

신주 원문 '경부평죄 신자로輕賦平罪 身自勞'는 '경부평 죄신자로輕賦平罪身自勞'(부세를 가볍고 공평하게 하고 몸에 죄가 있으면 스스로 노력하게 함)가 되는데, 그렇게 써도 된다는 말이다. 다만 여기 주석에서 '졸卒'을 사졸이라고 한 것은 잘못이다. 졸은 '줄인다'라는 의미이다. 죄를 줄여 가볍게 해준다는 뜻이다.

② 晉公子重耳過 無禮진공자중이과 무례

신주 중이(진문공)가 제나라에 가기 전 위衛나라를 지날 때 예로써 대하지 않았고 오록五鹿을 지나는데 시골사람한테 밥을 요구하니 흙을 주었다.

성공 3년, (진군晉軍이) 진晉나라에서 위나라에 길을 빌려 송나라를 구원하려고 했는데 성공이 허락하지 않았다. 진晉나라에서는 남쪽 하수①를 따라 건너서 송나라를 구원했다. 위나라에 군사를 징발토록 하자, 위나라 대부는 허락하고자 했으나 성공은 허락하지 않았다.

대부 원훤元咺이 성공을 공격하자, 성공은 달아났다.② 진晉나라 문공 중이重耳가 위나라를 공격해서 그 땅을 나누어 송나라에 주었는데, 지난날 지나갈 때 무례한 것과 송나라의 우환을 구원하지 않았기 때문에 토벌한 것이다.

위나라 성공은 마침내 진陳나라로 달아났다.③

2년 후에 (위성공이) 주나라에 가서 귀국하도록 도와줄 것을 요구하여 진晉나라 문공과 함께 회맹했다. 진晉에서 사람을 시켜 위나라 성공에게 짐주를 먹이게 했는데, 성공이 짐주를 주관하는 주나라 관리에게 사적인 뇌물로 짐독을 약하게 만들게 해서 죽지 않았다.④

成公三年 晉欲假道於衛救宋 成公不許 晉更從南河①度 救宋 徵師於衛 衛大夫欲許 成公不肯 大夫元咺攻成公 成公出奔② 晉文公重耳伐衛 分其地予宋 討前過無禮及不救宋患也 衛成公遂出奔陳③ 二歲 如周求入 與晉文公會 晉使人鴆衛成公 成公私於周主鴆 令薄 得不死④

① 南河남하

집해 복건이 말했다. "남하南河는 제남 동남쪽으로 흐르는 하수河水다." 두예가 말했다. "급군汲郡에서 남쪽으로 건너서 위나라 남쪽으로 나갔다."

服虔曰 南河 濟南之東南流河也 杜預曰 從汲郡南度 出衛南

② 元咺攻成公 成公出奔원훤공성공 성공출분

색은 초나라로 달아났다.

奔楚

정의 咺의 발음은 '훤[況遠反]'이다.

咺 況遠反

③ 衛成公遂出奔陳위성공수출분진

색은 살펴보니 《좌전》에서 "위후衛侯는 초나라의 군사가 무너졌다는 소문을 듣고 두려워서 초나라로 달아났다가 마침내 진陳나라로 갔다."라고 한 말이 이것이다.

按 左傳衛侯聞楚師敗 懼 出奔楚 遂適陳 是

④ 令薄 得不死영박 득불사

색은 살펴보니 사사로이 뇌물을 쓴 것을 일컫는다.

按 私謂賂之也

그후 주나라에서 진문공에게 청해서 마침내 그가 위나라로 돌아가서 원훤을 죽이자 위나라 군주 하瑕가 달아났다.①

7년, 진晉문공이 죽었다.

12년, 성공이 진양공晉襄公에게 조회하러 갔다.

14년, 진목공秦穆公이 죽었다.

26년, 제나라 병촉邴歜②이 그의 군주 의공懿公을 시해했다.

35년, 성공이 죽고③ 아들 목공穆公(서기전 599~589) 속遬④이 계승했다.

已而周爲請晉文公 卒入之衛 而誅元咺 衛君瑕出奔① 七年 晉文公卒 十二年 成公朝晉襄公 十四年 秦穆公卒 二十六年 齊邴歜②弑其君懿公 三十五年 成公卒③ 子穆公遬④立

① 而誅元咺 衛君瑕出奔이주원훤 위군하출분

색은 이는 원훤元咺이 세웠는데 성공成公이 들어가서 죽였다. 그러므로 희공 30년의 《춘추경》에서는 위衛에서 그의 대부 원훤과 공자 하를 살해했다고 했다. 이곳에서 '달아났다'고 말한 것은 잘못이다.

是元咺所立者 成公入而殺之 故僖三十年經云衛殺其大夫元咺及公子瑕 此言奔 非也

② 邴歜병촉

색은 병촉邴歜이라 한 것은 《좌전》과 같다. 〈제세가〉에서는 '병융邴戎'이라고 했는데, 아마 병촉이 군사를 장악하고 운영했으므로 병융邴戎이라고 불렀을 것이다. 邴의 발음은 '병丙'이다. 촉歜은 '촉鄐'으로 되어 있기도 하다.

邴歜與左氏同 而齊系家作邴戎 者 蓋邴歜掌御戎車 故號邴戎 邴音丙 歜亦作鄐

③ 成公卒성공졸

집해 《세본》에서 말한다. "성공은 복양으로 옮겼다." 송충이 말했다. "복양은 제구고, 땅 이름이다."

世本曰 成公徙濮陽 宋忠曰 濮陽 帝丘 地名

신주 《춘추》와 《좌전》에 따르면 성공 6년 12월에 제구로 옮긴다. 성공이 복위한 지 1년 뒤다. 이렇듯 위나라는 옛 은나라 유허인 조가朝歌를 중심으로 있다가, 초구楚丘로 옮기고 다시 복양濮陽으로 옮긴다. 복양 초기에는 그래도 군郡 정도의 영역이었으나 계속 작아져 현縣 정도만 남는다. 그래서 춘추 말기부터는 겨우 명맥만 유지할 정도로 몰락했다.

④ 遬속

정의 遬의 발음은 '속速'이다.

遬音速

목공 2년, 초나라 장왕莊王이 진陳나라를 공격하고 하징서夏徵舒를 살해했다.
3년, 초나라 장왕이 정나라를 포위했는데, 정나라가 항복하자 다시 풀어주었다.
11년, (위나라 대부) 손량부孫良夫가 노나라를 구원하고 제나라를 쳐서 빼앗긴 땅을 다시 찾았다.①
목공이 죽고 아들 정공定公(서기전 588~577) 장臧이 계승했다.
정공이 12년에 죽고 아들 헌공獻公(서기전 576~559) 간衎이 계승했다.
穆公二年 楚莊王伐陳 殺夏徵舒 三年 楚莊王圍鄭 鄭降 復釋之 十一年 孫良夫救魯伐齊 復得侵地① 穆公卒 子定公臧立 定公十二年卒 子獻公衎立

① 孫良夫救魯伐齊 復得侵地손량부구로벌제 부득침지

신주 《사기지의》에서 말한다. "《춘추》와 《좌전》 노나라 성공 2년에 따르면 위나라는 제나라에 패하자 진晉나라로 가서 군사를 빌려 제나라를 쳤으니 노나라를 구원하기 위해서가 아니다."

헌공 13년, 헌공은 사조師曹[①]를 시켜 궁중의 첩들에게 거문고 타는 법을 가르치게 했다. 첩이 잘하지 못하자 조曹가 매를 때렸다. 첩은 헌공의 총애를 입고 헌공에게 조曹를 헐뜯자 헌공은 조에게 300대의 매를 치게 했다.

18년, 헌공이 손문자孫文子와 영혜자甯惠子에게 명을 내려 식사를 하자고 해서 모두 갔다. 그런데 (헌공은) 한낮이 되었는데도 부르지 않고[②] 동산에 나가 활로 기러기를 쏘고 있었다. 두 사람이 따랐는데[③] 헌공은 활 쏘는 옷을 벗지 않고 그들과 더불어 말했다.[④] 두 사람은 화가 나서 숙宿[⑤] 땅으로 가버렸다.

獻公十三年 公令師曹[①]教宮妾鼓琴 妾不善 曹笞之 妾以幸惡曹於公 公亦笞曹三百 十八年 獻公戒孫文子甯惠子食 皆往 日旰不召[②] 而去射鴻於囿 二子從之[③] 公不釋射服與之言[④] 二子怒 如宿[⑤]

① 師曹사조

집해 가규가 말했다. "사조는 악인樂人이다."

賈逵曰 師曹 樂人

신주 사조가 궁 안의 첩妾들에게 거문고 타는 법을 가르친다는 뜻이다.

② 孫文子～日旰不召손문자～일간불소

집해 복건이 말했다. "손문자孫文子는 임보林父다. 영혜자甯惠子는 영식甯殖이다. 두 사람을 타일러 경계시키고 함께 연식宴食을 하고자 해서 모두 조복을 입고 명을 대기했다. 간旰은 늦는다는 뜻이다."

服虔曰 孫文子 林父也 甯惠子 甯殖也 敕戒二子 欲共晏食 皆服朝衣待命 旰晏也

③ 二子從之이자종지

집해 복건이 말했다. "동산에서 헌공을 따른 것이다."

服虔曰 從公於囿

④ 公不釋射服與之言공불석사복여지언

집해 《좌전》에서 말한다. "피관皮冠을 벗지 않았다."

左傳曰 不釋皮冠

⑤ 宿숙

집해 복건이 말했다. "손문자의 읍邑이다."

服虔曰 孫文子邑也

색은 《좌전》에는 '척戚'으로 되어 있는데, 발음은 '척'이다.

左傳作戚 此亦音戚也

손문자의 아들[①]이 자주 헌공을 모시고 술을 마셨는데, 사조師曹에게 《시경》(〈소아〉의) '교언巧言'[②] 마지막 장을 노래하게 했다. 사조는 또 헌공이 일찍이 300대의 매를 때린 것에 화가 났기에 노래로 손문자를 화나게 해서 위나라 헌공에게 보복하려고 했다. 손문자가 이를 거백옥蘧伯玉[③]에게 말하자, 거백옥이 말했다.

"신은 알지 못합니다."

마침내 헌공을 공격해 내쫓았다. 헌공이 제나라로 달아나자, 제나라는 위나라 헌공을 취읍聚邑④에 살게 했다. 손문자와 영혜자가 함께 정공定公의 아우 추秋⑤를 세워 위나라 군주로 삼았는데, 이 이가 상공殤公(서기전 558~547)이다.

孫文子子①數侍公飮 使師曹歌巧言②之卒章 師曹又怒公之嘗笞三百 乃歌之 欲以怒孫文子 報衛獻公 文子語蘧伯玉③ 伯玉曰 臣不知也 遂攻出獻公 獻公奔齊 齊置衛獻公於聚邑④ 孫文子甯惠子共立定公弟秋⑤爲衛君 是爲殤公

① 孫文子子손문자자

집해 《좌전》에서 말한다. "손문자의 아들은 곧 손괴孫蒯이다."

左傳曰 文子子即孫蒯也

② 巧言교언

집해 두예가 말했다. "교언巧言은 《시경》〈소아〉의 시다. 그 마지막 장에 '저 사람은 어떤 사람인가? 황하의 물가에 살며 힘도 용맹함도 없으면서 변란을 일으키기를 일삼네.'라고 했다. 공은 문자文子가 하수 가에 거처하며 난을 일으키는 것을 비유한 것이다."

杜預曰 巧言 詩小雅也 其卒章曰 彼何人斯 居河之麋 無拳無勇 職爲亂階 公欲以譬文子居河上而爲亂

③ 伯玉백옥

집해 가규가 말했다. "백옥은 위나라 대부다."

賈逵曰 伯玉 衛大夫

④ 聚邑취읍

신주 《사기지의》에 따르면 《좌전》에는 '래읍郲邑'으로 되어 있다.

⑤ 定公弟秋정공제추

집해 서광이 말했다. "반고는 헌공의 아우 염焱이라고 했다."

徐廣曰 班氏云獻公弟焱

색은 《좌전》에는 '표剽'로 되어 있지만, 《한서》〈고금인표〉에는 '염焱'으로 되어 있다. 아마 발음이 서로 어지러워서 글자가 바뀌었을 뿐이다. 발음은 '뵤[方遙反]'이고, 또 '표[匹妙反]'이다.

左傳作剽 古今人表作焱 蓋音相亂 字易改耳 音方遙反 又匹妙反

신주 〈연표〉에서는 상공의 이름을 적狄이라고 했다.

상공 추秋가 즉위하고 손문자 임보林父를 숙宿 땅에 봉했다. 12년, 영희甯喜와 손임보가 총애를 다투며 서로 미워하자, 상공이 영희에게 손임보를 공격하게 했다. 손임보가 진晉나라로 달아나자, 다시 옛 위나라 헌공獻公을 돌려보내 달라고 요구했다. 헌공은 제나라에 있었는데, 제나라 경공이 소문을 듣고 위나라 헌공과 함께 진晉나라에 가서 돌아가게 해달라고 요구했다. 진晉나라에서 위나라를 공격하여 함께 동맹을 맺자고 유인했다.

위衛나라 상공殤公이 진晉나라 평공平公과 회합할 때, 평공이 상공과 영희를 함께 체포하고 다시 위나라 헌공을 돌아가게 했다.[①] 헌공은 망명해 외국에 있은 지 12년 만에 돌아왔다.
殤公秋立 封孫文子林父於宿 十二年 甯喜與孫林父爭寵相惡 殤公使甯喜攻孫林父 林父奔晉 復求入故衛獻公 獻公在齊 齊景公聞之 與衛獻公如晉求入 晉爲伐衛 誘與盟 衛殤公會晉平公 平公執殤公與甯喜而復入衛獻公[①] 獻公亡在外十二年而入

① 入衛獻公입위헌공

신주 《사기지의》에서 말한다. "《좌전》 양공 26년에서 영희가 헌공을 복귀시키고자 했으므로 손씨를 치고 상공을 시해하자, 손임보는 척戚 땅을 들고 진晉으로 갔다. 여기서는 영희와 손임보가 총애를 다투다 상공이 영희를 시켜 손임보를 공격하게 하자, 손임보가 진나라로 달아나 헌공을 들일 것을 요구했다고 말하니, 잘못이다. 헌공은 처음에 제나라로 달아나서 래郲 땅에 살았고, 뒤에 진나라가 이의夷儀 땅으로 들였으며, 그에 따라 영희 등이 이의로부터 위나라로 불러들였다. 그러므로 헌공이 들어오고 상공이 시해된 것은 모두 2월에 있었던 일이다.

헌공이 들어와 척 땅을 침입하자, 진나라는 손임보를 위해 척 땅을 지켰다. 헌공은 진나라 수비병 300명을 살해했다. 그러자 6월에 진나라가 제후들을 모아 위나라를 토벌하고 헌공과 영희를 잡으려고 했으며, 제경공이 진나라로 가서 청했다. 여기서는 잘못하여 제경공이 진나라로 가서 헌공을 들일 것을 요구하고 또 잘못하여 헌공의 일로써 상공을 붙잡았다고 썼다.

이때는 이미 상공이 시해된 지 5개월인데, 어찌 평공과 회동하여 잡힐

수 있겠는가. 이 기사와 〈십이제후연표〉에 '제나라와 진나라가 상공을 죽이고 다시 헌공을 들였다.'라고 말하니 똑같이 잘못되었다. 그리고 〈위강숙세가〉의 잘못이 더 심하다. 《고사고》에서 '《사기》에 헌공의 들임과 상공의 죽음을 가장 소홀하게 말하고 있으니 그릇된 것이다.'라고 했다. 그 설명은 근거가 없어, 지금 《좌전》으로써 바로잡는다."

헌공이 복귀한 후 원년에 영희를 죽였다.

3년(서기전 544), 오나라 공자 연릉延陵의 계자季子가 사신으로 위나라를 지나다가 거백옥蘧伯玉과 사추史鰌를 만나서 말했다.

"위나라에는 군자가 많으니 그 나라에는 변고가 없을 것입니다."

(계자가) 숙宿 땅을 지나갔다. 손임보가 (환영하기 위해) 경쇠를 쳤다.①

계자가 말했다.

"즐겁지 않구나. 이 음악은 매우 슬프다. 위나라를 어지럽게 하는 것은 이 소리 때문일 것이다."

이해에 헌공이 죽고 아들 양공襄公(서기전 543~535) 악惡이 계승했다.

獻公後元年 誅甯喜 三年 吳延陵季子使過衛 見蘧伯玉史鰌曰 衛多君子 其國無故 過宿 孫林父爲擊磬曰① 不樂 音大悲 使衛亂乃此矣 是年獻公卒 子襄公惡立

① 過宿 孫林父爲擊磬曰과숙 손림보위격경왈

신주 〈오태백세가〉에는 "손문자는 죄를 짓고 두려워해도 부족한데 아직도 향락을 누리고 있는가?"라고 했다. 같은 《사기》인데도 〈오태백세가〉와는 내용이 다르다. 〈오태백세가〉는 《좌전》과 유사하다.

양공 6년, 초나라 영왕靈王이 제후들을 회동시켰는데 양공은 병을 핑계로 가지 않았다.
9년, 양공이 죽었다. 당초의 일이지만 양공에게는 천한 첩妾이 있었는데 그녀를 총애해서 임신하게 되었다. 그 첩의 꿈에 어떤 사람이 나타나 일러 말했다.
"나는 강숙康叔이다. 너의 아들에게 반드시 위나라를 가지게 할 것이니, 아들의 이름을 '원元'이라고 지어라."
첩이 이상하게 여기고 공성자孔成子①에게 물었다. 공성자가 대답했다.
"강숙은 위나라의 조상입니다."
첩이 자식을 낳았는데 사내아이였다. 양공에게 알리니 양공이 말했다.
"하늘이 점지해 둔 바일 것이다."
그래서 이름을 '원元'이라고 했다. 양공의 정부인에게는 아들이 없었다. 그리하여 원元을 세워서 후사로 삼았으니, 이이가 영공靈公(서기전 534~493)이다.
襄公六年 楚靈王會諸侯 襄公稱病不往 九年 襄公卒 初 襄公有賤妾 幸之 有身 夢有人謂曰 我康叔也 令若子必有衛 名而子曰 元 妾怪之 問孔成子① 成子曰 康叔者 衛祖也 及生子 男也 以告襄公 襄公曰 天所置也 名之曰元 襄公夫人無子 於是乃立元爲嗣 是爲靈公

① 孔成子공성자

집해 복건이 말했다. "위나라의 경卿 공증서孔烝鉏다."

服虔曰 衛卿孔烝鉏

영공 5년, 진晉나라 소공昭公에게 조회했다.

6년, 초나라 공자 기질이 영왕을 시해하고 스스로 즉위했다. 이이가 평왕平王이다.

11년, (위나라에) 화재가 있었다.

38년, 공자孔子가 오자[①] 녹봉을 노나라와 같게 했다. 뒤에 의견이 일치하지 않아 공자가 떠났다가 다시 위나라에 왔다.

靈公五年 朝晉昭公 六年 楚公子棄疾弒靈王自立 爲平王 十一年 火 三十八年 孔子來[①] 祿之如魯 後有隙 孔子去 後復來

① 三十八年 孔子來삼십팔년 공자래

신주 〈십이제후연표〉도 38년에 공자가 위나라로 왔다고 한다. 그러나 〈노주공세가〉와 〈공자세가〉, 〈십이제후연표〉, 《좌전》 등의 기록을 참고하면, 공자가 노나라를 떠난 것은 정공定公 14년이 합당하다. 정공 14년은 영공 39년에 해당한다. 자세한 것은 〈공자세가〉에서 설명한다.

괴외가 만든 혼란과 자로의 죽음

39년, 태자 괴외蒯聵는 영공靈公의 부인 남자南子①와 사이가 나빠 남자를 죽이려고 했다. 괴외는 그의 가신 희양속戲陽遬②과 함께 모의하고 조정에서 부인을 죽이려고 했다. 희양속은 뒤에 후회하고 결단을 내리지 못했다. 괴외가 여러 번 눈짓으로 재촉했다. 부인은 이것을 깨닫고 두려워 부르짖으며③ 말했다.

"태자가 나를 죽이려고 합니다."

영공이 화를 내자 태자 괴외는 송나라로 달아났다가 얼마 뒤에 진晉나라 조씨趙氏에게 갔다.

三十九年 太子蒯聵與靈公夫人南子①有惡 欲殺南子 蒯聵與其徒戲陽遬②謀 朝 使殺夫人 戲陽後悔 不果 蒯聵數目之 夫人覺之 懼 呼③曰 太子欲殺我 靈公怒 太子蒯聵奔宋 已而之晉趙氏

① 南子남자

집해 가규가 말했다. "남자南子는 송나라 여자다."

賈逵曰 南子 宋女

② 戱陽遬희양속

집해 가규가 말했다. "희양속은 태자의 가신이다."

賈逵曰 戱陽遬 太子家臣

정의 戱의 발음은 '희羲'이다.

戱音羲

③ 呼호

정의 呼의 발음은 '호[火故反]'이다.

呼 火故反

42년 봄,[1] 영공은 교외에서 놀면서 자영子郢에게 수레[2]를 몰게 했다. 영郢은 영공의 막내아들이다. 자字를 자남子南이라고 했다. 영공은 태자가 달아난 것을 한스러워하며 영에게 말했다.
"나는 장차 너를 태자로 세워서 후사로 삼을 것이다."
영이 대답했다.
"저는 부족하여 사직을 욕되게 할 것입니다.[3] 군주께서는 다시 헤아려주십시오."
여름, 영공이 죽었다. 남자 부인은 자영에게 명해 태자로 삼으려 하고 말했다.
"이는 영공의 명령입니다."
영이 말했다.
"도망간 태자 괴외의 아들 첩輒이 있으니, 감히 맡지 못하겠습니다."

이에 위나라에서 첩을 군주로 삼았는데, 이이가 출공出公(서기전 492~480)이다.

四十二年春[①] 靈公游于郊 令子郢僕[②] 郢 靈公少子也 字子南 靈公怨太子出奔 謂郢曰 我將立若爲後 郢對曰 郢不足以辱社稷[③] 君更圖之 夏 靈公卒 夫人命子郢爲太子曰 此靈公命也 郢曰 亡人太子蒯聵之子輒在也 不敢當 於是衛乃以輒爲君 是爲出公

① 四十二年春사십이년춘

신주 《사기지의》에 따르면 《좌전》에는 '初초' 자로 쓰여 있으니 '春춘' 자를 '초'로 고쳐야 한다고 했다. 출공이 태자가 되어 즉위한 것을 설명한 것이니, 그 설명이 옳을 것이다.

② 僕복

집해 가규가 말했다. "복僕은 수레를 모는 것이다."

賈逵曰 僕 御也

③ 郢不足以辱社稷영부족이욕사직

집해 복건이 말했다. "영郢이 스스로 자신은 덕이 없다고 일컬으며 즉위하기에 부족해서 사직을 더럽힐 뿐이라는 것이다."

服虔曰 郢自謂己無德 不足立 以汚辱社稷

6월 을유일, 조간자趙簡子는 괴외를 입국시키려고 했다. 이에 양호陽虎를 시켜서 위나라 사람 10여 명에게 거짓으로 최질衰絰[①]을 입혀서 돌려보내라고 하고 조간자는 괴외를 송별했다. 위나라 사람들이 소문을 듣고 군사를 발동해 괴외를 공격했다. 괴외는 위나라로 들어가지 못하자 숙宿 땅으로 들어가 보호를 받았다. 위나라 사람도 군사를 해산했다.

六月乙酉 趙簡子欲入蒯聵 乃令陽虎詐命衛十餘人衰絰[①]歸 簡子送蒯聵 衛人聞之 發兵擊蒯聵 蒯聵不得入 入宿而保 衛人亦罷兵

① 衰絰최질

집해 복건이 말했다. "최질衰絰은 위나라에서 와서 태자를 맞이하는 것처럼 하는 것이다."

服虔曰 衰絰 爲若從衛來迎太子也

출공 첩輒 4년, 제나라 전기田乞가 그의 군주 유자孺子를 시해했다.

8년, 제나라 포자鮑子가 그의 군주 도공悼公을 시해했다. 공자가 진陳나라에서 위衛나라로 들어왔다.[①]

9년, 공문자孔文子가 군사의 일을 중니(공자)에게 물었지만, 중니는 대답하지 않았다. 그 뒤 노나라에서 중니를 맞이하자 중니는 노나라로 돌아갔다.

出公輒四年 齊田乞弑其君孺子 八年 齊鮑子弑其君悼公 孔子自陳入衛[①] 九年 孔文子問兵於仲尼 仲尼不對 其後魯迎仲尼 仲尼反魯

① 孔子自陳入衛공자자진입위

신주 이때는 서기전 485년으로 노애공 10년이고, 진陳민공 17년이다. 〈십이제후연표〉와 기록이 같다. 하지만 〈공자세가〉와는 다르다. 〈공자세가〉 주석이 자세하다.

12년,[①] 당초 공어문자孔圉文子는 태자 괴외의 누나를 아내로 취해 회悝를 낳았다. 공씨孔氏의 시중인 혼량부渾良夫는 미남자로 사교술이 좋았다. 공문자가 죽자 혼량부는 회悝의 어머니와 몰래 정을 통했다. 태자 괴외가 숙宿 땅에 있을 때, 공회孔悝의 어머니가 혼량부를 태자에게 보냈다. 태자가 혼량부와 이야기했다.
"만일 나를 내 나라로 들어갈 수 있게 해준다면 그대에게 대부의 관작을 주고, 세 번 죽을죄를 지어도 죄를 묻지 않겠다.[②]"
두 사람은 함께 맹약하고 태자는 (혼량부가) 공회孔悝의 어머니를 아내로 삼는 것을 허락했다.
十二年[①] 初 孔圉文子取太子蒯聵之姊 生悝 孔氏之豎渾良夫美好 孔文子卒 良夫通於悝母 太子在宿 悝母使良夫於太子 太子與良夫言曰 苟能入我國 報子以乘軒 免子三死 毋所與[②] 與之盟 許以悝母爲妻

① 十二年십이년

신주 《좌전》에 따르면 이 사건은 노나라 애공 15년에 일어난다. 그리고 애공 15년은 위나라 출공 13년에 해당한다. 기록과정에서 '三삼' 자가 '二이' 자로 잘못 바뀐 듯하다. 공자는 자로가 죽은 상심으로 인해 이듬해 애공 16년에 세상을 떠났으니, 역시 출공 13년이 되어야 한다.

② 報子以乘軒 免子三死보자이승헌 면자삼사

집해 두예가 말했다. "헌軒은 대부의 수레다. 삼사三死는 죽을죄 세 가지다."

杜預曰 軒 大夫車也 三死 死罪三

정의 두예가 말했다. "세 가지 죄란 자의紫衣, 단구袒裘, 대검帶劍이다. 자의紫衣는 군주의 의복을 입는 일이다. 덥다고 한쪽 소매를 드러냈으니 불경한 것이다. 위후衛侯가 좋은 명성이 있는 자를 구해 함께 식사를 하려고 하자, 태자가 혼량부를 청했다. 혼량부가 자의紫衣와 호구狐裘를 입고 검을 풀지 않은 채 식사를 하자, 태자가 말을 모는 자인 퇴退에게 그 죄를 헤아려 죽이게 했다."

杜預云 三罪 紫衣袒裘帶劍也 紫衣 君服也 熱 故偏袒 不敬也 衛侯求令名者與之食焉 太子請使良夫 良夫紫衣狐裘 不釋劍而食 太子使牽退 數之罪而殺之

신주 괴외는 훗날 장공莊公이 된다. 그리고 또 다른 아들 질疾을 태자로 삼는다. 《좌전》 애공 16년 조에 따르면 장공 괴외에게 혼량부가 이전 군주 출공 첩을 불러들여 현 태자 질과 비교해서 현명한 사람을 후계자로 세워야 한다고 말한다. 이에 대해 질이 혼량부에 앙심을 품고 혼량부를 살해하게 된다. 참고로 이 사건은 이듬해인 애공 17년(위장공 2년)에 벌어졌다. 자색 옷은 군주가 입는 옷이라 아랫사람이 입어선 안 되고, 군주 앞에서 소매 없는 갖옷을 입는 것은 불경한 일이며, 검을 차고 들어오는 것 역시 불경이다. 세 가지 죽을죄에 해당한다. 그리하여 이를 구실로 태자 질은 혼량부를 죽였다.

윤달에 혼량부는 태자와 함께 위나라로 들어가 공씨孔氏 저택의 바깥 정원①에서 묵었다. 날이 어두워지자 두 사람은 부인으로 변장해 수레를 타고② 환관 라羅가 수레를 몰아 공씨에게 갔다. 공씨의 늙은 가신③ 난영欒甯이 묻자 혼인할 첩④이라고 사칭해서 고했다.

마침내 집 안으로 들어가 백희씨伯姬⑤氏(공회의 모친)를 만났다. 식사를 마치고 공회의 어머니가 창을 지팡이 삼아 앞장섰다.⑥ 태자는 5명의 갑옷 입은 자들과 함께 수퇘지를 수레에 싣고 이를 따랐다.⑦

閏月 良夫與太子入 舍孔氏之外圃① 昏 二人蒙衣而乘② 宦者羅御 如孔氏 孔氏之老③欒甯問之 稱姻妾④以告 遂入 適伯姬⑤氏 旣食 悝母杖戈而先⑥ 太子與五人介 輿猳從之⑦

① 圃포

집해 복건이 말했다. "포圃는 원園이다."

服虔曰 圃 園

② 二人蒙衣而乘이인몽의이승

집해 복건이 말했다. "두 사람이란 혼량부와 태자를 일컫는다. 몽의蒙衣는 부인의 의복이고 수건으로 그의 머리를 덮고 함께 탄 것이다."

服虔曰 二人謂良夫太子 蒙衣 爲婦人之服 以巾蒙其頭而共乘也

신주 '몽의蒙衣'는 문장의 흐름으로 보아 여자 옷을 입어 속였다는 뜻으로 보아야 한다. 다시 말해 여자의 옷으로 변장한 것이다.

③ 老노

집해 복건이 말했다. "가신家臣을 '노老'라고 일컫는다. 그의 성명을 물은 것이다."

服虔曰 家臣稱老 問其姓名

④ 妾첩

집해 가규가 말했다. "혼인가의 첩妾이다."

賈逵曰 婚姻家妾也

⑤ 伯姬백희

집해 복건이 말했다. "공씨의 집으로 들어가 백희伯姬가 거처하는 곳으로 갔다."

服虔曰 入孔氏家 適伯姬所居

⑥ 悝母杖戈而先회모장과이선

집해 복건이 말했다. "먼저 공회가 있는 곳에 이르렀다."

服虔曰 先至孔悝所

⑦ 介 輿猳從之개 여가종지

집해 가규가 말했다. "개介는 갑옷을 입은 것이다. 수퇘지를 메고 간 것은 맹약을 하고자 해서이다."

賈逵曰 介 被甲也 輿猳豚 欲以盟故也

백희는 공회를 물가에서 겁박해 억지로 맹약하게 하고, 마침내 누대에 오르게 했다.[①] 난영欒甯이 술을 마시려고 고기를 굽던 중 고기가 채 익지도 않았는데 난이 일어났다는 소문을 듣고 사람을 보내 중유仲由[②]에게 알렸다. 소호召護[③]는 수레를 타고 들어가 술잔을 돌리며 구운 고기를 먹고[④] 출공 첩을 받들어 노나라로 달아났다.[⑤]

伯姬劫悝於廁 彊盟之 遂劫以登臺[①] 欒甯將飮酒 炙未熟 聞亂 使告仲由[②] 召護[③]駕乘車 行爵食炙[④] 奉出公輒奔魯[⑤]

① 登臺등대

집해 복건이 말했다. "위나라 누대 위에서 위나라의 여러 신하를 부른 것이다."

服虔曰 於衛臺上召衛群臣

② 仲由중유

집해 복건이 말했다. "계로季路는 공씨의 읍재邑宰였으므로 알린 것이다."

服虔曰 季路爲孔氏邑宰 故告之

신주 중유仲由는 공자의 제자 자로子路다.

③ 召護소호

집해 복건이 말했다. "소호는 위나라 대부다. 가승거駕乘車는 전차를 타지 않은 것이며, 아버지를 막을 뜻이 없다는 것을 말한다."

服虔曰 召護, 衛大夫 駕乘車 不駕兵車也 言無距父之意

④ 行爵食炙행작식적

집해 복건이 말했다. "난영이 계로를 부르라고 시키고, 술잔을 돌려 구운 고기를 먹고 있었다."

服虔曰 欒甯使召季路 乃行爵食炙

⑤ 奉出公輒奔魯봉출공첩분로

집해 복건이 말했다. "소호가 위후衛侯를 받들었다."

服虔曰 召護奉衛侯

신주 노나라로 바로 달아난 것은 아니고 국내에 머물다 이듬해에 갔다. 이 기사는 총괄적인 기록이다.

중유仲由가 공씨 집에 들어가려다 자고子羔[①]를 만났다. 자고가 말했다.

"문이 이미 닫혔습니다."

자로가 말했다.

"내가 잠시 가봐야겠소.[②]"

자고가 말했다.

"들어가지 못할 것입니다. 난에 뛰어들지 마십시오.[③]"

자로가 말했다.

"녹을 먹고 있으면, 그 난을 피해서는 안 됩니다.[④]"

자고는 마침내 달아났다. 자로가 들어와 성문에 이르자, 공손감公孫敢이 성문을 닫고 말했다.

"들어오려 하지 마시오.[⑤]"

자로가 말했다.

"그대는 공손公孫이구려! 이로움을 추구해서 어려움을 회피할 수 있지만, 나는 그럴 수 없소. 그 녹봉의 이로움을 얻었으니, 반드시 그의 근심을 구제해야 하오."

仲由將入 遇子羔[①]將出 曰 門已閉矣 子路曰 吾姑至矣[②] 子羔曰 不及 莫踐其難[③] 子路曰 食焉不辟其難[④] 子羔遂出 子路入 及門 公孫敢闔門曰 毋入爲也[⑤] 子路曰 是公孫也 求利而逃其難 由不然 利其祿 必救其患

① 子羔자고

집해 가규가 말했다. "자고는 위나라 대부 고시高柴이자 공자의 제자다. 장출將出은 달아나는 것이다."

賈逵曰 子羔 衛大夫 高柴 孔子弟子也 將出 奔

② 吾姑至矣오고지의

집해 두예가 말했다. "장차 문門에 이르고자 한다."

杜預曰 且欲至門

③ 莫踐其難막천기난

집해 가규가 말했다. "가신家臣의 우려는 나라에 미치지 않으니 그 어려움을 밟지 말라는 것을 말함이다." 정중이 말했다. "이때 첩輒이 이미 탈출하여 일이 미치지 못할 것이니, 그 어려움을 밟는 것은 마땅하지 않다는 것이다. 자고가 미치지 말라고 말한 것은, 계로季路가 나라를 위해 죽고자 생각했다고 여겼기 때문이다."

賈逵曰 言家臣憂不及國 不得踐履其難 鄭衆曰 是時輒已出 不及事 不當踐其難 子羔言不及 以爲季路欲死國也

④ 食焉不辟其難식언불피기난

집해 복건이 말했다. "공회孔悝의 녹을 먹으니 공회의 어려움을 구원하고 싶지만, 이는 그가 나라를 위해 죽지 않겠다는 것을 밝혀 말한 것이다."

服虔曰 言食悝之祿 欲救悝之難 此明其不死國也

⑤ 公孫敢闔門曰 毋入爲也공손감합문왈 무입위야

집해 복건이 말했다. "공손감은 위나라 대부다. 첩이 이미 탈출했으니 다시는 들어오지 못한다는 말이다."

服虔曰 公孫敢 衛大夫 言輒已出 無爲復入

사신이 나오는 사이에[①] 자로가 얼른 그곳으로 들어갈 수 있었다. 자로가 말했다.
"태자께서는 공회를 잡아둘 필요가 있습니까? 비록 그를 죽였다고 해도 공씨 일족에게 그 뒤를 이를 자가 있습니까?[②]"
많은 사람을 향해서 외쳤다.
"태자는 용기가 없습니다. 만약 이 누대를 불 지른다면 반드시 공숙孔叔을 놓아줄 것입니다."
태자가 듣고 두려워서 석기石乞와 우염盂黶[③]을 내려보내 자로와 대적하게 했는데, 그들이 창으로 자로의 갓끈을 잘랐다. 자로가 말했다.
"군자는 죽어도 갓을 벗지 않는 법이다.[④]"
그리고 갓끈[⑤]을 매고 죽었다. 공자는 위나라에 난리가 났다는 소식을 듣고 말했다.
"아아! 시柴(자고)는 왔는가? 유由(자로)는 죽을 것이다!"
공회는 끝내 태자 괴외를 군주로 세웠는데, 이이가 장공莊公이다.
有使者出[①] 子路乃得入 曰 太子焉用孔悝 雖殺之 必或繼之[②] 且曰 太子無勇 若燔臺 必舍孔叔 太子聞之 懼 下石乞盂黶[③]敵子路 以戈擊之 割纓 子路曰 君子死 冠不免[④] 結纓[⑤]而死 孔子聞衛亂 曰 嗟乎 柴也其來乎 由也其死矣 孔悝竟立太子蒯聵 是爲莊公

① 有使者出유사자출

신주 《좌전》에 따르면 '사자使者' 대신 '사자死者'라고 했으니 '죽은 사람을 내보낼 때'라는 뜻이다. 혼란의 와중에 죽은 사람들의 시체를 내보내는 사이에 자로가 들어갔다고 보는 것이 맞으니 《좌전》의 문구가 설득력이 있다.

② 必或繼之필혹계지

집해 왕숙이 말했다. "반드시 그 후예가 계속해서 태자를 공격하는 일이 있을 것이다."

王肅曰 必有繼續其後攻太子

③ 石乞盂黶석기우염

집해 복건이 말했다. "석기와 우염은 괴외의 신하다. 적適은 상대하는 것이다."

服虔曰 二子 蒯聵之臣 敵 當也

정의 燔의 발음은 '번煩'이다. 舍의 발음은 '사捨'이다. 黶의 발음은 '암[乙減反]'이다.

燔音煩 舍音捨 黶音乙減反

④ 冠不免관불면

집해 복건이 말했다. "관冠을 땅에 두지 않도록 해야 한다."

服虔曰 不使冠在地

⑤ 纓영

정의 영纓은 갓끈이다.

纓 冠緌也

장공莊公(서기전 479~478) 괴외는 출공出公의 아버지다. 국외에 있을 때 대부들이 맞이해 주지 않은 것을 원망했다.
원년, (장공)이 즉위하자 대신들을 모두 주벌하려고 하면서 말했다.
"과인이 국외에 있을 때 어려웠던 것이 오래다. 그대들도 일찍이 들었을 텐데 어찌된 일인가?"
신하들은 (이 말을 듣고) 난을 일으키려고 했다. 그래서 (장공은 주벌을) 그만두었다.
2년, 노나라 공구孔丘가 세상을 떠났다.①
莊公蒯聵者 出公父也 居外 怨大夫莫迎立 元年即位 欲盡誅大臣 曰 寡人居外久矣 子亦嘗聞之乎 群臣欲作亂 乃止 二年 魯孔丘卒①

① 孔丘卒공구졸

신주 자로의 죽음에 상심해 있던 공자는 이듬해인 서기전 479년에 세상을 떠났다. 장공 원년이다.

3년, 장공이 성에 올라 융주戎州를 바라보고① 이에 말했다.
"융로戎虜들을 저런 곳에 있게 하면 어떻게 하는가? 융주戎州가 그 원인이다."
10월, 융주戎州에서 조간자趙簡子에게 알리자 조간자가 위나라를 포위했다.
11월에 장공이 달아나자② 위나라 사람들이 공자 반사班師③를 세워 위나라 군주로 삼았다. 제나라가 위나라를 쳐서 반사를 포로로 잡아가니 다시 공자 기起④를 세워 위나라 군주로 삼았다.

三年 莊公上城 見戎州① 曰 戎虜何爲是 戎州病之 十月 戎州告趙簡子 簡子圍衛 十一月 莊公出奔② 衛人立公子斑師爲衛君③ 齊伐衛 虜斑師 更立公子起④爲衛君

① 見戎州견융주

집해 가규가 말했다. "융주는 융인의 읍이다."

賈逵曰 戎州 戎人之邑

색은 《좌전》에서 "융주 사람이 공격했다."라고 한 언급이 이것이다. 은공 2년에 은공이 잠潛에서 융戎과 만났다고 했다. 두예는 말했다. "진류군 제양현 동남쪽에 융성戎城이 있다." 제양과 위나라는 서로 가까웠기에 장공이 누대에 올라 융주를 바라보았다. 또 은공 7년에 "융이 초구에서 범백을 쳤다."라고 했는데, 이는 융이 위나라와 가까웠기 때문이다.

左傳曰戎州人攻之 是也 隱二年公會戎于潛 杜預云陳留濟陽縣東南有戎城 濟陽與衛相近 故莊公登臺望見戎州 又七年云戎伐凡伯于楚丘 是戎近衛

② 莊公出奔장공출분

색은 살펴보니 《좌전》에서 장공은 본래 진晉나라 조씨 때문에 받아들여졌는데, 즉위하자 진晉나라를 배반했다. 진나라에서 위나라를 정벌하자, 위나라 사람들이 장공을 내쫓고 공자 반사般師를 세웠다. 진나라 군사가 물러가고 장공이 다시 들어오자 반사가 달아났다.

애초에 장공이 성城에 올라 융주 기씨己氏 아내의 머리털이 아름다운 것을 보고 깎아서 부인의 붙임머리로 만들었다. 또 융주를 잘라내려 했고, 겸하여 석보石圃를 쫓아냈다. 그러자 석보가 장공을 공격했다. 장공이 두려워서 북쪽 담을 넘다가 다리가 부러져 기씨己氏 집으로 들어갔는데 기씨가 죽였다. 지금 〈위강숙세가〉에서 장공이 다시 들어가서 기씨에게 죽임을 당한 것은 말하지 않고, 곧 달아났다고 말한 것은 소략한 것이다.

또 《좌전》에서는 위나라에서 다시 반사를 세우자, 제나라에서 위나라를 공격하여 공자公子 기起를 세우고 반사를 체포했다고 말했다. 이듬해 위나라 석포가 그의 군주 기를 축출하자 기는 제나라로 달아나고 출공 첩輒이 다시 돌아왔다. 《좌전》에는 이 이야기가 상세하지만, 〈위강숙세가〉는 소략하다.

按 左傳 莊公本由晉趙氏納之 立而背晉 晉伐衛 衛人出莊公 立公子般師 晉師退 莊公復入 般師出奔 初 公登城見戎州己氏之妻髮美 髡之以爲夫人髢 又欲翦戎州 兼逐石圃 故石圃攻莊公 莊公懼 踰北牆折股 入己氏 己氏殺之 今系家不言莊公復入及死己氏 直云出奔 亦其疎也 又左傳云衛復立般師 齊伐衛 立公子起 執般師 明年 衛石圃逐其君起 起奔齊 出公輒復歸 是左氏詳而系家略也

③ 斑師반사

집해 《좌전》에서 말한다. "반사는 양공의 손자다."

左傳曰 斑師 襄公之孫

④ 起기

집해 복건이 말했다. "기는 영공의 아들이다."

服虔曰 起 靈公子

위나라 군주 기起 원년, 위나라의 석만보石曼[①]尃가 그의 군주 기起를 쫓아내자 기는 제나라로 달아났다. 위나라 출공 첩輒이 제나라에서 다시 돌아와 즉위했다. 당초 출공은 즉위한 지 12년에 도망쳤고, 도망쳐 국외에 있은 지 4년에 다시 돌아왔다.

출공 후원년(서기전 476), 망명할 때 따라다닌 자들을 포상했다. 즉위한 지 21년에 출공이 죽자[②] 그의 계부季父 검黔이 출공의 아들을 공격하고 스스로 즉위했는데, 이이가 도공悼公(서기전 468~454)이다.

衛君起元年 衛石曼[①]尃逐其君起 起奔齊 衛出公輒自齊復歸立 初 出公立十二年亡 亡在外四年復入 出公後元年 賞從亡者 立二十一年卒[②] 出公季父黔攻出公子而自立 是爲悼公

① 石曼석만

색은 《좌전》에는 '석포石圃'로 되어 있다. 여기에서 '尃보'라고 쓴 것의 발음은 '圃포'인데, '돠[徒和反]'로도 발음한다. 보尃는 어떤 판본에는 '보専'로 되어 있다. 여러 판본에는 '만曼' 자가 없다.

左傳作石圃 此作尃 音圃 又音徒和反 尃 或作専 諸本或無曼字

② 出公立十二年亡~立二十一年卒출공립십이년망~입이십일년졸

색은 살펴보니 출공이 처음 즉위하여 12년이 되었고, 망명해서 국외에 있었던 것이 4년이며, 다시 들어와 9년 만에 죽었으니, 이는 21년간 재위한 것이다. 즉위부터 죽음에 이르기까지 무릇 25년이 지났으며 월나라에서 죽었다.

按 出公初立十二年 亡在外四年 復入九年卒 是立二十一年 自即位至卒 凡經二十五年而卒于越

신주 《좌전》에 따르면 위나라 출공은 노나라 애공 25년(서기전 470) 5월 공손미모公孫彌牟와 저사비褚師比 등에게 쫓겨나 송나라로 도망간다. 다시 애공 26년 5월, 노魯, 송宋, 월越나라가 합세하여 출공을 위나라로 들이자, 위나라는 출공을 받아들이기로 한다. 그러나 세 나라 군사가 물러가자 출공은 끝내 위나라로 들어가지 못하고 월나라로 가서 죽었다고 한다. 그리고 위나라는 도공을 세운다. 《사기》와 《좌전》의 내용이 서로 다른데 《좌전》이 더 구체적이다.

또 출공 후년은 《사기》나 위 색은 의 의견처럼 9년이 아니라, 8년이 되어야 맞다. 뒤를 이은 도공도 《사기》의 기록처럼 5년이 아니라 색은 의 주석처럼 4년이 되어야 한다면, 진출공晉出公 10년에 해당한다.

명맥만 남은 최후

도공이 5년에 죽고[①] 아들 경공敬公[②](서기전 453~435) 불弗이 계승했다.

경공이 19년에 죽고 아들 소공昭公(서기전 434~429) 규糾가 계승했다.[③] 이때는 삼진三晉이 강성해져 위나라는 작은 후작과 같았으며, 삼진에 속했다.[④]

悼公五年卒[①] 子敬公弗立[②] 敬公十九年卒 子昭公糾立[③] 是時三晉彊衛如小侯 屬之[④]

① 悼公五年卒도공오년졸

색은 살펴보니 《죽서기년》에서는 4년에 월나라에서 죽었다고 한다. 《세본》에서는 이름을 건虔이라고 한다.

按 紀年云四年卒于越 系本名虔

신주 출공의 후後 기년과 뒤를 이은 도공悼公의 기년 사이에는 문제가 많다. 위나라 마지막 군주 각角의 원년이 서기전 229년이다. 이에 맞추어 각 군주들의 기년을 맞추다 보면 도공과 아들 경공敬公 사이에 10년이 비게 된다. 이는 《좌전》의 기록에 따라 출공의 후 기년을 8년으로 보았을 때의 일이다. 하지만 《사기》보다 《좌전》의 기록을 신뢰할 수 있는 것은 바로 색은 의 이 기사 때문이다.

출공은 월나라로 도망가서 월나라에서 죽었다. 월나라에서 죽은 것은 도망간 출공이지 위나라 군주 도공이 아니다. 도공이 월나라로 갔을 리는 없기 때문이다. 그렇다면 색은 에서 인용한 《죽서기년》의 기록은 출공에 대한 것인데, 그때가 도공 재위 4년이란 얘기다. 그리고 그때는 앞서 살펴보았듯이 진출공晉出公 10년에 해당한다. 그러나 나중에 쓰여진 《고본죽서기년집증》에서도 위나라 도공 말년을 진출공晉出公 10년으로 잘못 설정했다.

결론적으로 출공은 후 7년에 쫓겨나서 8년에 복귀에 실패하고 12년에 월나라에서 죽었는데 그때는 도공 4년이다. 도공의 재위 기간은 5년이 아니라 15년이며, 원년은 주周 정정왕貞定王과 같은 서기전 468년이다. 그래야 뒤를 이은 아들 경공과의 사이에 10년이 비지 않는다. 이는 《사기》의 기록과정에서 착오가 발생하였기 때문일 것이다. 출공의 기록 '입이십일년졸立二十一年卒'은 전기 13년과 후기 8년을 합친 것이고, '도공오년졸悼公五年卒'에서 '십十' 자가 탈락한 것으로 보이는데, 원래 '도공십오년졸悼公十五年卒'이었을 것이다.

사마천의 〈육국연표〉에서는 위나라 출공 후년을 21년으로 하고 도공을 5년으로 했다. 그래서 말기의 경공敬公부터 회군懷君에 이르기까지 원년이 〈위강숙세가〉의 기록보다 3년씩 늦어졌으며, 원군元君은 2년 늦어졌다. 그러나 출공이 후 7년에 쫓겨나 송나라로 망명했다는 기록은 정확하다.

② 敬公경공

집해 《세본》에서 말한다. "경공은 비費이다."

世本云敬公費也

색은 《세본》에서 말한다. "불弗을 '비費'라고 했다."

系本弗 作費

③ 昭公糾立소공규립

색은 《세본》에서 말한다. "경공이 요공橈公 주舟를 낳았다는데, 잘못이다."

系本云敬公生橈公舟 非也

④ 屬之속지

정의 조나라에 속했다.

屬趙也

신주 위치상으로 보아 조나라보다 위魏나라에 속했을 것이다. 사마천도 〈십이제후연표〉에서 '위魏나라 표기란'에 위衛나라로 기록했다.

소공 6년, 공자 미亹[①]가 소공을 시해하고 대신 즉위했는데, 이이가 회공懷公(서기전 428~418)이다.

회공 11년, 공자 퇴頹가 회공을 시해하고 대신 즉위했는데, 이이가 신공愼公(서기전 417~376)이다. 신공의 아버지는 공자 적適[②]이고, 공자 적의 아버지는 경공敬公이다.

신공이 42년에 죽고 아들 성공聲公(서기전 375~365) 훈訓이 계승했다.[③]

성공이 11년에 죽고 아들 성후成侯(서기전 364~336) 속遬④이 계승했다.
昭公六年 公子亹①弑之代立 是爲懷公 懷公十一年 公子穨弑懷公而代立 是爲愼公 愼公父 公子適② 適父 敬公也 愼公四十二年卒 子聲公訓立③ 聲公十一年卒 子成侯遬④立

① 亹미

정의 발음은 '미尾'이다.

音尾

② 適적

색은 발음은 '적的'이다. 살펴보니 《세본》에 적適은 '건虔'으로 되어 있는데, 건虔은 도공悼公이다.

音的 按 系本適 作虔 虔 悼公也

③ 聲公訓立성공훈립

색은 훈訓은 순馴으로 되어 있는데, '훈[休運反]'으로 발음해서 같다. 《세본》에는 성공聖公 치馳로 되어 있다.

訓亦作馴 同休運反 系本作聖公馳

④ 成侯遬성후속

색은 발음은 '속速'이다. 《세본》에는 '불서不逝'로 되어 있다. 살펴보니 위에서 목공穆公은 이미 이름이 속遬이었으니, 성후成侯가 이름을 고칠 수는 없었다. 그러므로 《세본》이 옳다.

音速 系本作不逝 按 上穆公已名遬 不可成侯更名 則系本是

> 성후 11년, 공손앙公孫鞅(상앙商鞅)이 진秦으로 들어갔다.①
> 16년, 위나라는 다시 호칭을 낮춰 후侯라고 했다.
> 29년, 성후가 죽고 아들 평후平侯(서기전 335~328)가 계승했다.
> 평후는 8년에 죽고 아들 사군嗣君② (서기전 327~286)이 계승했다.
> 사군嗣君 5년, 다시 작위를 낮춰 군君이라고 했으며 오직 복양濮陽만 다스렸다.
>
> 成侯十一年 公孫鞅入秦① 十六年 衛更貶號曰侯 二十九年 成侯卒 子平侯立 平侯八年卒 子嗣君②立 嗣君五年 更貶號曰君 獨有濮陽

① 公孫鞅入秦공손앙입진

색은 살펴보니 〈진본기〉에는 효공 원년에 공손앙이 진나라에 들어왔다고 했다. 또 〈육국연표〉를 살펴보니 성후成侯와 진효공이 같은 해다. 그렇다면 '11년'은 마땅히 '원년'이어야 하는데, 글자가 잘못되었을 뿐이다.
按 秦本紀云孝公元年鞅入秦 又按年表 成侯與秦孝公同年 然則十一年 當爲元年 字誤耳

신주 사마정이 색은에서 마땅히 살피지 못한 결과다. 이 경우는 〈육국연표〉가 잘못되었다고 봐야 한다. 앞서 살핀 것처럼 출공의 후 재위 연수는 8년이고 도공의 재위 연수는 15년이므로, 경공敬公 이후로 군주들의 원년이 사마천의 〈육국연표〉보다 3년씩 빨라진다. 따라서 진효공 원년은 성후 4년이 된다.

② 嗣君사군

색은 살펴보니 악자는《죽서기년》에 근거해 사군嗣君은 곧 효양후孝襄侯라고 했다.

按 樂資據紀年 以嗣君即孝襄侯也

사군이 42년에 죽고 아들 회군懷君(서기전 285~255)이 계승했다.

회군 31년, 위魏나라에 조회하자, 위나라에서 회군을 가두어 살해했다. 위나라는 다시 사군嗣君의 아우를 군주로 세웠는데, 이 이가 원군元君[①] (서기전 254~230)이다. 원군은 위나라의 사위였기에 위나라에서 세웠다.

원군 14년, 진秦나라에서 위나라 동쪽 땅[②]을 빼앗아 처음으로 동군東郡을 두었으며, 위衛나라를 다시 야왕현으로 옮기고[③] 복양을 합해 동군을 만들었다.

25년, 원군이 죽자[④] 아들 군각 (서기전 229~209)이 계승했다.

군각 9년(서기전 221), 진秦나라가 천하를 겸병하고 즉위하여 시황제始皇帝가 되었다.

21년, 2세 황제가 군각을 폐하고 서인으로 삼자, 위나라는 제사가 끊어졌다.

四十二年卒 子懷君立 懷君三十一年 朝魏 魏囚殺懷君 魏更立嗣君弟 是爲元君 元君[①]爲魏婿 故魏立之 元君十四年 秦拔魏東地[②] 秦初置東郡 更徙衛野王縣[③] 而幷濮陽爲東郡 二十五年 元君卒[④] 子君角立 君角九年 秦幷天下 立爲始皇帝 二十一年 二世廢君角爲庶人 衛絕祀

① 元君원군

집해 서광이 말했다. "반고가 이르기를 '원군은 회군의 아우이다.'라고 했다."

徐廣曰 班氏云元君者 懷君之弟

② 魏東地위동지

색은 위魏나라는 대량에 도읍했는데, 복양과 여양은 모두 위나라의 동쪽 땅이다. 그러므로 군을 설치하고 동군東郡이라고 했다.

魏都大梁 濮陽黎陽竝是魏之東地 故立郡名東郡也

③ 秦初置東郡 更徙衛野王縣진초치동군 갱사위야왕현

색은 〈육국연표〉를 살펴보니 원군 11년 진秦나라에서 동군을 설치했고, 13년에 위衛를 야왕으로 옮겼으니, 이곳과 다르다.

按年表 元君十一年秦置東郡 十三年衛徙野王 與此不同也

④ 元君卒원군졸

집해 〈육국연표〉에 따르면 원군 11년 진秦나라에서 동군을 설치했고, 12년에 야왕으로 옮겼으며, 23년에 죽었다.

年表云元君十一年秦置東郡 十二年徙野王 二十三年卒

신주 사마천은 원래 위나라 출공 후8년 총합 재위 연수인 21년으로 기록했다. 그래서 그 이후로 위나라 〈육국연표〉가 매우 잘못되었다. 따라서 〈육국연표〉의 원군 11년은 실제 원군 13년이 맞다. 〈육국연표〉에서 야왕으로 옮긴 것은 12년이지만 실제는 14년이 되어야 맞다. 따라서 여기 본문의 기록은 총괄적인 기록이다. 또 원군은 25년에 죽은 것이 맞다.

즉, 〈육국연표〉에서 원군 원년이 2년 늦게 기록되었기 때문에 벌어진 현상이다.

태사공은 말한다.
나는 〈위강숙세가〉의 이야기를 읽고 선공宣公의 태자가 아내 일로 살해되고, 서제庶弟인 수壽가 죽음을 다투어 양보한 사건까지 왔다. 이는 진晉나라 태자 신생申生이 (의붓어머니) 여희驪姬의 과실을 밝히지 못한 것과 같다고 생각한다. 선공의 태자나 진晉나라 태자 신생도 모두 아버지의 뜻에 상처 입히는 일을 꺼린 것이다. 그렇지만 두 사람 모두 사망해버렸다. 얼마나 슬픈 일인가. 그 후의 위衛나라는 부자간에 서로 죽이고 형제간에 서로 죽이기도 하니 대체 어찌된 일인가?
太史公曰 余讀世家言 至於宣公之太子以婦見誅 弟壽爭死以相讓 此與晉太子申生不敢明驪姬之過同 俱惡傷父之志 然卒死亡 何其悲也 或父子相殺 兄弟相滅 亦獨何哉

색은술찬 사마정이 펼쳐서 밝히다.
사구司寇가 봉토를 받으니 〈재재梓材〉가 지어졌다. 성왕은 석錫과 그 기물을 주었으며, 이왕夷王은 그 작위를 더해주었다. 무공에 이르러 덕을 닦고, 진 문공을 따라 처음 맹약했다. 《시경》에서 (장강莊姜을) 찬미하고 〈연연燕燕〉에서 (대규가) 돌아온 것을 노래했으며, 《춘추전》에서는 석작

石碏을 옳다고 했다. (헌공은) 피관皮冠을 하고 기러기를 쏘았으며, (의공은) 학鶴을 수레에 태웠다. 선공은 방탕하게 폐첩과 음란했으니 급伋과 삭朔에게 틈이 생기게 했다. 괴외蒯聵는 죄를 얻었고 출공은 악을 행했다. 위나라 복조는 날로 줄어들어 군君 각角에서 나라를 잃었구나.

司寇受封 梓材有作 成錫厥器 夷加其爵 暨武能脩 從文始約 詩美歸燕 傳矜石碏 皮冠射鴻 乘軒使鶴 宣縱淫嬖 釁生伋朔 蒯聵得罪 出公行惡 衛祚日衰 失於君角

[지도 6] 위강숙세가

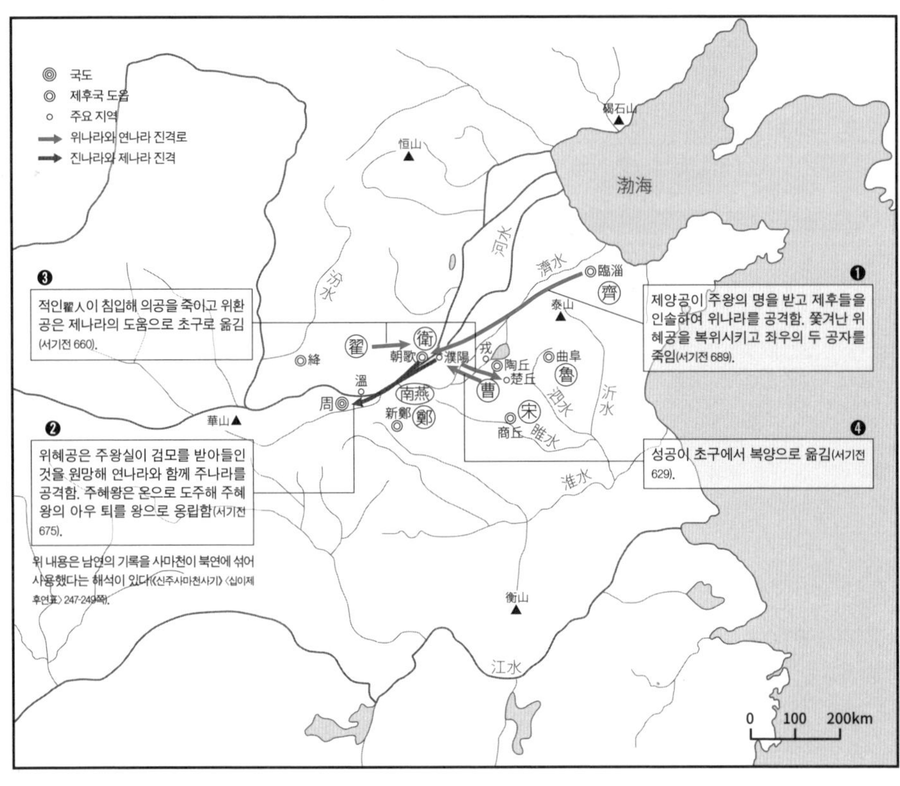

국도
제후국 도읍
주요 지역
위나라와 연나라 진격로
진나라와 제나라 진격
碣石山
恒山
渤海
河水
濟水
汾水
臨淄
齊
泰山
翟
衛
朝歌
濮陽
戎
陶丘
楚丘
曲阜
魯
曹
宋
商丘
泗水
沂水
睢水
淮水
絳
溫
周
南燕
新鄭
鄭
華山
衡山
江水
0 100 200km
❶
제양공이 주왕의 명을 받고 제후들을 인솔하여 위나라를 공격함. 쫓겨난 위혜공을 복위시키고 좌우의 두 공자를 죽임(서기전 689).
❷
위혜공은 주왕실이 검모를 받아들인 것을 원망해 연나라와 함께 주나라를 공격함. 주혜왕은 온으로 도주해 주혜왕의 아우 퇴를 왕으로 옹립함(서기전 675).
위 내용은 남연의 기록을 사마천이 북연에 섞어 사용했다는 해석이 있다(《신주사마천사기》 〈십이제후연표〉 247-249쪽).
❸
적인翟人이 침입해 의공을 죽이고 위환공은 제나라의 도움으로 초구로 옮김(서기전 660).
❹
성공이 초구에서 복양으로 옮김(서기전 629).

찾아보기

인명

ㄱ

ㄴ

ㅂ

ㅅ

ㅇ

ㅈ

ㅊ

ㅋ

ㅌ

ㅍ

ㅎ

지명

ㄱ

ㅈ

ㅊ

ㅌ

기타

ㄱ

ㄴ

ㄷ

《신주 사마천 사기》〈세가〉를 만든 사람들

한가람역사문화연구소 사기연구실

이덕일(한가람역사문화연구소 소장, 문학박사)

김명옥(문학박사)

송기섭(문학박사)

이시율(고대사 및 역사고전 연구가)

정 암(지리학박사)

최원태(고대사 연구가)

한가람역사문화연구소는 1998년 창립된 이래 한국 사학계에 만연한 중화사대주의 사관과 일제식민 사관을 극복하고 한국의 주체적인 역사관을 세우려 노력하고 있는 학술연구소이다. 독립운동가들의 역사관 계승 작업을 꾸준히 진행하는 한편 《사기》 본문 및 '삼가주석'에 한국 고대사의 진실을 말해주는 수많은 기술이 있음을 알고 연구에 몰두했다. 지난 10여 년간 '《사기》 원전 및 삼가주석 강독(강사 이덕일)'을 진행하는 한편 사기연구실 소속 학자들과 《사기》에 담긴 한중고대사의 진실을 찾기 위한 연구 및 답사도 계속했다. 《신주 사마천 사기》는 원전 강독을 기초로 여러 연구자들이 그간 토론하고 연구한 결과의 집대성이라고 할 수 있다. 한가람역사문화연구소는 《신주 사마천 사기》 출간을 시작으로 역사를 바로세우기 위해 토대가 되는 문헌사료의 번역 및 주석 추가 작업을 꾸준히 이어갈 계획이다.

한문 번역 교정

박종민 유정님 오선이 김효동 이주은 김현석

《사기》를 지은 사람들

본문_ 사마천

사마천은 자가 자장子長으로 하양(지금 섬서성 한성시) 출신이다. 한 무제 때 태사공을 역임하다가 이릉 사건에 연루되어 궁형을 당했다. 기전체 사서이자 중국 25사의 첫머리인 《사기》를 집필해 역사서 저술의 신기원을 이룩했다. 후세 사람들이 태사공 또는 사천이라고 높여 불렀다. 《사기》는 한족의 시각으로 바라본 최초의 중국 민족사라고 할 수 있는데 여기서 사마천은 동이족의 역사를 삭제하거나 한족의 역사로 바꾸기도 했다.

삼가주석_ 배인 · 사마정 · 장수절

《집해》 편찬자 배인은 자가 용구龍駒이며 남북조시대 남조 송(420~479)의 하동 문희(현 산서성 문희현) 출신이다. 진수의 《삼국지》에 주석을 단 배송지의 아들로 《사기집해》 80권을 편찬했다.

《색은》 편찬자 사마정은 자가 자정子正으로 당나라 하내(지금 하남성 심양) 출신인데 굉문관 학사를 역임했다. 사마천이 삼황을 삭제한 것을 문제로 여겨서 〈삼황본기〉를 추가했으며 위소, 두예, 초주 등 여러 주석자의 주석을 폭넓게 모으고 자신의 견해를 덧붙여 《사기색은》 30권을 편찬했다.

《정의》 편찬자 장수절은 당나라의 저명한 학자로, 개원 24년(736) 《사기정의》 서문에 "30여 년 동안 학문을 섭렵했다"고 썼을 정도로 《사기》 연구에 몰두했다. 그가 편찬한 《사기정의》에는 특히 당나라 위왕 이태 등이 편찬한 《괄지지》를 폭넓게 인용한 것을 비롯해서 역사지리에 관한 내용이 풍부하다.